Günter Born

Computer ganz leicht

Mit Bildern lernen, für Alt und Jung

Markt+Technik

Bibliografische Information der Deutschen Nationalbibliothek
Die Deutsche Nationalbibliothek verzeichnet diese Publikation in der Deutschen
Nationalbibliografie; detaillierte bibliografische Daten sind im Internet
über http://dnb.d-nb.de abrufbar.

Die Informationen in diesem Produkt werden ohne Rücksicht auf einen
eventuellen Patentschutz veröffentlicht.
Warennamen werden ohne Gewährleistung der freien Verwendbarkeit benutzt.
Bei der Zusammenstellung von Texten und Abbildungen wurde mit größter
Sorgfalt vorgegangen.
Trotzdem können Fehler nicht vollständig ausgeschlossen werden.
Verlag, Herausgeber und Autoren können für fehlerhafte Angaben
und deren Folgen weder eine juristische Verantwortung noch
irgendeine Haftung übernehmen.
Für Verbesserungsvorschläge und Hinweise auf Fehler sind Verlag und
Herausgeber dankbar.

Fast alle Hardware- und Softwarebezeichnungen und weitere Stichworte und
sonstige Angaben, die in diesem Buch verwendet werden, sind als eingetragene
Marken geschützt. Da es nicht möglich ist, in allen Fällen zeitnah zu ermitteln,
ob ein Markenschutz besteht, wird das ®-Symbol in diesem Buch nicht verwendet.

10   9   8   7   6   5   4   3   2   1

13   12   11

ISBN 978-3-8272-4704-9

© 2011 by Markt+Technik Verlag,
ein Imprint der Pearson Education Deutschland GmbH,
Martin-Kollar-Straße 10–12, D-81829 München/Germany
Alle Rechte vorbehalten
Covergestaltung: Marco Lindenbeck, webwo GmbH (mlindenbeck@webwo.de)
Lektorat: Birgit Ellissen, bellissen@pearson.de
Fachlektorat: Georg Weiherer
Korrektorat: Marita Böhm
Herstellung: Elisabeth Prümm, epruemm@pearson.de
Satz: text&form GbR, Fürstenfeldbruck
Druck und Verarbeitung: GRAFOS S.A., Barcelona
Printed in Spain

Sie wollen mit dem Computer starten oder haben sogar schon damit experimentiert? Sie haben erkannt, dass ohne aktuelle Computerkenntnisse einem vieles in Beruf, Freizeit oder Bildung verschlossen bleibt? Dieses Buch hilft Ihnen beim Einstieg in die Welt des Computers. Mit vielen Bildern lernen Sie Schritt für  Schritt, wie Sie mit verschiedenen Programmen arbeiten, im Internet surfen und vieles mehr. Anschließend sind Computerbegriffe auch kein Fachchinesisch mehr und Sie können mitreden.

Das alles ist gar nicht so schwer und macht Ihnen sicherlich auch Spaß.

In dieser Hinsicht wünsche ich Ihnen viel Erfolg.

Ihr Autor
Günter Born

Inhaltsverzeichnis

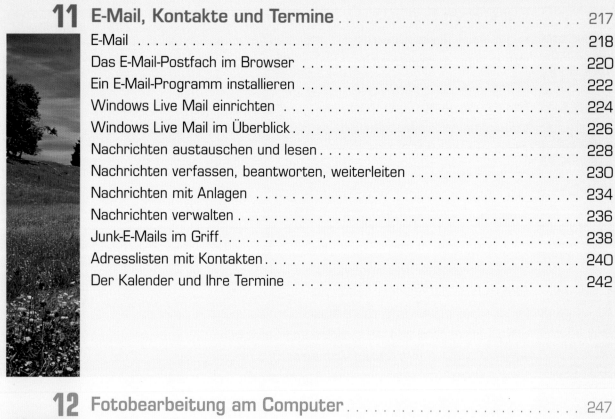

1

Welcher Computer passt zu mir?

1 Der Bildschirm kann als Röhrenmonitor (veraltet) oder als Flachbildschirm ausgeführt sein (Seite 22) und dient zur Anzeige der Programmein-/ausgaben.

2 Über die per Kabel oder über Funk mit dem Computer verbundene Tastatur lassen sich Texte eingeben oder Programmfunktionen aufrufen (Seite 28).

3 Die Maus wird über Kabel oder per Funk mit dem Computer verbunden und ermöglicht als »Zeigegerät« die Bedienung (siehe Seite 30).

Das sollten Sie wissen...

Desktop-Computer sind nicht nur preiswert, sondern lassen sich auch mit zusätzlichem Speicher, Festplatten oder Steckkarten aufrüsten – brauchen aber viel Platz zum Aufstellen. Kompakter sind All-in-One-PCs, bei denen die Komponenten im Bildschirmgehäuse untergebracht sind.

Was sind USB und Brennen?

Die Abkürzung für »Universal Serial Bus«, ein Standard zum Anschluss von Geräten (Maus, Drucker etc.) über ein Universal-kabel. Als »Brennen« wird das Beschreiben von CDs, DVDs oder BDs bezeichnet.

4 Über USB-Buchsen lassen sich weitere Geräte wie USB-Tastatur, USB-Maus, Drucker, MP3-Player, USB-Sticks, externe Festplatten etc. anschließen (Seite 26).

5 Moderne Computer besitzen oft auch Speicherkartenleser, mit denen sich Speicherkarten von Digitalkameras oder Handys direkt einlesen lassen (Seite 24).

6 Ein DVD- oder BD-Laufwerk bzw. Brenner ermöglicht es, CDs, DVDs und ggf. BDs zu lesen sowie (bei einem Brenner) auch zu beschreiben.

Quelle: Asus

Noch was...

All-in-One-Systeme (heißt »Alles in einem«) sind zwar recht preisgünstig, aber leistungsmäßig oft etwas schwach und kaum aufzurüsten. Oft besitzen All-in-One-Systeme nur eine kleine Festplatte, und nicht immer ist ein DVD-Laufwerk dabei.

Was sind CD, DVD, BD?

CD ist die Abkürzung für Compact Disc. DVD steht für Digital Versatile Disc, und BD ist die Abkürzung für Blu-ray Disc. Sie alle sind optische Speichermedien zur Aufnahme von Daten, Fotos, Musik oder Filme.

1 Beim Notebook sind Tastatur, Touchpad, Bildschirm, Festplatte, DVD-Brenner oder BD-Laufwerk, WLAN-Funktion etc. in einem Gehäuse eingebaut.

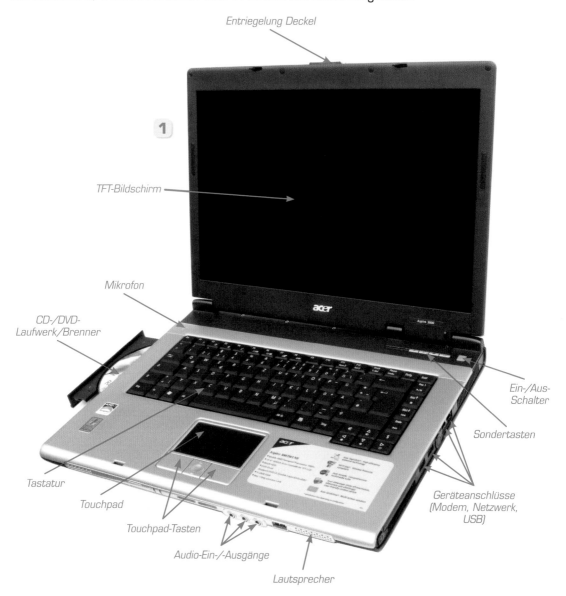

Entriegelung Deckel

TFT-Bildschirm

Mikrofon

CD-/DVD-Laufwerk/Brenner

Ein-/Aus-Schalter

Sondertasten

Geräteanschlüsse (Modem, Netzwerk, USB)

Tastatur

Touchpad

Touchpad-Tasten

Audio-Ein-/-Ausgänge

Lautsprecher

Das sollten Sie wissen...

Notebooks sind sehr kompakt, brauchen also wenig Platz und sind daher äußerst beliebt. Allerdings sind die Geräte teurer als Desktop-Systeme, meist etwas leistungsschwächer und nur eingeschränkt aufrüstbar.

Was ist WLAN?

Steht für Wireless Local Area Network und ermöglicht es, das Net- oder Notebook kabellos mit einem Netzwerk oder dem Internet zu verbinden.

2 Netbooks sind Mini-Notebooks mit kleinerem Gehäuse/Bildschirm, niedriger Festplatten-kapazität und ohne DVD-Laufwerk. Netbooks sind sehr leicht und arbeiten im Akkubetrieb mehrere Stunden.

TFT-Bildschirm

Webcam

Tastatur

Touchpad

Speicherkartenleser

USB-Buchsen

Audiobuchsen

Noch was…

Über diverse (USB-)Anschlussbuchsen können Sie externe Geräte wie Maus, Drucker, externe Festplatte etc. anschließen.

Noch was…

Ein eingebauter Akku ermöglicht den mobilen Betrieb des Net- oder Note-books.

1 Das vom Hersteller Microsoft 2001 vorgestellte Betriebssystem Windows XP wird nur noch auf älteren Computern verwendet.

2 Windows Vista wurde von Microsoft 2007 freigegeben, konnte sich aber gegen das beliebte Windows XP nicht durchsetzen.

3 Das 2009 eingeführte Microsoft Windows 7 läuft auch auf langsameren Computern sowie Net- und Notebooks und wird in diesem Buch beschrieben.

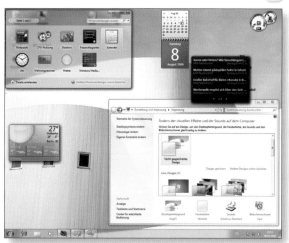

Das sollten Sie wissen...

Ohne ein Betriebssystem funktioniert der Computer nicht. Es sorgt für die Ansteuerung des Bildschirms oder angeschlossener Geräte und enthält Funktionen, um den Computer zu benutzen oder (Anwendungs-) Programme auszuführen.

Noch was...

Welches Betriebssystem verwendet wird, ist eher zweitrangig. Mac OS X oder Linux sind aber weniger verbreitet. Auf über 90 Prozent der Computer wird Microsoft Windows eingesetzt.

4 Auf den Computern der Firma Apple läuft das Betriebssystem Mac OS X, das ebenfalls mit Fenstern arbeitet.

5 Manche Netbooks und Computer verwenden das (kostenlose) Linux, das oft mit speziellen Bedienoberflächen ausgestattet ist (hier Xandros für Eee PCs).

6 Von Linux gibt es zudem viele Varianten, wie das hier gezeigte Ubuntu Netbook Remix, sodass dieses Betriebssystem zum Einstieg weniger geeignet ist.

4

5

6

Was heißt Windows?

Dies ist das englische Wort für Fenster, steht aber auch als Name für ein Betriebssystem der Firma Microsoft.

Was sind Anwendungsprogramme?

Programme, die Anwendungsfunktionen (z. B. Anzeige von Internetseiten, Anzeige von Fotos und Videos, Schreiben von Text) etc. bereitstellen.

Was ist ein Betriebssystem?

Die Summe aller Programme, die zum Betrieb des Computers benötigt wird.

1 Kaufen Sie ein Komplettsystem (Notebook oder Desktop-PC), bei dem alles dabei ist. Bei Desktop-Systemen sollte der Flachbildschirm mindestens eine Größe von 19 Zoll aufweisen.

2 Net- und Notebooks sind nur schwer aufrüstbar, die Hardware sollte also dem aktuellen Stand entsprechen.

Das sollten Sie wissen...

Der Handel hält Desktop-Systeme und Notebooks in verschiedenen Preisklassen bereit. Bei Billigangeboten ist oft nicht alles dabei. Überlegen Sie sich vor dem Kauf, was der Computer können soll.

Was sind Hard- und Software?

Die Hardware umfasst alle Computerteile und Geräte. Software ist der Sammelbegriff für die auf dem Computer vorhandenen Programme.

3 Tintenstrahldrucker sind preiswert und können auch Fotos auf Fotopapier drucken. Multi-funktionsgeräte beinhalten oft eine Fax- und/oder Scanfunktion.

4 Laserdrucker sind als Schwarz-Weiß- oder Farbgeräte erhältlich und liefern Ausdrucke in Büroqualität.

3

4

Checkliste:
Das sollte der Computer haben

>> *Windows 7 vorinstalliert*

>> *Mindestens 2 GByte Arbeitsspeicher*

>> *Mindestens 1,6-GHz-Prozessor*

>> *DVD-Brenner (oder BD-Laufwerk)*

>> *Mindestens 80 GByte Festplatte*

>> *Maus, Tastatur und Bildschirm enthalten*

>> *Lange Akkulaufzeit bei Net-/Note-books*

Der Autor rät...

Funktastatur oder -maus sind störanfällig und brauchen viele Batterien. Kabelgebundene Ausführungen sind da ökono-mischer.

Der Autor rät...

Prüfen Sie im Geschäft, ob das Gerät sowie der Drucker funktionie-ren, der Bildschirm keine Fehler aufweist und Tastatur und Maus gut bedienbar sind.

Noch was...

Bei Tintenstrahldruckern sind die Farbpatronen oft sehr teuer – Verbrauchsmaterial für Schwarz-Weiß-Laserdrucker ist meist günstiger.

2

Mein Computer
– alles dran?

Diese Teile gehören zum Desktop-Computer

1 Manche Computer werden noch mit den (veralteten) Röhrenmonitoren als Anzeigegerät ausgestattet.

2 Moderner und schicker sind Flachbildschirme (TFT-Monitore), die inzwischen auch im Preis recht günstig zu haben sind.

3 Der eigentliche Computer ist meist in einem solchen Gehäuse untergebracht, das auch die Laufwerke (Festplatten, DVD-Laufwerke etc.) aufnimmt.

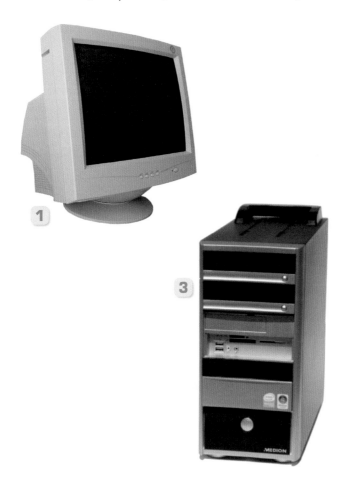

(Quelle: Hewlett-Packard)

Das sollten Sie wissen...

Ein Desktop-Computer mit den hier gezeigten Teilen lässt sich heute als Komplettsystem für um die 500 Euro erwerben.

Was heißt TFT?

TFT ist die Abkürzung für Thin Film Transistor, eine bei Flachbildschirmen verwendete Technik zur Herstellung des Anzeigemoduls.

4 Die Tastatur ermöglicht die Computerbedienung sowie die Texteingabe.

5 Mit der Maus werden Windows und die auf dem Computer eingerichteten Programme bedient.

6 Externe Lautsprecher ermöglichen es, Musik oder den Ton von Videos und Fernsehprogrammen am Computer zu hören.

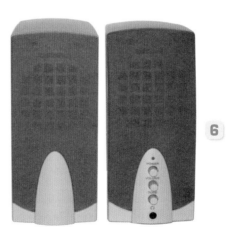

Der Autor rät...

Bei Notebooks können Sie zum komfortableren Arbeiten ebenfalls einen externen Monitor, eine externe (USB-)Tastatur und eine separate Maus anschließen.

Noch was...

Mit zwei Lautsprechern ist eine Stereoausgabe möglich. Raumklang wie im Kino erfordert Lautsprechersets mit 6 (5.1-Kanalton) oder 8 Lautsprechern (7.1-Kanalton).

7 Mit einem DVD-Laufwerk (Seite 60) lassen sich CDs sowie DVDs lesen und mit einem BD-Laufwerk zusätzlich Blu-ray Discs. Brenner können solche Medien beschreiben.

8 Über Kartenlesegeräte (Speicherkartenleser) können Speicherkarten von Handys, Digitalkameras etc. direkt eingelesen werden.

9 An die USB-Buchsen des Rechners oder eines USB-Hubs lassen sich Speichermedien (USB-Sticks, externe Festplatten) oder andere Geräte anschließen.

Das sollten Sie wissen...

Ein Computer besitzt die hier gezeigten Laufwerke oder kann um diese sowie weitere Geräte erweitert werden. Speziell bei Net- und Notebooks ist dies hilfreich, um fehlende Funktionen nachzurüsten. Viele Zusatzgeräte (z. B. Drucker) werden über USB-Kabel angeschlossen.

Was ist ein USB-Stick?

Ein (auch als USB-Speicherstick bezeichnetes) Speichermedium in »Stiftform« mit einem USB-Stecker. Es kann zur Datenspeicherung verwendet und leicht überallhin mitgenommen werden.

10 Mit einem Drucker lassen sich Dokumente und (bei Farbdruckern) auch Fotos auf Papier ausgeben.

11 Scanner können Vorlagen (Fotos, Buchseiten etc.) wie bei einem Fotokopierer erfassen und als Grafikdatei auf dem Rechner speichern.

12 Digitalkameras oder Videokameras lassen sich am Computer anschließen, um Fotos und Videos zu übertragen (Kapitel 12, 13).

Noch was...

Ein USB-Hub (Bild 9) stellt zusätzliche USB-Anschlüsse bereit, falls die Zahl der freien USB-Buchsen nicht ausreicht.

Noch was...

Der an manchen Computern vorhandene FireWire-Anschluss wird ggf. für digitale Videokameras gebraucht. Ist eine eSATA-Buchse vorhanden, lassen sich entsprechende Festplatten anschließen.

1 Eine Maus oder ein Trackball mit (grünem) PS/2-Stecker wird an die farblich passende PS/2-Buchse des Rechners angeschlossen.

2 Eine Tastatur mit PS/2-Stecker wird an die hier gezeigte (violette) PS/2-Buchse angeschlossen.

3 Externe Lautsprecher werden über 3,5-mm-Klinkenstecker mit den entsprechenden (meist farbig ausgezeichneten) Buchsen verbunden.

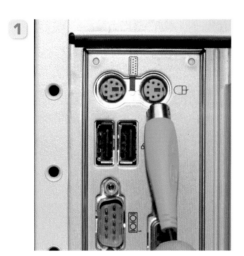
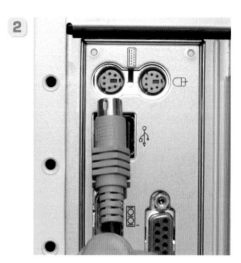
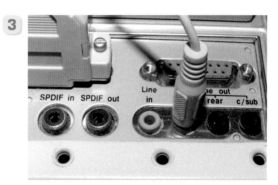

Das sollten Sie wissen...

Beim Desktop-Computer finden Sie unterschiedliche Anschlussbuchsen an der Gehäuserückseite. Die Stecker der Anschlusskabel sind (mit Ausnahme von USB-Steckern) so beschaffen, dass sie nur in eine Buchse passen.

Was sind VGA, DVI und HDMI?

VGA (Video Graphics Array) und DVI (Digital Visual Interface) sind zwei Standards zum Anschluss von Grafikgeräten (z. B. Flachbildschirm). Über eine HDMI-Buchse können HDTV-(Fernseh-)Geräte angeschlossen werden.

4 Ein Flachbildschirm oder ein Monitor wird über ein VGA-, HDMI- oder DVI-Kabel an die entsprechende Buchse der Grafikkarte angeschlossen.

5 Über die USB-Buchsen am Computer lassen sich verschiedene Geräte (Maus, Tastatur, Drucker, Kamera etc.) mit USB-Stecker anschließen.

6 Eine RJ-45-Netzwerkbuchse ermöglicht es, über ein geeignetes Netzwerkkabel eine Verbindung zu einem Computernetzwerk oder zum Internet herzustellen.

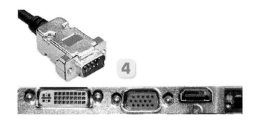

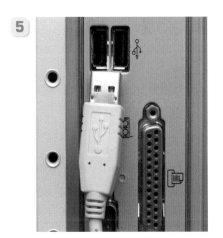

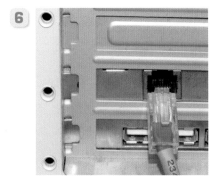

Noch was...

Moderne Mäuse, Trackballs, Tastaturen oder Geräte mit USB-Stecker lassen sich an jede der vorhandenen USB-Buchsen anschließen. Adapter ermöglichen es, ältere PS/2-Geräte an USB-Buchsen anzustöpseln.

Noch was...

Ältere Modems werden ggf. an die (in Bild 1 links unten sichtbare) 9-polige Miniaturbuchse angeschlossen, während Drucker über spezielle Kabel mit der 25-poligen Druckerbuchse (Schritt 5, rechts unten) zu verbinden sind.

1 Mit der ⏎-Taste (Eingabetaste) schließen Sie Eingaben ab oder leiten einen Zeilenwechsel ein.

2 Die ⇧-Taste (Umschalttaste) drücken Sie, um Großbuchstaben oder die Sonderzeichen der obersten Tastenreihe im Schreibmaschinenblock einzugeben.

3 Mit der Taste ⇩ (Feststelltaste) schalten Sie die Großschreibung permanent ein und wieder aus.

4 Die ⇆-Taste (Tabulatortaste) bewegt die Eingabemarke in Tabellen zur nächsten Zelle, in Dialogen zur nächsten Option und in Texten zur nächsten Tabulatorposition.

5 Die Tasten Strg, Alt und AltGr werden oft in Kombination mit anderen Tasten gedrückt, um spezielle Funktionen anzuwenden.

6 Die Taste Leer erzeugt Leerzeichen (Wortzwischenraum bei Texten).

Das sollten Sie wissen...

Die Schreibmaschinentasten mit den Buchstaben und Ziffern dienen zur Eingabe von Texten. Die Funktionstasten am oberen Tastaturrand rufen Spezialfunktionen (z. B. Hilfe) auf.

Hilfreiche Tastenkombinationen

AltGr + Q   @-Zeichen
AltGr + E   €-Zeichen
AltGr + *   ~-Zeichen

7 Mit der ⎅Esc⎆-Taste lassen sich Befehle abbrechen oder Dialogfeldeingaben verwerfen.

8 Die ⎇-Taste öffnet das Windows-Startmenü, die ⎅Menü⎆-Taste ein Kontextmenü.

9 Mit der Taste ⎅←⎆ (Backspace) lässt sich das Zeichen links von der Eingabemarke löschen.

10 Die ⎅Entf⎆-Taste löscht das Zeichen rechts von der Eingabemarke, die ⎅Einfg⎆-Taste schaltet bei einigen Anwendungen zwischen den Modi Einfügen/Überschreiben um.

11 Die Tasten ⎅Bild↑⎆, ⎅Bild↓⎆, ⎅Pos 1⎆ und ⎅Ende⎆ dienen zur Positionierung innerhalb des Dokumentfensters.

12 Über die vier Pfeiltasten (auch Cursortasten genannt) lässt sich die Eingabemarke im Text nach oben/unten bzw. nach rechts/links bewegen.

Noch was...

Manche Tastaturen besitzen noch einen numerischen Zifferneingabeblock am rechten Rand. Die bei Notebooks blau beschrifteten Tasten ermöglichen bei gleichzeitig gedrückter ⎅Fn⎆-Taste, spezielle Funktionen (z. B. Display heller) abzurufen.

Noch was...

Die ⎅Num↓⎆-Taste schaltet den numerischen Ziffernblock zwischen Zifferneingabe und Cursorsteuerung um.

1 Dieses Symbol steht im Buch für **Klicken mit der linken Maustaste**, d.h. die linke Taste an der Maus einmal kurz drücken.

2 Das Symbol **Doppelklicken** bedeutet, dass Sie die linke Maustaste zweimal kurz hintereinander drücken müssen.

3 Wird das Symbol **Klicken mit der rechten Maustaste** verwendet, bedeutet dies, dass Sie die rechte Taste an der Maus kurz drücken müssen.

4 Das Symbol **Ziehen mit der Maus** bedeutet, dass Sie die Maus bei gedrückt gehaltener linker Maustaste bewegen (ziehen).

5 Wenn dieses Symbol, **Ziehen mit der rechten Maustaste**, im Text vorkommt, müssen Sie beim Ziehen die rechte Maustaste gedrückt halten.

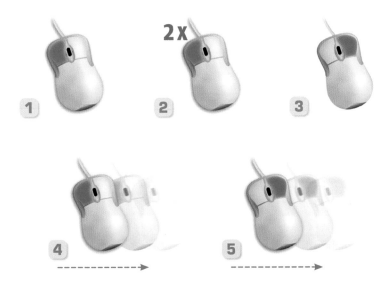

Das sollten Sie wissen...

Mit der Maus werden in Microsoft Windows viele Funktionen abgerufen. Net-/Notebooks besitzen statt der Maus ein sogenanntes Touchpad. Sie können auch einen Trackball zum Simulieren der Mausbedienung verwenden.

Noch was...

Es gibt auch berührungsempfindliche Bildschirme (Touchscreens). Das Antippen mit einem Finger wirkt wie Klicken und Doppelklicken. Längeres Drücken (oder Antippen mit einem zweiten Finger) wirkt wie ein Rechtsklick.

6 Beim Trackball wird die Rollkugel per Finger bewegt und Tasten werden wie bei der Maus gedrückt (hilfreich bei Platzmangel oder bei Schwierigkeiten mit der Maushandhabung).

7 Streichen Sie beim Notebook mit dem Finger über die berührungsempfindliche Fläche des Touchpads, um den Mauszeiger zu bewegen.

8 Über die linke und rechte Taste des Touchpads können Sie das Klicken, Doppelklicken und Ziehen mit der Maus simulieren.

Der Autor rät...

Zur besseren Bedienung können Sie an Net-/Notebooks eine zusätzliche Maus anschließen.

Noch was...

Beim Touchpad können Sie das Klicken und Doppelklicken auch durch Antippen der berührungsempfindlichen Fläche vornehmen. Manche Touchpads unterstützen auch Gesten (z. B. Spreizen zweier Finger zum Vergrößern der Darstellung).

3

Erste Schritte
mit Windows 7

1 Zum Starten des Computers oder Notebooks drücken Sie die Starttaste am Gehäuse, schalten ggf. den externen Monitor ein und warten, bis Windows geladen ist.

2 In der Windows-Anmeldeseite positionieren Sie den Mauszeiger über dem Symbol eines der angezeigten Benutzerkonten und wählen dieses mit einem Mausklick an.

3 Wird ein Kennwort abgefragt, tippen Sie es in das Textfeld ein. Klicken Sie danach auf die rechts sichtbare Schaltfläche oder drücken Sie die ⏎-Taste.

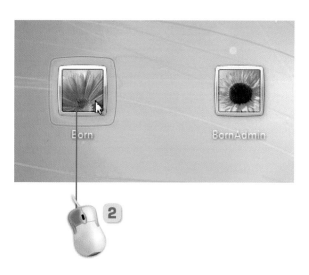

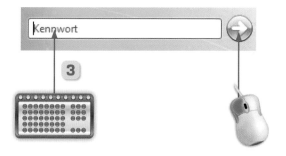

Das sollten Sie wissen...

Durch das An- und Abmelden an einem Benutzerkonto wird sichergestellt, dass jeder Benutzer unter Windows mit seiner eigenen Umgebung arbeiten kann. Ein Kennwort verhindert eine missbräuchliche Verwendung des Rechners.

Was sind Textfeld und Schaltfläche?

Über Textfelder werden unter Windows Eingaben in Fenster durchgeführt. Eine (runde oder viereckige) Schaltfläche lässt sich anklicken, um die zugehörige Funktion abzurufen.

4 Zum Herunterfahren des Computers klicken Sie in der linken unteren Bildschirmecke auf die Schaltfläche *Start*.

5 Klicken Sie im angezeigten Startmenü (s. Seite 40) auf die Schaltfläche *Herunterfahren* und warten Sie, bis Windows beendet sowie der Computer ausgeschaltet wurde.

6 Bei Bedarf können Sie auch auf das Dreieck neben der Schaltfläche *Herunterfahren* klicken und im Menü auf *Ruhezustand* oder *Energie sparen* klicken.

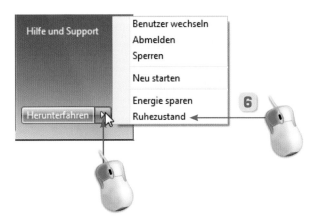

Noch was...

Berücksichtigen Sie bei der Kennworteingabe die Groß-/ Kleinschreibung.

Noch was...

»Energie sparen« ist ein spezieller Ruhemodus mit geringer Stromaufnahme. Beim »Ruhezustand« sichert Windows den Arbeitszustand auf der Festplatte und schaltet den Computer ab. Ruhezustand und Modus »Energie sparen« ermöglichen später einen schnelleren Rechnerstart.

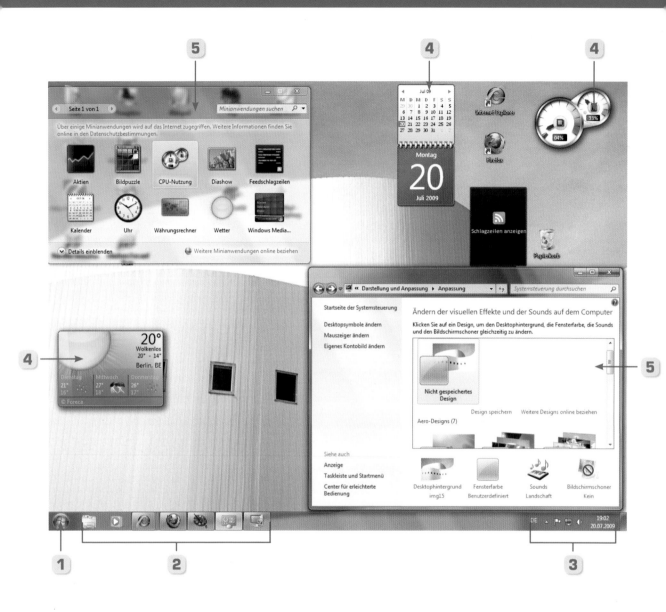

Das sollten Sie wissen...

Der Windows-Desktop ist Ihre zentrale Arbeitsumgebung, auf der Sie den Computer bedienen und alles machen können. Der »Balken« am unteren Bildschirmrand (die Taskleiste) enthält Schaltflächen, um Programme aufzurufen oder Fenster anzuzeigen.

Der Autor rät...

Verzichten Sie auf Hintergrundbilder (s. Seite 294) und verwenden Sie einen möglichst hellen Desktophintergrund, da dann die Desktopinhalte besser erkennbar sind.

1 Über die Schaltfläche *Start* wird das sogenannte Startmenü geöffnet (s. Seite 40), über welches Sie Zugriff auf die Programme (z. B. Word) des Computers erhalten.

2 Über die Symbole der Taskleiste lässt sich auf Programme und deren Fenster zugreifen (Seite 42 ff.).

3 Der Infobereich rechts in der Taskleiste zeigt die Uhrzeit sowie über Symbole den Status verschiedener Geräte (z. B. Netzwerkanbindung).

4 Minianwendungen (s. Seite 52) lassen sich beliebig auf dem Desktop anordnen und bieten nützliche Zusatzfunktionen (z. B. Kalender, Analoguhr etc.).

5 Über Fenster (Seite 44) lässt sich mit Programmen (Textverarbeitung, Zeichenprogramm, Internetbrowser) arbeiten.

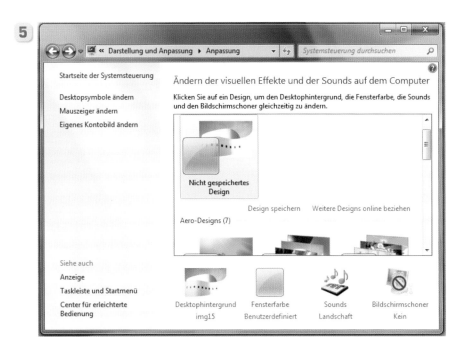

Noch was...

Auf dem Desktop können Symbole wie ein Papierkorb abgelegt sein. Zudem werden auf dem Desktop die Fenster geöffneter Programme und Minianwendungen angezeigt.

Was sind Minianwendungen?

Minianwendungen sind spezielle Programme, die über die Minianwendungsgalerie eingeblendet werden können (s. Seite 52).

1 Zeigen Sie mit der Maus auf die Schaltfläche *Start* und danach auf die Uhrzeitanzeige der Taskleiste. Windows blendet beim Zeigen auf die Elemente QuickInfos ein.

2 Klicken Sie mit der Maus auf das Symbol des Papierkorbs, wird dieses markiert (farbig hervorgehoben). Ein Mausklick neben die Markierung hebt diese auf.

3 Ziehen Sie das Symbol des Papierkorbs (linke Maustaste gedrückt halten) an eine andere Desktopposition. Beim Loslassen der Maustaste wird (standardmäßig) das Symbol dort angeordnet.

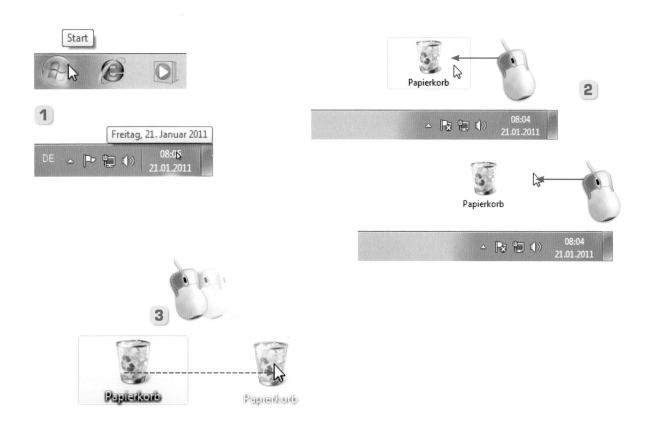

Das sollten Sie wissen...

Sie können die Maus bewegen, bis der Mauszeiger auf einem Element steht (Zeigen mit der Maus). Dann blendet Windows häufig ein kleines Infofenster (die QuickInfo) ein. Die QuickInfo verschwindet, sobald der Mauszeiger vom Element wegbewegt wird.

Noch was...

Ziehen Sie ein Element (z. B. ein Desktop-symbol) mit der rechten Maustaste, erscheint beim Loslassen ein Kontext-menü zur Auswahl eines Befehls.

4 Klicken Sie mit der rechten Maustaste auf eine freie Stelle des Desktops, um das Kontextmenü zu öffnen. Zum Schließen drücken Sie z. B. die [Esc]-Taste.

5 Klicken Sie auf die Schaltfläche *Start*, um das Startmenü zu öffnen. Zum Schließen drücken Sie die [Esc]-Taste oder klicken neben das geöffnete Menü.

6 Doppelklicken Sie auf das Desktopsymbol *Papierkorb*. Ein Doppelklick auf Desktopsymbole öffnet immer deren Fenster.

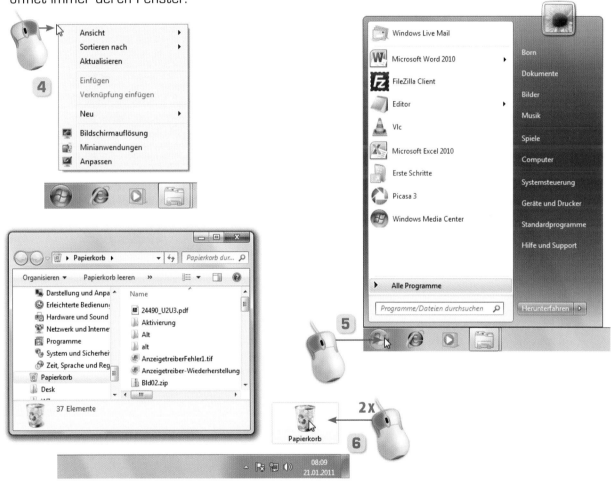

Noch was...

Ein Mausklick kann verschiedene Reaktionen auslösen.

Was ist ein Menü?

Ein Bedienelement, über das Sie verschiedene Befehle abrufen können.

Was ist ein Kontextmenü?

Kontextmenüs enthalten eine Zusammenstellung der in der jeweiligen Situation sinnvoll einsetzbaren Befehle.

Programme starten und wieder beenden

1 Das über die Schaltfläche *Start* zu öffnende Startmenü zeigt Ihnen Befehle zum Aufrufen von Programmen und Windows-Funktionen sowie ein Suchfeld. Die rechte Spalte enthält Befehle zum Zugriff auf Fotos, Musik, Spiele, Windows-Funktionen etc. sowie das Symbol des Benutzerkontos.

2 Klicken Sie auf die Symbole in der linken Spalte, um häufig benutzte Programme direkt aufzurufen. Ein kleines Dreieck neben dem Befehl öffnet beim Anklicken ein Menü mit den zuletzt geöffneten Dokumenten zur direkten Auswahl.

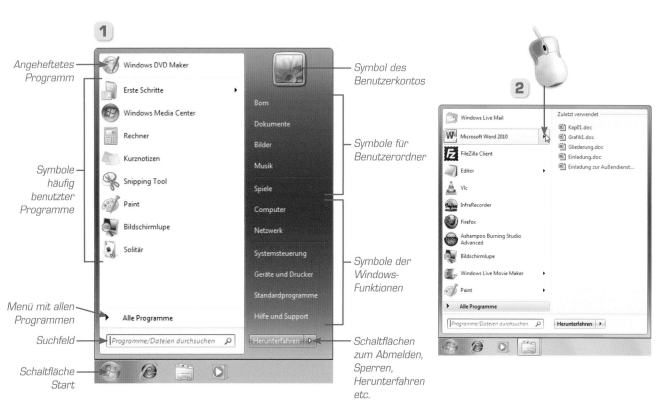

Angeheftetes Programm

Symbole häufig benutzter Programme

Menü mit allen Programmen

Suchfeld

Schaltfläche Start

Symbol des Benutzerkontos

Symbole für Benutzerordner

Symbole der Windows-Funktionen

Schaltflächen zum Abmelden, Sperren, Herunterfahren etc.

Das sollten Sie wissen...

Das Startmenü ist der zentrale Ort, um Programme aufzurufen (zu starten) oder auf Bilder, Musik, Spiele etc. bzw. auf weitere Windows-Funktionen zuzugreifen. Der Befehl *Alle Programme* stellt Untermenüs zum Aufruf der meisten Programme bereit.

Noch was...

Drücken Sie die [Esc]-Taste oder klicken neben ein geöffnetes Menü, wird dieses ohne weitere Aktion geschlossen. Über den Befehl *Zurück* in der linken Spalte des Startmenüs gehen Sie zur vorherigen Menüebene zurück.

3 Um auf Programme zuzugreifen, deren Symbole nicht in der linken Startmenüspalte angezeigt werden, klicken Sie auf den Befehl *Alle Programme*.

4 Bei Bedarf können Sie im dann eingeblendeten Menü auf einen der Gruppeneinträge (z. B. *Wartung* oder *Zubehör*) klicken, um den Gruppeninhalt einzublenden.

5 Sobald der gewünschte Eintrag in der linken Spalte des Startmenüs sichtbar wird, starten Sie das Programm durch einen Mausklick auf den Befehl.

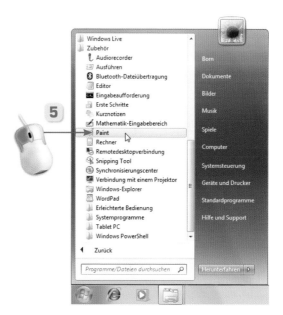

Was sind Programmgruppen?

Diese fassen verschiedene Programme unter einem Namen und diesem Symbol ▮ zu einem Untermenü zusammen.

Noch was...

Orange eingefärbte Startmenüeinträge kennzeichnen zuletzt installierte Programme.

6 Mit einem Rechtsklick auf ein Programmsymbol in der linken Startmenüspalte lässt sich dieses mit dem Kontextmenübefehl *An Startmenü anheften* am oberen Rand fixieren.

7 Der Kontextmenübefehl *Auf dem Desktop anzeigen* mancher Befehle der rechten Startmenüspalte blendet die zugehörigen Symbole dauerhaft auf dem Desktop ein.

8 Ein Mausklick auf eines der am linken Rand der Taskleiste sichtbaren Symbole startet das zugehörige Programm (falls dieses noch nicht läuft).

Das sollten Sie wissen...

Über das Kontextmenü vieler Desktop- und Taskleistensymbole oder der Startmenüeinträge lassen sich Elemente ein-/ausblenden bzw. an das Startmenü sowie an die Taskleiste anheften.

Noch was...

Der Kontextmenübefehl *Vom Startmenü lösen* hebt die Fixierung des betreffenden Eintrags im oberen Bereich der linken Startmenüspalte auf.

9 Ein Rechtsklick auf ein Symbol in der Taskleiste öffnet ein Kontextmenü. Über die Befehle in der Gruppe *Häufig* öffnen Sie die zuletzt geöffneten Dokumente.

10 Auf dem Desktop eingeblendete Symbole lassen sich per Doppelklick anwählen, um das zugehörige Programm zu starten bzw. das Programmfenster zu öffnen.

11 Um ein Programm oder eine Windows-Funktion zu beenden, klicken Sie die Schaltfläche *Schließen* in der rechten oberen Ecke des Programmfensters an.

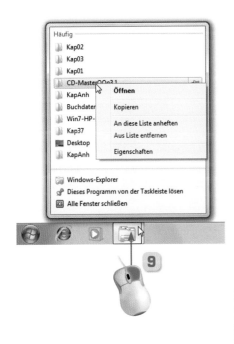

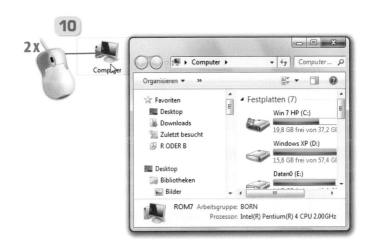

Noch was...

Wird der Kontextmenübefehl *Auf dem Desktop anzeigen* ein zweites Mal angewählt, blendet Windows das Desktopsymbol wieder aus.

Noch was...

Liegen beim Beenden ungesicherte Daten vor, fragt das Programm vor dem Schließen des Fensters bei Ihnen nach, ob diese gespeichert werden sollen.

1 Programmfenster besitzen eine Titelleiste mit den hier gezeigten Schaltflächen, meist eine Symbolleiste, manchmal auch eine Menüleiste sowie eine Statusleiste.

2 Ist ein Programmfenster zu klein, sodass dessen Inhalt nicht zu erkennen ist, klicken Sie in der rechten oberen Ecke auf die Schaltfläche *Maximieren*.

3 Ein maximiertes Fenster belegt den gesamten Desktop. Ein Mausklick auf die Schaltfläche *Verkleinern* bringt die Fensterdarstellung wieder zurück.

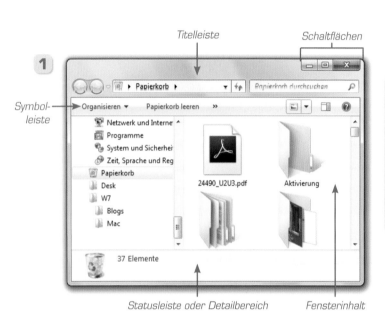

Titelleiste *Schaltflächen*

*Symbol-
leiste*

Statusleiste oder Detailbereich *Fensterinhalt*

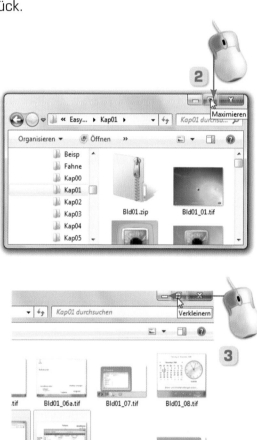

Das sollten Sie wissen...

Auf dem Desktop wird fast jedes Programm durch ein Fenster angezeigt. Über dieses Fenster machen Sie Eingaben und können in der Titelleiste den Programmnamen oder den Titel des geladenen Dokuments lesen.

Noch was...

Fenster lassen sich durch Doppelklicken auf die Titelleiste maximieren oder wieder zur vorherigen Größe verkleinern.

4 Fenster lassen sich durch Ziehen des rechten oder unteren Randes oder der rechten unteren Fensterecke mit der Maus stufenlos in der Größe anpassen.

5 Ist im Fenster nicht der komplette Dokumentinhalt sichtbar, lässt sich durch Verschieben des viereckigen Bildlauffelds in der horizontalen/vertikalen Bildlaufleiste im Fenster »blättern«.

6 Weiterhin können Sie Fenster über deren Titelleiste zum rechten/linken Desktoprand ziehen (die Mausspitze muss den Rand erreichen), um das Fenster dort anzudocken.

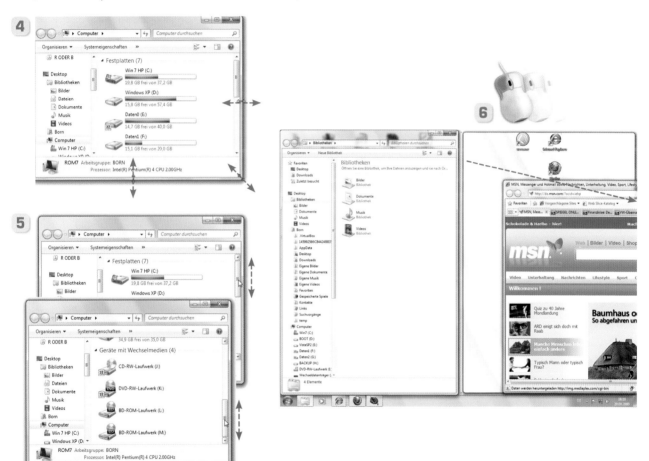

Der Autor rät...

Ziehen Sie die Titelleiste des Fensters per Maus zum oberen Desktoprand (bis die Mausspitze den Rand berührt), wird das Fenster beim Loslassen der Maustaste maximiert.

Der Autor rät...

Ziehen Sie die Titelleiste eines maximierten Fensters vom oberen (bzw. rechten/linken) Desktoprand ab, um die ursprüngliche Größe wiederherzustellen.

Noch was...

Ein am rechten/linken Rand verankertes Fenster wird auf die Hälfte des Desktops vergrößert.

7 Um mit einem nicht aktiven Fenster zu arbeiten, reicht ein Mausklick auf dessen Titelleiste. Das Fenster wird aktiviert und in den Vordergrund geholt.

8 Verdecken sich Fenster, können Sie diese durch Ziehen der Titelleiste nebeneinander auf dem Desktop anordnen.

9 Wird ein Fenster zeitweise nicht mehr gebraucht, können Sie es über die Schaltfläche *Minimieren* ausblenden.

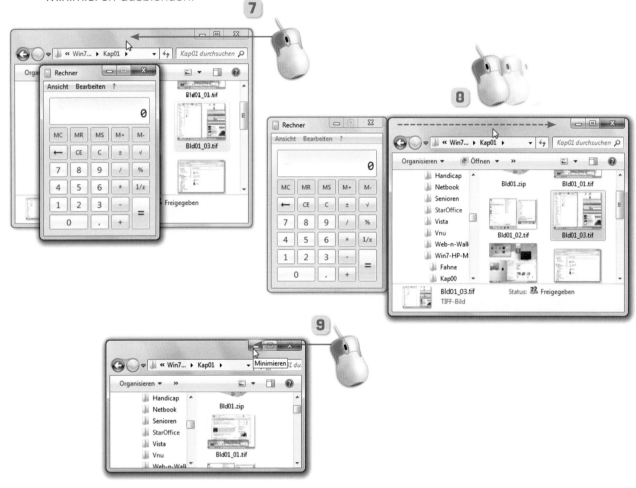

Das sollten Sie wissen...

Es können mehrere Fenster geöffnet sein, aber nur eines befindet sich im Vordergrund. Sie können nur mit dem im Vordergrund aktiven Fenster arbeiten.

Was sind Dialogfelder und Eigenschaftenfenster?

Neben Fenstern gibt es auch sogenannte Dialogfelder (Seite 80) und Eigenschaftenfenster (Seite 99), die nur die Schaltfläche *Schließen* aufweisen. Diese lassen sich nicht in der Größe verändern und besitzen auch kein Symbol in der Taskleiste.

10 Windows zeigt für jedes geöffnete Fenster eine Schaltfläche in der Taskleiste an. Gleiche Programmfenster werden in einer »gestapelt« dargestellten Schaltfläche gruppiert.

11 Um ein minimiertes Fenster wiederherzustellen oder ein anderes Fenster in den Vordergrund zu holen, zeigen Sie mit der Maus auf die Schaltfläche in der Taskleiste.

12 Sobald die Minivorschau des Fensters erscheint, wählen Sie diese mit einem Mausklick an. Das Fenster erscheint auf dem Desktop und wird aktiviert.

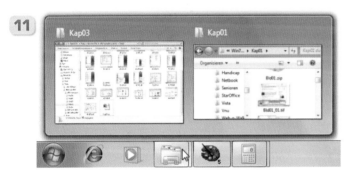

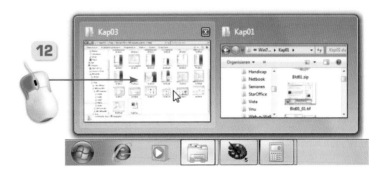

Noch was...

Bereits beim Zeigen auf die Minivorschau des Fensters erscheint der Fensterinhalt auf dem Desktop (Aero Peek genannt). Aber erst ein Klick auf die Vorschau holt das Fenster dauerhaft in den Vordergrund des Desktops.

Der Autor rät...

Wenn Sie die Titelleiste eines Fensters mit der Maus »schütteln« (Aero Shake), werden alle anderen Fenster des Desktops minimiert. Durch erneutes »Schütteln« lassen sich die Fenster wiederherstellen.

13 Um alle geöffneten Fenster zu minimieren, klicken Sie am rechten Desktoprand auf die Schaltfläche *Desktop anzeigen*. Ein zweiter Mausklick stellt die Fenster wieder her.

14 Drücken Sie die ▣-Taste und tippen Sie auf die ⇆-Taste. Durch Drehen am Mausrädchen oder Antippen der ⇆-Taste tauchen die Fenster im Vordergrund in der Aero Flip 3D-Darstellung auf.

15 Sobald Sie die ▣-Taste loslassen, holt Windows das zuletzt angezeigte Fenster auf dem Desktop in den Vordergrund.

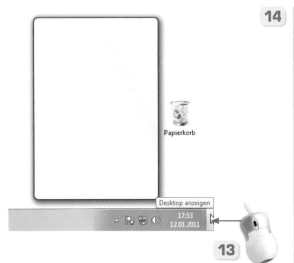

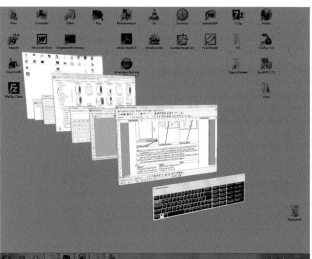

Das sollten Sie wissen...

Funktionen wie Aero Peek, Areo Shake oder Aero Flip 3D sind nur vorhanden, wenn die Grafikkarte den Anzeigemodus Aero unterstützt.

16 Zum Umschalten zwischen Programmfenstern können Sie (statt der Taskleistensymbole) die `Alt`-Taste gedrückt halten und dann die `⇆`-Taste antippen.

17 Moderne Windows-Anwendungen besitzen ein Menüband, über dessen Bedienelemente sich die Programmfunktionen abrufen lassen.

18 Bei anderen Anwendungen erfolgt die Bedienung über die Befehle der Menüleiste oder über die Elemente der angezeigten Symbolleisten.

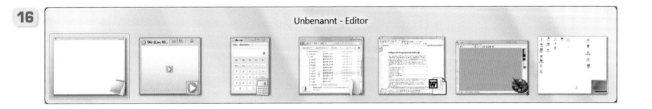

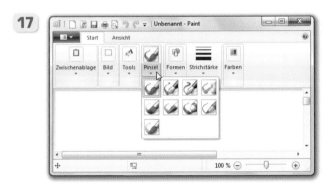

Noch was...

Bei fehlendem Aero erscheint beim Zeigen auf Taskleistensymbole ein Menü zur Auswahl des gewünschten Fensters.

Der Autor rät...

Verwenden Sie die Tastenkombination `Alt`+`Esc` (statt `Alt`+`⇆`), lassen sich die geöffneten Fenster schrittweise direkt in den Vordergrund holen.

Taste	Bedeutung
⊞	Startmenü öffnen oder schließen.
⊞ + Untbr	Seite mit den Basisinformationen über das System anzeigen.
⊞ + D	Den Windows-Desktop anzeigen.
⊞ + M	Minimiert alle geöffneten Fenster.
⊞ + ⇧ + M	Minimierte Fenster wiederherstellen.
⊞ + Leer	Schaltet alle Fenster unter Aero in den »Umrissmodus«.
⊞ + E	Ordnerfenster *Computer* öffnen.
⊞ + F	Fenster zum Suchen von Dateien und Ordnern öffnen.
⊞ + R	Dialogfeld *Ausführen* öffnen.
⊞ + L	Sperrt den Computer und zeigt die Anmeldeseite.
⊞ + F1	Öffnet das Hilfefenster.
⊞ + ⇄	Umschaltung zur Flip 3D-Darstellung unter Aero.
⊞ + T	Miniaturvorschau für Fenster in der Taskleiste einblenden, Tippen der Taste T wechselt zur nächsten Schaltfläche.
⊞ + ↑	Maximiert ein Fenster.
⊞ + ↓	Maximiertes Fenster verkleinern, normales Fenster minimieren.
⊞ + ⇧ + ↑	Maximiert das Fenster vertikal (hilfreich bei langen Texten).
⊞ + → ⊞ + ←	Dockt das aktuelle Fenster am rechten bzw. linken Desktoprand an und vergrößert es auf die Hälfte des Bildschirms.

Das sollten Sie wissen...

Die hier aufgeführten Tastenkombinationen erleichtern die Windows-Bedienung. Sie müssen dabei die ⊞-Taste zusammen mit der/den angegebenen Taste(n) drücken.
Tasten wie ⊞ + 1, ⊞ + 2 etc. starten die Anwendung des ersten bis zehnten Taskleistensymbols bzw. holen das geöffnete Anwendungsfenster in den Vordergrund. Bei mehreren geöffneten Fenstern erscheint die Fenstervorschau und Sie können mit ⊞ + 3 z. B. das dritte Fenster anwählen.

Taste	Bedeutung
⊞+⇧+1, ⊞+⇧+2 etc.	Öffnet eine neue Instanz der Anwendung (der betreffenden Schaltfläche, z. B. öffnet ⊞+⇧+1 neue Instanzen des Internet Explorers 8).
⊞+Alt+1, ⊞+Alt+2 etc.	Öffnet die Sprungliste der betreffenden Schaltfläche der Taskleiste.
⊞+Strg+1, ⊞+Strg+2 etc.	Holt das zuletzt geöffnete Fenster der Anwendungsinstanz in den Vordergrund. Antippen der Nummerntaste holt die Fenster der Anwendungsinstanzen schrittweise in den Vordergrund.
Kontextmenü	Öffnet das Kontextmenü für das ausgewählte Element.
F1	Öffnet das Fenster mit der Programm- oder Windows-Hilfe.
F3	Fenster mit Suchergebnissen öffnen.
F5	Fensterinhalt aktualisieren.
F10	Erstes Menü im Fenster wählen.
F11	Umschalten zwischen Fenster-/Kioskmodus (Ordnerfenster, Internet Explorer).
Alt+Esc	Zum nächsten geöffneten Fenster umschalten.
Alt+⇆	Taskliste einblenden und zum nächsten Programm umschalten.
Alt+F4	Aktuelles Fenster schließen.
Esc	Menü, QuickInfo oder ein Dialogfeld abbrechen.

Was ist eine Instanz?

Eine separate Einheit einer laufenden Anwendung (z. B. mehrere Textdokumente werden in Instanzen des Textprogramms mit separaten Fenstern geladen).

Was ist der Kioskmodus?

Beim Kioskmodus maximiert Windows Ordnerfenster oder das Fenster des Internet Explorers und blendet auch die Titelleiste aus. Dies bietet maximalen Platz für den Fensterinhalt.

Windows-Minianwendungen

1 Um Minianwendungen zu verwenden, klicken Sie eine freie Stelle des Desktops mit der rechten Maustaste an und wählen den Kontextmenübefehl *Minianwendungen*.

2 Ziehen Sie das Symbol der gewünschten Minianwendung aus dem angezeigten Fenster der Minianwendungsgalerie zum Desktop und lassen Sie die Maustaste los.

3 Zeigen Sie auf eine Minianwendung, wird eine Leiste sichtbar, über deren Schaltflächen Sie das Fenster vergrößern, verschieben, schließen oder Optionen ändern können.

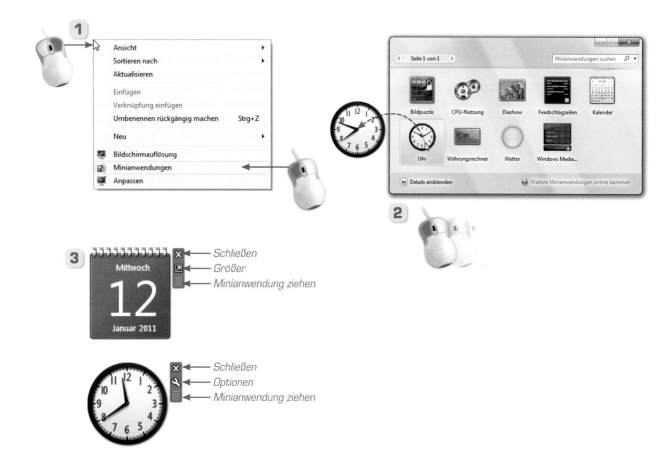

Das sollten Sie wissen...

Minianwendungen sind spezielle Programme, die als Fenster auf dem Desktop eingeblendet werden können und bestimmte Informationen (Uhrzeit, Wetter, Schlagzeilen etc.) anzeigen. Die Verwaltung erfolgt über das Fenster der Minianwendungsgalerie.

Noch was...

Weitere Kontextmenübefehle ermöglichen Ihnen, das Fenster der Minianwendung im Vordergrund zu halten oder dieses zu schließen sowie die Minianwendungsgalerie zu öffnen.

4 Klicken Sie eine auf dem Desktop angezeigte Minianwendung mit der rechten Maustaste an, erscheint ein Kontextmenü.

5 Über den Befehl *Undurchsichtigkeit* lässt sich die Transparenz für das Fenster der betreffenden Minianwendung einstellen.

6 Der ggf. vorhandene Befehl *Optionen* öffnet ein Fenster, in dem Sie Optionen für die Minianwendung auswählen und mittels der *OK*-Schaltfläche bestätigen können.

Noch was...

Der am unteren Fensterrand sichtbare Hyperlink *Weitere Minianwendungen online beziehen* öffnet eine Microsoft-Internetseite zum Bezug weiterer Minianwendungen. Installieren Sie diese nach dem Herunterladen durch einen Doppelklick auf die Installationsdatei.

1 Die Windows-Hilfe rufen Sie im Startmenü über den Befehl *Hilfe und Support* auf. Oder Sie drücken die Funktionstaste `F1`.

2 Windows 7-Programme besitzen eine *Hilfe*-Schaltfläche in der Symbolleiste. Andernfalls wählen Sie im Hilfemenü *Hilfe anzeigen* (o. Ä.) oder drücken die Taste `F1`.

3 Im Hilfefenster rufen Sie die Themen durch Anklicken der gezeigten Hyperlinks ab. Blättern lässt sich über die Schaltflächen *Vorwärts/Zurück* der Kopfzeile.

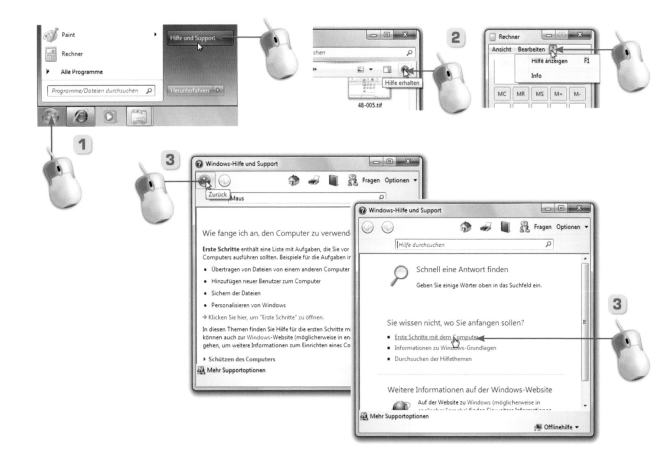

Das sollten Sie wissen…

Windows und die meisten Programme werden mit einer Hilfe ausgeliefert, die zusätzliche Informationen enthält. Was durch dieses Buch an Fragen offen bleibt, wird ggf. in der Hilfe beantwortet.

Was ist ein Hyperlink?

Ein Verweis in einer Web- oder Hilfeseite, der meist blau hervorgehoben ist. Beim Zeigen auf Hyperlinks nimmt der Mauszeiger die Form einer Hand an, und durch Anklicken wird die Folgeseite aufgerufen.

4 Die Schaltfläche *Hilfe durchsuchen* zeigt das Inhaltsverzeichnis. Zum Suchen tippen Sie einen Begriff in das Textfeld *Hilfe durchsuchen* ein und drücken die ⏎-Taste.

5 Erscheint (bei älteren Programmen) dieses zweigeteilte Hilfefenster, können Sie über das Inhaltsverzeichnis der Registerkarte *Inhalt* auf die Hilfethemen zugreifen.

6 Auf den Registerkarten *Index* und *Suchen* geben Sie einen Begriff in das Textfeld ein, klicken auf *Themen auflisten* und doppelklicken auf den angezeigten Treffer.

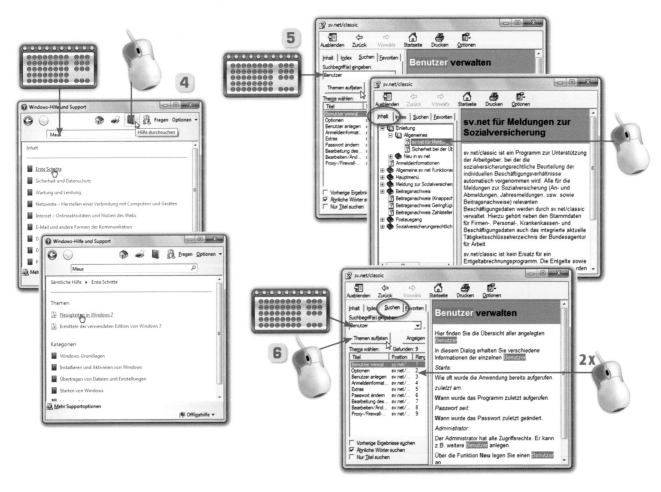

Noch was...

Manche Dialogfelder besitzen eine *Hilfe*-Schaltfläche, um die zugehörige Hilfeseite aufzurufen. In allen Hilfevarianten lassen sich die Folgeseiten durch Anklicken der Hyperlinks abrufen.

Noch was...

Bei zweigeteilten Hilfefenstern (Bild 5 und 6) können Sie in der linken Spalte Registerkarten wie *Inhalt*, *Index* oder *Suchen* zum Abrufen der Hilfe wählen. Doppelklicken Sie auf die Buchsymbole, um Unterthemen ein-/auszublenden.

4

Laufwerke, Ordner und Dateien

Welche Laufwerke hat mein Computer?

1 Das Ordnerfenster *Computer* öffnen Sie, indem Sie im Startmenü auf den Befehl *Computer* klicken.

2 Das Ordnerfenster *Computer* zeigt die Laufwerke gruppiert nach Festplatten und Wechselmedien (z. B. DVD-/BD-Laufwerke, USB-Sticks etc.) an.

Das sollten Sie wissen...

Im Computer können verschiedene Laufwerke (Festplatten, Kartenleser, DVD-/BD-Laufwerke/ -Brenner etc.) eingebaut sein. Zudem werden USB-Sticks und u.U. auch angeschlossene Kameras als Datenträger behandelt.

Was sind Laufwerke?

Als Laufwerke werden verschiedene Komponenten bezeichnet, mit denen auf Datenspeicher (Festplatten, CDs, DVDs, BDs, Speicherkarten etc.) zugegriffen werden kann. Datenspeicher werden auch als Datenträger bezeichnet.

3 Jedem Laufwerk wird ein vom Typ abhängiges Symbol (hier eine Festplatte), ein Name sowie ein Laufwerksbuchstabe (A:, B: bis Z:) zugewiesen.

4 Festplatten werden beginnend ab dem Buchstaben C: nummeriert. CD-, DVD- und BD-Laufwerke besitzen diese Symbole und eine entsprechende Bezeichnung.

5 Speicherkarten, USB-Sticks oder als Wechseldatenträger erkannte Geräte werden unter Wechselmedien aufgeführt.

Win 7 HP (C:)
19,4 GB frei von 37,2 GB

CD-RW-Laufwerk (J:)

DVD-RW-Laufwerk (K:)

BD-ROM-Laufwerk (L:)

DSL (N:)
67,5 MB frei von 239 MB

Noch was...

In den Anzeigemodi »Kacheln« und »Inhalt« (s. Seite 68) wird die vorhandene und noch freie Speicherkapazität im Ordnerfenster *Computer* angezeigt. Ein roter Farbbalken zeigt ein volles Speichermedium an.

Der Autor rät...

Zeigen Sie mit der Maus auf ein Laufwerkssymbol, erscheint eine QuickInfo mit Kapazitätsdaten. Zudem enthält der Detailbereich des Fensters Informationen zum zuletzt angeklickten Element.

1 Am DVD-/BD-Laufwerk befindet sich eine Taste zum Ein-/Ausfahren der Schublade.

2 Legen Sie das Medium (CD, DVD, BD) mit der spiegelnden (unbedruckten) Seite nach unten in die Laufwerksschublade ein und schließen Sie die Schublade.

3 Neben USB-Sticks zur Datenspeicherung lassen sich auch die in Kameras, Handys etc. verwendeten Speicherkarten für diesen Zweck einsetzen.

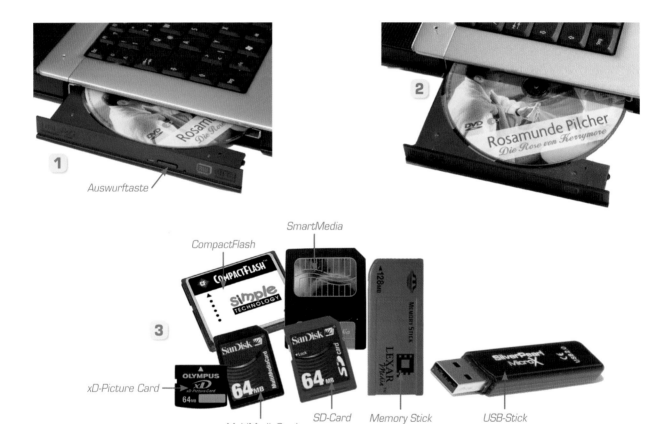

Auswurftaste

CompactFlash
SmartMedia
xD-Picture Card
MultiMediaCard
SD-Card
Memory Stick
USB-Stick

Das sollten Sie wissen...

Um Datenverluste und Beschädigungen bei Wechselmedien (CDs, DVDs, BDs, Speicherkarten etc.) zu vermeiden, sollten Sie diese, wie auf dieser Doppelseite skizziert, handhaben.

Was sind Wechselmedien?

Sammelbegriff für alle Datenspeicher, die vom Benutzer aus dem Computer entfernt und separat abgelegt werden können.

4 Ist ein Kartenleser vorhanden, können Sie Speicherkarten (ohne Kraftaufwand) richtig herum in den passenden Schlitz einschieben.

5 Alternativ gibt es externe USB-Multi-Card-Speicherkartenleser für verschiedene Kartentypen, bei denen Sie die Speicherkarte in den passenden Leseschlitz stecken.

6 Sollten Daten auf einen USB-Stick gespeichert oder von diesem gelesen werden, stecken Sie diesen auf eine freie USB-Buchse auf.

Der Autor rät...

Fassen Sie CDs, DVDs oder BDs nur am Rand an und bewahren Sie die Medien in Schutzhüllen auf. Fingerabdrücke, Staub oder Kratzer auf der Oberfläche der Datenseite machen das Medium u. U. unbrauchbar.

Noch was...

Die Schublade von DVD-/BD-Laufwerken weist oft eine kleine Vertiefung zum Einlegen des Mediums auf. Bei Notebooks muss das Medium auf eine Art Fixierungsdorn der Laufwerksschublade aufgesteckt werden.

7 Sobald Windows das Medium erkennt, erscheint das Dialogfeld *Automatische Wiedergabe*, und Sie können einen Befehl auswählen.

8 Je nach angeklicktem Eintrag erscheint ein Ordnerfenster mit dem Medieninhalt, das Wiedergabefenster für Musik oder Videos, die Fotoanzeige etc.

9 Wird eine CD, DVD oder BD nicht mehr benötigt, fahren Sie das Laufwerk über dessen Auswurftaste aus, entnehmen das Medium und schließen die Laufwerksschublade wieder.

Auswurftaste

Das sollten Sie wissen...

Welche Befehle im Dialogfeld *Automatische Wiedergabe* erscheinen, hängt von den auf dem Medium (CD, DVD, USB-Stick, Speicherkarte) gespeicherten Daten ab.

Der Autor rät...

Bei DVD-/BD-Laufwerken in Notebooks müssen Sie ggf. kurz auf die Laufwerksabdeckung drücken, um die Schublade aus- und einzufahren.

10 Zum Entfernen von Speicherkarten und USB-Sticks klicken Sie auf das Laufwerkssymbol im Ordnerfenster *Computer* und dann auf die *Auswerfen*-Schaltfläche.

11 Bei USB-Festplatten klicken Sie im Infobereich der Taskleiste auf das Symbol *Hardware sicher entfernen* und wählen im Kontextmenü das Laufwerk.

12 Erst nach dem Auswerfen oder dem sicheren Entfernen (wird per QuickInfo bestätigt) können Sie USB-Geräte und -Sticks abziehen sowie Speicherkarten entfernen.

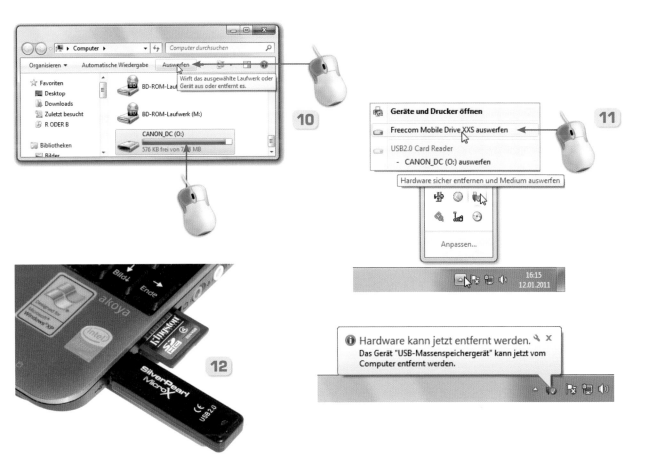

Noch was…

Speicherkarten, externe Festplatten oder USB-Sticks dürfen erst nach dem »Auswerfen« entfernt werden – andernfalls droht Datenverlust.

Noch was…

Fehlt das Symbol *Hardware sicher entfernen*, müssen Sie im Infobereich der Taskleiste auf die Schaltfläche *Ausgeblendete Symbole einblenden* klicken, um die Palette anzuzeigen (Bild 11).

1 Dateien besitzen einen Namen, ein Symbol sowie eine vom Dateiinhalt abhängige Datei-namenerweiterung (Buchstaben hinter dem Punkt).

2 Ordner besitzen in der Regel lediglich einen Namen sowie ein Symbol. Standardmäßig verwendet Windows für Ordner dieses Ordnersymbol.

3 Die hier gezeigten speziellen Ordner besitzen besondere Symbole, die Hinweise auf den Ordnerinhalt (Bilder, Musik etc.) geben.

Das sollten Sie wissen...

Daten (Fotos, Texte, Videos, Musik) werden auf Datenträgern (Festplatte, CDs, DVDs, BDs etc.) abgelegt. Um die Daten wiederzufinden, verpackt Windows diese in sogenannte Dateien.

Was sind Bibliotheken?

Ermöglichen, Dateien und Ordner, die sich an verschiedenen Speicherorten befinden, zu verwalten und zusammengefasst darzustellen.

4 Ordner bieten (wie im Büro) die Möglichkeit, die Dateiablage zu strukturieren. Ein Ordner kann daher Dateien und weitere (Unter-)Ordner enthalten.

5 Windows 7 kennt noch spezielle Speicherorte (als Bibliotheken bezeichnet) zur Ablage der Benutzerdateien, getrennt nach Bildern, Musik etc.

6 Regeln für Datei-/Ordnernamen

Datei- und Ordnernamen dürfen aus den Buchstaben A bis Z, a bis z, den Ziffern 0 bis 9, Leerzeichen und Zeichen wie beispielsweise . _ - ~ bestehen. Unzulässig sind die Zeichen " / \ | < > : ? * im Namen. Groß-/Kleinschreibung wird nicht unterschieden. Ein als Pfad bezeichneter Ausdruck aus Ordner- und Dateinamen darf max. 260 Zeichen lang werden.

Noch was…

Am Dateisymbol lässt sich oft erkennen, ob eine Datei Text, Fotos, Videos, Musik etc. enthält. Die Dateinamenerweiterung wird standardmäßig nicht im Ordnerfenster angezeigt.

Noch was…

Innerhalb eines Ordners müssen alle Datei- und Ordnernamen eindeutig sein, d.h., es darf keine zwei Elemente gleichen Namens geben.

1 Öffnen Sie das Startmenü und klicken Sie auf Befehle wie *Bilder*, *Musik*, *Dokumente*, *Computer* oder den Benutzernamen (hier *Born*).

2 Windows öffnet dann ein Ordnerfenster und zeigt den Inhalt des gewählten Speicherorts an (z. B. den Benutzerordner oder den Ordner *Bilder*). Die Darstellung des Inhaltsbereichs kann dabei je nach Ordner und Anzeigemodus unterschiedlich sein.

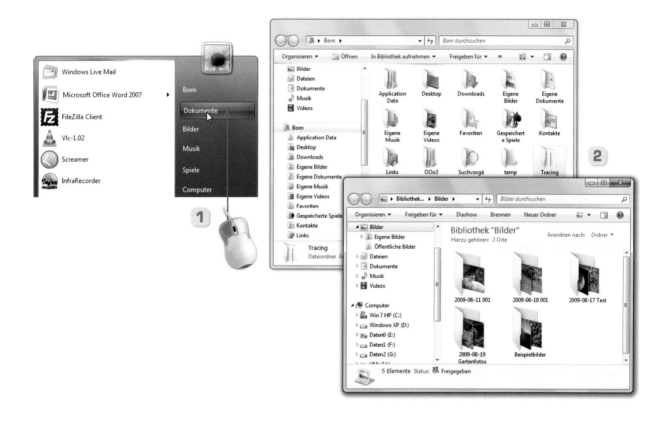

Das sollten Sie wissen...

Ordnerfenster zeigen nicht nur die vorhandenen Laufwerke an (Fenster *Computer*, Seite 58), sondern ermöglichen es auch, den Inhalt dieser Laufwerke und darauf gespeicherter Ordner einzusehen.

Was sind Benutzerordner?

Ordner, die für jedes Benutzerkonto zum Speichern von Benutzerdateien (Fotos, Videos, Musik, Dokumenten) angelegt werden. Zugriff auf die Ordner erhalten Sie z. B. über den Startmenübefehl mit dem Benutzernamen (hier *Born*).

3 Im Navigationsbereich am linken Fensterrand werden alle erreichbaren Speicherorte (z. B. Bibliotheken, Computer mit Laufwerken, Benutzerordner, Netzwerk) angezeigt.

4 Ein Mausklick auf Einträge im Navigationsbereich oder ein Doppelklick auf Laufwerks- und Ordnersymbole im rechten Inhaltsbereich zeigt deren Inhalt im Fenster an.

5 Mit der Taste ⟵ oder durch Anklicken des Ordnernamens in der Adressleiste oder im Navigationsbereich gelangen Sie zu übergeordneten Ordnern zurück.

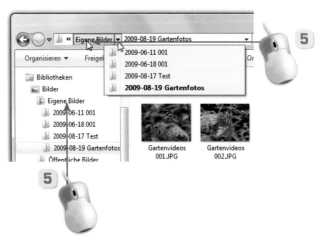

Noch was…

Windows 7 kennt Benutzer-ordner und öffentliche Ordner (für alle Benutzer zugänglich).

Der Autor rät…

Klicken Sie im Navigationsbereich auf die Dreiecke vor den Einträ-gen, um die jeweilige Ordner-struktur ein- oder auszublenden (Bild 4).

Noch was…

In der Adressleiste öffnet ein (rechts neben dem Ordner-namen) angeklicktes Dreieck das Auswahlmenü der zugehörigen Unterordner (Bild 5).

6 Mit den Schaltflächen *Zurück* und *Vorwärts* sowie deren Menü blättern Sie zwischen besuchten Ordnerseiten.

7 Klicken Sie in der Symbolleiste des Ordnerfensters auf das Dreieck der Schaltfläche *Weitere Optionen*.

8 Ziehen Sie in der angezeigten Palette den Schieberegler zum gewünschten Befehl, um den Anzeigemodus für den Inhaltsbereich zu bestimmen.

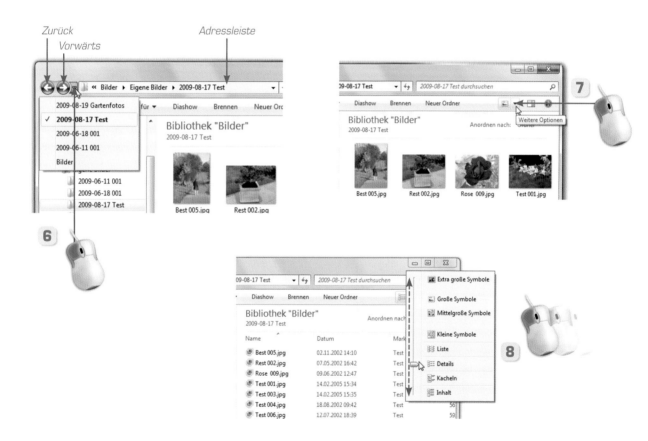

Das sollten Sie wissen...

Die Darstellung (z. B. Symbolgröße) des rechten, als Inhaltsbereich bezeichneten Teilfensters können Sie anpassen.

Was ist ein Kontrollkästchen?

Bedienelement, ermöglicht (im Gegensatz zu Optionsfeldern) mehrere Optionen auszuwählen. Klicken Sie auf das kleine Viereck, um das Häkchen zu setzen oder zu löschen.

9 Klicken Sie im Anzeigemodus *Details* auf den Spaltenkopf, wird die Dateiliste nach dem Spalteninhalt abwechselnd in ab- oder aufsteigender Weise sortiert angezeigt.

10 Klicken Sie auf das Dreieck eines Spaltenkopfs, können Sie in der eingeblendeten Palette die Optionen zur Filterung der Anzeige wählen (z. B. Kontrollkästchen markieren).

11 Ein Rechtsklick auf eine freie Stelle im Ordnerfenster (oder auf dem Desktop) öffnet ein Kontextmenü mit Befehlen zum Sortieren, Gruppieren und Anordnen der Symbole.

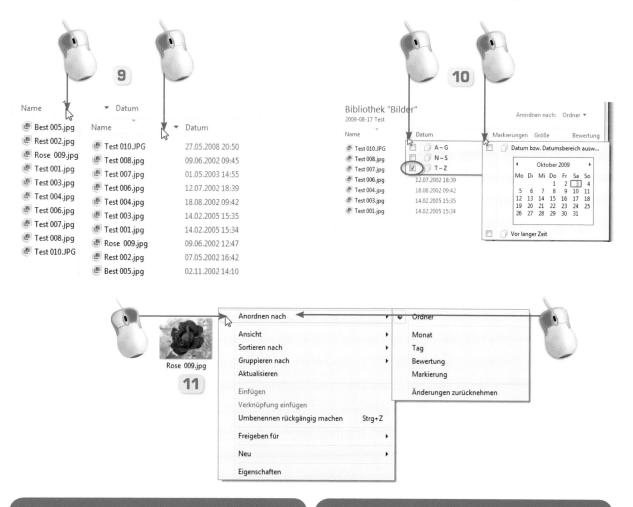

Der Autor rät...

Wenn Sie die [Strg]-Taste gedrückt halten, können Sie die Symbolgröße durch Drehen am Mausrädchen verändern.

Ordner und Dateien anlegen oder umbenennen

1 Um einen neuen Ordner anzulegen, gehen Sie zum gewünschten Speicherort, klicken auf eine freie Stelle im Ordnerfenster und wählen die Schaltfläche *Neuer Ordner*.

2 Tippen Sie den neuen Ordnernamen ein und drücken Sie die ⏎-Taste. Ein Mausklick auf eine freie Stelle im Ordnerfenster hebt die Markierung des neuen Ordners auf.

3 Ein Rechtsklick auf eine freie Stelle im Ordnerfenster öffnet ein Kontextmenü. Über den Befehl *Neu* können Sie Ordner, ZIP-komprimierte Ordner und Dokumente anlegen.

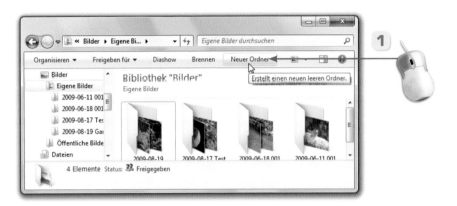

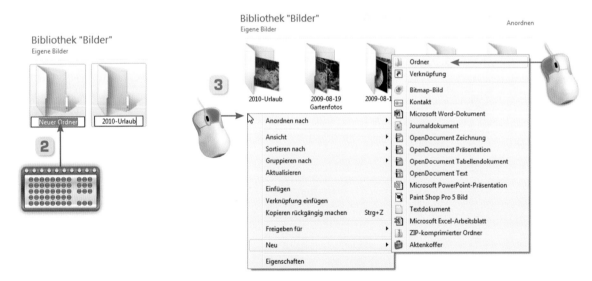

Das sollten Sie wissen...

Bei Bedarf können Sie neue Ordner auf Datenträgern (z. B. Speicherkarten) oder in bestehenden Ordnern anlegen sowie Dateien und Ordner umbenennen.

Was sind ZIP-komprimierte Ordner?

In diesen Ordnern lassen sich Dateien besonders kompakt (platzsparend) speichern.

4 Um einen Ordner oder eine Datei umzubenennen, markieren Sie diese(n) im Ordnerfenster mit einem Mausklick. Das markierte Element wird farbig hervorgehoben.

5 Drücken Sie die Funktionstaste [F2] oder klicken Sie auf die Schaltfläche *Organisieren* und dann im Menü auf *Umbenennen*.

6 Ändern Sie den Namen und bestätigen Sie dies über die [⏎]-Taste. [←] löscht Zeichen links und [Entf] rechts von der Schreibmarke.

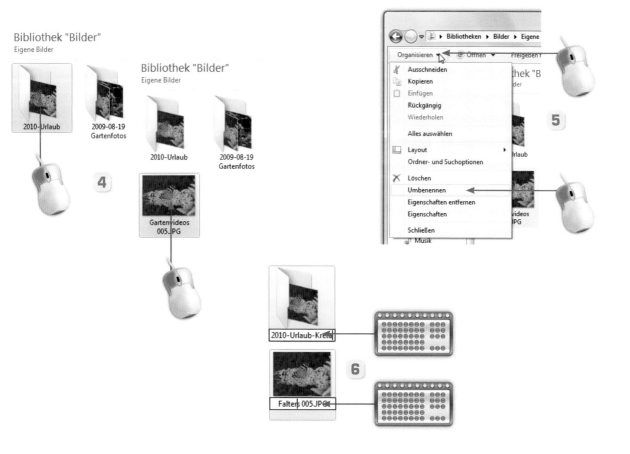

Noch was...

Dokumentdateien (z. B. Texte) werden meist durch entsprechende Programme erzeugt.

Der Autor rät...

Mit [←] und [→] können Sie die Schreibmarke (blinkender Strich) zwischen den Zeichen des Namens positionieren.

1 Öffnen Sie das Ordnerfenster (Quellordner) mit den zu kopierenden/verschiebenden Elementen und markieren Sie die gewünschten Ordner und/oder Dateien.

2 Klicken Sie auf die Schaltfläche *Organisieren* der Symbolleiste und wählen Sie im Menü den Befehl *Ausschneiden* (beim Verschieben) oder *Kopieren*.

3 Wechseln Sie über die Navigationsleiste des Ordnerfensters zum Zielordner und wählen Sie im Menü der Schaltfläche *Organisieren* den Befehl *Einfügen*.

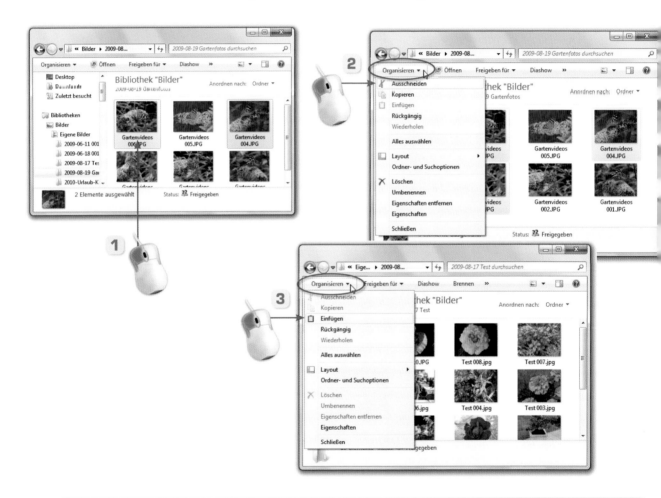

Das sollten Sie wissen...

Windows kopiert oder verschiebt immer nur markierte Elemente. Beim Verschieben wird das Element aus dem Quellordner zum Zielordner übertragen, während beim Kopieren eine zweite Kopie angelegt wird.

4 Windows beginnt mit dem Kopieren bzw. Verschieben und zeigt bei umfangreicheren Vorgängen den Ablauf über eine Fortschrittsanzeige.

5 Existiert das Element bereits im Zielordner, müssen Sie im angezeigten Dialogfeld die gewünschte Option auswählen. Bei mehreren Elementen markieren Sie vorher das Kontrollkästchen *Vorgang für alle Konflikte durchführen*.

6 Anschließend finden Sie die kopierten/verschobenen Elemente im Zielordner.

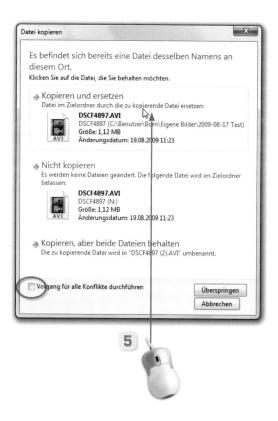

Noch was…

Mehrere Ordner/Dateien markieren Sie, indem Sie diese bei gedrückter ⟨Strg⟩-Taste anklicken. Oder Sie klicken auf das erste Element, halten die ⟨⇧⟩-Taste gedrückt und klicken auf das letzte Element.

Der Autor rät…

Drücken Sie sofort nach dem Ausführen eines Befehls (Kopieren, Verschieben, Umbenennen, Löschen) die Tastenkombination ⟨Strg⟩+⟨Z⟩, dann können Sie die Operation rückgängig machen.

Dateien und Ordner löschen

1 Markieren Sie im Ordnerfenster das zu löschende Element und wählen Sie im Menü der Schaltfläche *Organisieren* den Befehl *Löschen*.

2 Ist der Desktop zu sehen, können Sie zum Löschen das Element auch zum Symbol des Papierkorbs ziehen und loslassen. Oder Sie drücken die [Entf]-Taste zum Löschen.

3 Beim Löschen über das Menü *Organisieren* erscheint dieses Dialogfeld und Sie müssen die Schaltfläche *Ja* bestätigen.

Das sollten Sie wissen...

Beim Löschen werden die jeweiligen Elemente in den Papierkorb verschoben. Im Papierkorb noch vorhandene (gelöschte) Elemente können wiederhergestellt werden.

Der Autor rät...

Ein Rechtsklick in das Ordnerfenster sofort nach dem Löschen ermöglicht Ihnen, den Vorgang über den Kontextmenübefehl *Löschen rückgängig machen* zurückzunehmen.

4 Um gelöschte Elemente wiederherzustellen, wählen Sie das Desktopsymbol *Papierkorb* per Doppelklick an.

5 Markieren Sie im Ordnerfenster *Papierkorb* das gelöschte Element und klicken Sie in der Symbolleiste auf die Schaltfläche *Element wiederherstellen*.

6 Um den Papierkorb zu leeren, klicken Sie das Desktopsymbol mit einem Rechtsklick an und wählen danach den Kontextmenübefehl *Papierkorb leeren*.

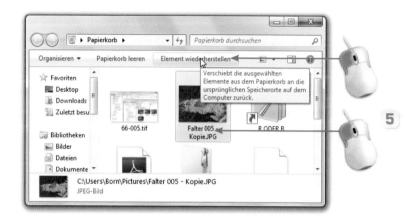

Noch was...

Bei Wechseldatenträgern wie USB-Sticks oder Speicherkarten löscht Windows die jeweiligen Elemente direkt, d. h., eine Wiederherstellung per Papierkorb ist unmöglich.

Noch was...

Das Leeren des Papierkorbs schafft freien Speicherplatz auf dem Datenträger. Gelöschte Elemente lassen sich dann aber nicht mehr wiederherstellen.

1 Öffnen Sie das Startmenü, klicken Sie in das Suchfeld und tippen Sie einen Begriff oder einen Teilbegriff (z. B. »Benu« für »Benutzer«) ein.

2 Windows blendet bereits beim Eingeben gefundene Treffer, geordnet nach Kategorien wie Programme, Dokumente, ein. Ein Mausklick reicht, um die Funktion aufzurufen.

3 Um nach Dateien und Ordnern zu suchen, klicken Sie in der rechten oberen Ecke des Ordnerfensters in das Suchfeld und tippen den Suchbegriff ein.

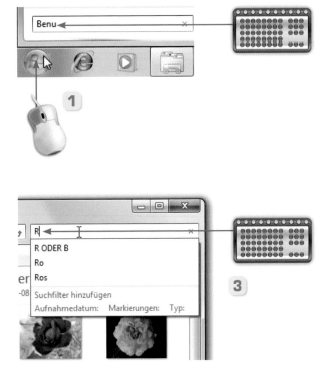

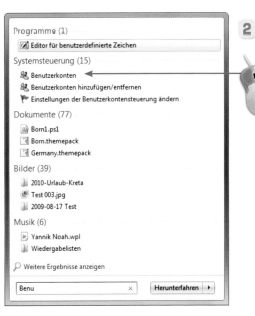

4 Bei Bedarf können Sie im eingeblendeten Menü einen passenden Suchbegriff per Mausklick übernehmen oder einen Suchfilter (z. B. *Markierungen*, *Typ*) anklicken.

5 Bei angeklicktem Suchfilter legen Sie anschließend die Suchbedingung (z. B. Markierungen) über die Optionen des angezeigten Menüs fest.

6 Windows filtert den aktuellen Ordner und dessen Unterordner nach dem Begriff und zeigt gefundene Treffer im Ordnerfenster an – farbige Hervorhebungen signalisieren Übereinstimmungen im Dateinamen.

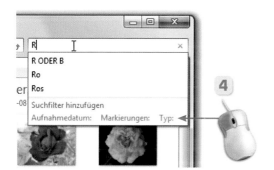

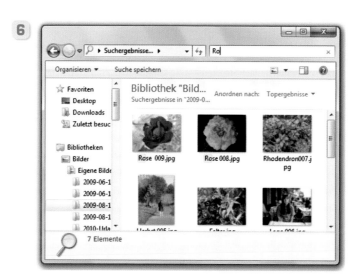

Noch was…

In die Suche werden nicht nur der Dateiname und die Dateinamenerweiterung einbezogen, sondern auch Dateiinhalte (z. B. Brieftexte oder Dokumenteigenschaften).

Noch was…

Bei der Eingabe des Suchbegriffs erscheinen ähnliche Begriffe in einem Menü (Bild 4) und lassen sich durch Anklicken übernehmen.

Daten auf CD, DVD oder BD brennen

1 Markieren Sie in einem Ordnerfenster die zu brennenden Dateien und klicken Sie in der Symbolleiste des Fensters auf die Schaltfläche *Brennen*.

2 Legen Sie einen geeigneten Rohling (CD, DVD, BD) in den Brenner ein und warten Sie, bis sich das Dialogfeld automatisch schließt.

3 Passen Sie ggf. den Text im Feld *Datenträgertitel* an, markieren Sie das Optionsfeld *Mit einem CD/DVD-Player* und klicken Sie auf die *Weiter*-Schaltfläche.

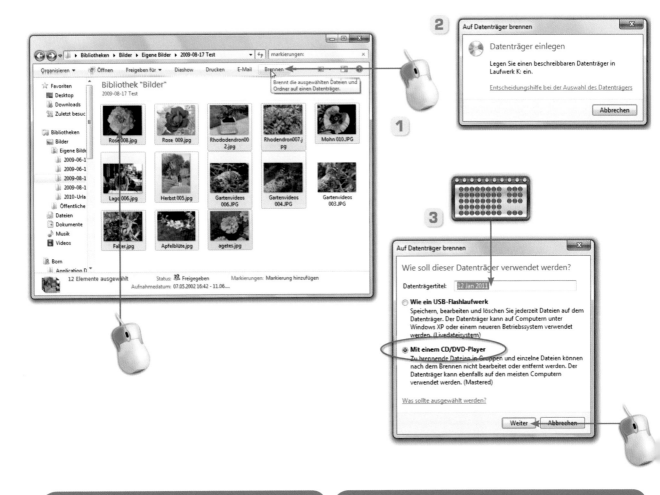

Das sollten Sie wissen...

Fotos, Briefe etc. lassen sich mit einem DVD- oder BD-Brenner auf CD, DVD oder BD schreiben (brennen) und aufbewahren (archivieren) oder als Kopie an Dritte weitergeben.

Was ist ein Optionsfeld?

Ein rundes Bedienelement in Dialogfeldern und Fenstern (Bild 3), über das ein Benutzer eine Option aus mehreren Optionsfeldern durch Anklicken wählt. Das aktive Optionsfeld wird durch einen Punkt markiert.

4 Sie können den Schritt 1 mehrfach ausführen, um verschiedene Dateien »zu brennen«. Eine QuickInfo zeigt an, wenn Daten zum Brennen vorliegen.

5 Sind alle Dateien zum Brennen vorbereitet, öffnen Sie ggf. das Ordnerfenster des DVD-/ BD-Brenners und klicken auf die Schaltfläche *Auf Datenträger brennen*.

6 Sobald das hier gezeigte Dialogfeld erscheint, passen Sie ggf. den Datenträgertitel an und klicken auf *Weiter*.

Der Autor rät...

Um mehrfach Dateien auf den Datenträger zu brennen, sollten Sie die Option *Wie ein USB-Flashlaufwerk* markieren. Dann entfallen die Schritte 4 bis 8, die CD, DVD oder BD lässt sich aber u.U. nicht auf fremden PCs lesen.

7 Warten Sie, bis der Brennvorgang abgeschlossen ist und das angezeigte Dialogfeld mit der Anzeige des Brennfortschritts verschwindet.

8 Schließen Sie das Dialogfeld über die Schaltfläche *Fertig stellen*, entnehmen Sie das Medium dem Brenner, beschriften Sie es und archivieren Sie es in einer CD/DVD-Hülle.

9 Zum Löschen eines im Brenner eingelegten RW-Mediums klicken Sie das Laufwerkssymbol des Brenners im Ordnerfenster *Computer* an und wählen dann die Schaltfläche *Datenträger löschen*.

10 Klicken Sie im Startdialogfeld auf die *Weiter*-Schaltfläche, warten Sie, bis der Rohling gelöscht wurde und klicken Sie auf die Schaltfläche *Fertig stellen*.

11 Es gibt eine Vielzahl von Rohlingstypen (CD, DVD, BD). Achten Sie beim Kauf von Rohlingen darauf, dass diese von Ihrem Brenner unterstützt werden.

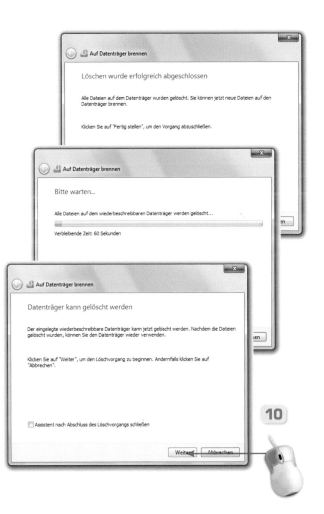

Typ	Kapazität	Bemerkung
CD-R	650–800 MB	1x beschreibbar
CD-RW	650–800 MB	wiederbeschreibbar
DVD+R	4,7 GB	1x beschreibbar
DVD-R	4,7 GB	1x beschreibbar
DVD+RW	4,7 GB	wiederbeschreibbar
DVD-RW	4,7 GB	wiederbeschreibbar
DVD+R DL	8,5 GB	1x beschreibbar
DVD-R DL	8,5 GB	1x beschreibbar
BD-R	25 GB	1x beschreibbar
BD-R DL	50 GB	1x beschreibbar
BD-RE	25 GB	wiederbeschreibbar
BD-RE DL	50 GB	wiederbeschreibbar

Noch was...

Rohlinge vom Discounter sind zwar preiswert, aber oft auch von geringerer Qualität und neigen ggf. nach kurzer Zeit zum Datenverlust.

Der Autor rät...

Verzichten Sie auf das Aufkleben von CD-Etiketten, da dies zu Unwuchten im Laufwerk führen kann. Achten Sie darauf, dass die Medien nicht zerkratzt werden.

Noch was...

Der Zusatz »RW« oder »RE« kennzeichnet wiederbeschreibbare Rohlinge. Mit dem Zusatz »DL« werden Rohlinge doppelter Kapazität gekennzeichnet.

5

Schreib mal wieder – mit Word

1 Mit der Textverarbeitung Word lassen sich Briefe, Einladungen, Rechnungen und andere Textdokumente erfassen, gestalten, speichern und drucken.

2 Die Tabellenkalkulation Excel ermöglicht Ihnen, Daten in Tabellen zu erfassen, Berechnungen durchzuführen und Ergebnisse als Diagramme anzuzeigen (Kapitel 7).

3 Mit dem Programm PowerPoint können Sie Präsentationen mit Folien erstellen und wiedergeben (was in diesem Buch aber nicht besprochen wird).

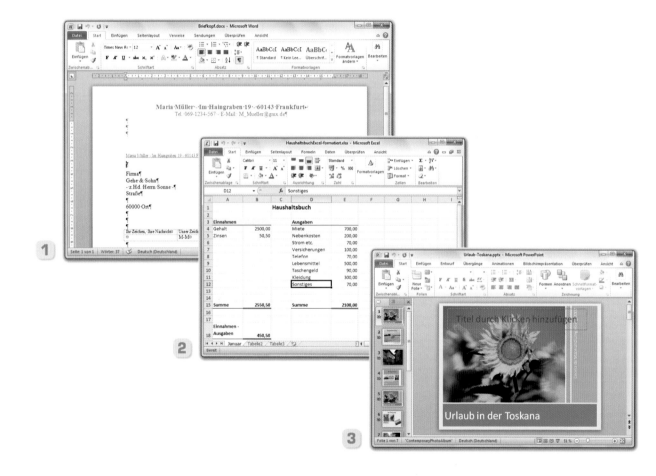

Das sollten Sie wissen...

Die zum Schreiben benötigten Textprogramme (als Textverarbeitung bezeichnet) sind meist Bestandteil eines sogenannten Office-Pakets. Am populärsten ist Microsoft Office, es gibt aber auch Alternativen (z. B. das kostenlose OpenOffice.org 3).

Noch was...

Andere Office-Anwendungen werden genauso gestartet und beendet. Die *Schließen*-Schaltfläche schließt bei mehreren geöffneten Dokumenten erst deren Dokumentfenster. Das Schließen des letzten Fensters beendet auch die Anwendung.

4 Zum Starten von Word wählen Sie im Startmenü den Befehl *Alle Programme*, klicken auf *Microsoft Office* und dann auf den Befehl *Microsoft Office Word 2010*.

5 Ein Doppelklick auf das Desktopsymbol für Word (sofern vorhanden) startet ebenfalls das Programm. Ein Doppelklick auf eine Word-Dokumentdatei lädt diese.

6 Zum Beenden von Word klicken Sie auf die *Schließen*-Schaltfläche des Fensters. Ein Dialog-feld ermöglicht Ihnen, ungesicherte Änderungen zu speichern, zu verwerfen oder über *Abbrechen* das Schließen zu verweigern.

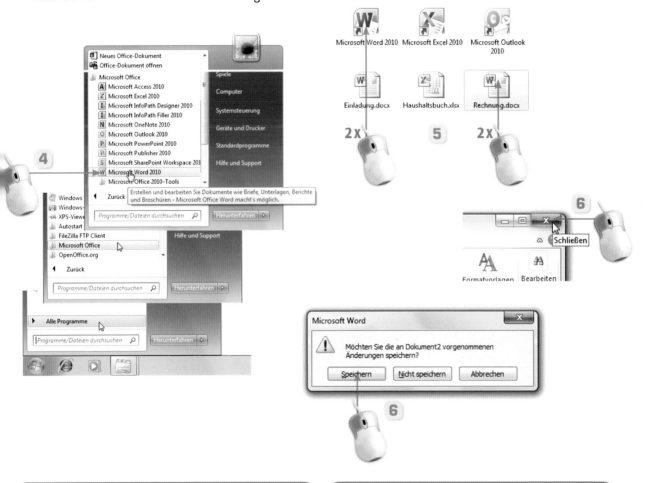

Noch was...

Hier wird Word 2010 aus Microsoft Office 2010 verwendet. Die Bedienung der Programme aus Microsoft Office 2007 ist aber weitgehend identisch.

Noch was...

Ziehen Sie einen Startmenüeintrag mit der rech-ten Maustaste zum Desktop und wählen den Kon-textmenübefehl *Verknüpfung hier erstellen*, um ein Desktopsymbol zum Schnellstart einzurichten.

1 Bei Anwendungsfenstern wie Word 2010 öffnet der Registerreiter *Datei* die Backstage-Ansicht mit einem Menü zum Abrufen verschiedener Funktionen.

2 Die (anpassbare) Symbolleiste für den Schnellzugriff stellt die wichtigsten Schaltflächen zum Arbeiten mit Dokumenten bereit.

3 Das Menüband enthält auf verschiedenen Registerkarten die in Gruppen organisierten Bedienelemente, um ein geöffnetes Dokument zu bearbeiten.

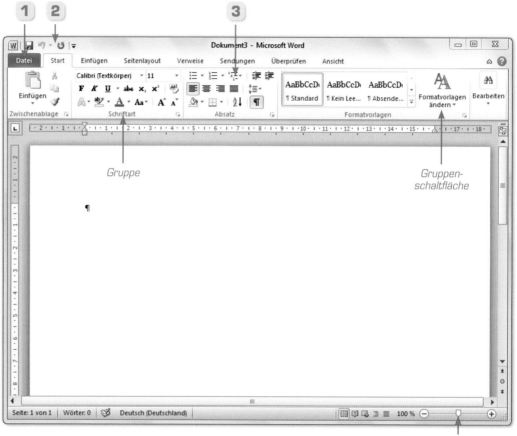

Gruppe

Gruppen-
schaltfläche

Vergrößerungsfaktor

Das sollten Sie wissen...

Die Fenster der Microsoft Office-Programme Word, Excel und PowerPoint sind weitgehend gleich aufgebaut. Dies gilt auch für deren Bedienung.

Noch was...

In der rechten Ecke der Statusleiste finden Sie einen Schieberegler zum Anpassen des Vergrößerungsfaktors der Dokumentanzeige.

4 In der Statusleiste finden Sie Zusatzinformationen wie die aktuelle Seite sowie Elemente zum Anpassen der Dokumentdarstellung.

5 Über diese Schaltflächengruppe lässt sich die Darstellung in Microsoft Word zwischen verschiedenen Anzeigemodi (Entwurf, Seitenlayout etc.) umstellen.

6 Die Schreibmarke (senkrecht blinkender Strich) zeigt die Stelle an, wo Text in das Dokument eingefügt wird.

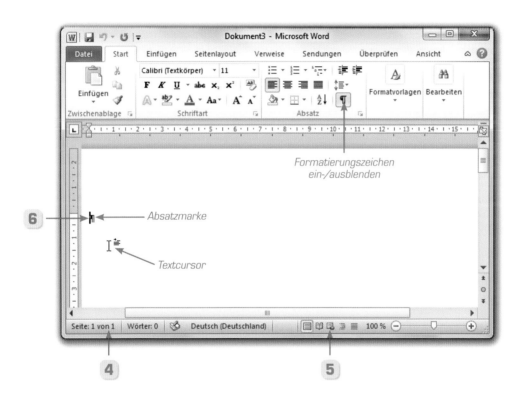

Noch was...

Ist das Fenster zu schmal, reduziert Word die Elemente einer Gruppe zu einer Gruppenschaltfläche. Klicken Sie auf diese, werden fehlende Elemente eingeblendet.

Noch was...

Die Absatzmarke markiert das Absatzende. Sie lässt sich durch Anklicken der Schaltfläche ¶ im Dokument anzeigen.

Noch was...

Befindet sich der Mauszeiger im Dokumentbereich, nimmt er die Form des Textcursors I an und ermöglicht, die Schreibmarke zu positionieren (Seite 90).

1 Zur Texteingabe klicken Sie im Dokumentbereich auf die Absatzmarke oder in den ggf. bereits vorhandenen Text.

2 Tippen Sie den gewünschten Text über die Tastatur ein. Die als blinkender Strich sichtbare Schreibmarke wandert mit.

3 Erreichen Sie den rechten Textrand, tippen Sie einfach weiter. Word bricht dann den Text automatisch um und setzt den Satz in der Folgezeile fort.

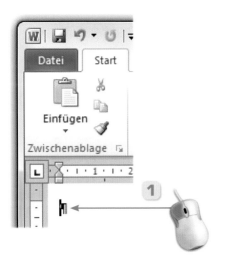

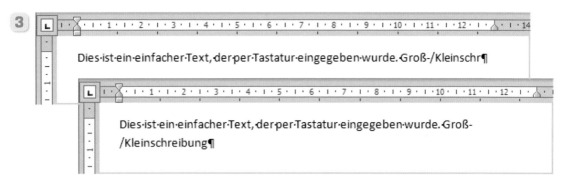

Das sollten Sie wissen...

Text wird beim Eintippen in das Word-Dokumentfenster von Word automatisch zu Absätzen zusammengefasst. Das Ende eines Absatzes wird durch die einblendbaren Absatzmarken (siehe Seite 87) angezeigt.

Was sind Absatzmarken?

Marken, die das Ende eines Absatzes kennzeichnen. Word setzt den Folgetext in einer neuen Zeile fort.

4 Nur wenn Sie eine als Absatz bezeichnete neue Zeile im Dokument benötigen, drücken Sie die ⏎-Taste, um den Absatzwechsel einzufügen.

5 Fehlt Text (z. B. ein Buchstabe oder ein Wort), klicken Sie einfach mit der Maus auf die betreffende Textstelle, um die Schreibmarke dort zu positionieren.

6 Tippen Sie den fehlenden Text über die Tastatur ein. Die Schreibmarke wandert nach rechts und der fehlende Text wird eingefügt.

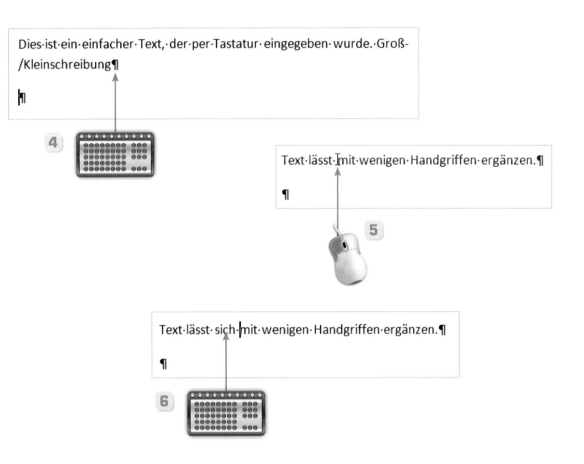

Der Autor rät...

Ab Seite 28 finden Sie Hinweise zum Umgang mit Tastatur und Maus. Dort ist auch beschrieben, wie Sie das Eurozeichen oder andere Sonderzeichen eingeben.

Noch was...

Tipps zu Korrekturmöglichkeiten finden Sie ab Seite 92.

1 Zum Positionieren der Schreibmarke reicht ein Mausklick auf die betreffende Textstelle.

2 Mit den hier aufgeführten Cursortasten und Tastenkombinationen können Sie die Schreibmarke ebenfalls im Text positionieren.

3 Zum Markieren klicken Sie auf den Textanfang, halten die linke Maustaste gedrückt und ziehen die Maus zum Ende des Bereichs. Markierte Texte werden farbig hervorgehoben.

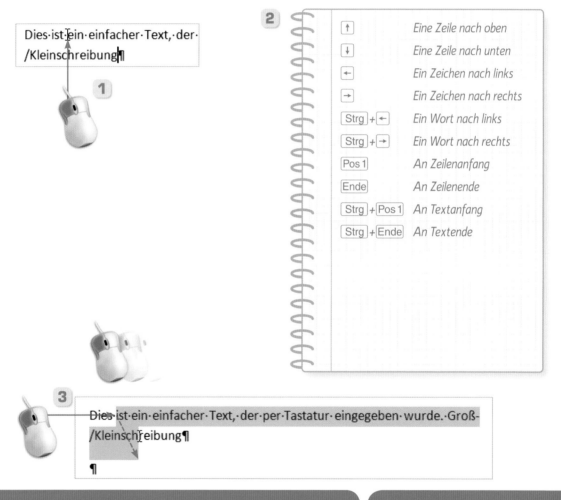

Taste	Funktion
↑	Eine Zeile nach oben
↓	Eine Zeile nach unten
←	Ein Zeichen nach links
→	Ein Zeichen nach rechts
Strg + ←	Ein Wort nach links
Strg + →	Ein Wort nach rechts
Pos 1	An Zeilenanfang
Ende	An Zeilenende
Strg + Pos 1	An Textanfang
Strg + Ende	An Textende

Das sollten Sie wissen...

Beim Positionieren wird die Schreibmarke an die gewünschte Stelle im Text gebracht. Markieren kennzeichnet den zu bearbeitenden Dokumentteil (Text) und hebt diesen auch optisch hervor.

Noch was...

Mit der Tastenkombination Strg + A wird der gesamte Text markiert.

4 Ein Doppelklick auf ein Wort markiert dieses. Ein Dreifachklick markiert einen ganzen Absatz.

5 Ein Mausklick vor eine Textzeile markiert diese. Durch vertikales Ziehen mit der linken Maustaste lassen sich dann mehrere Zeilen markieren.

6 Verwenden Sie die in Schritt 2 zum Positionieren der Schreibmarke aufgeführten Tasten bei gleichzeitig gedrückter ⇧-Taste, wird der Text markiert.

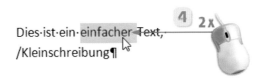

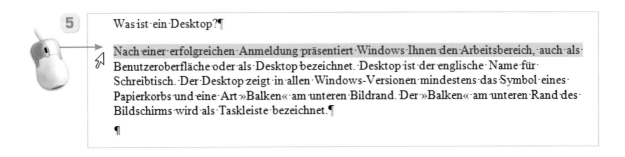

Der Autor rät...

Das zeichengenaue Markieren von Text ist über die Tastatur einfacher als mit der Maus.

Noch was...

Klicken Sie auf eine freie Stelle im Dokumentfenster, positioniert Word die Schreibmarke vor der nächsten Absatzmarke.

Noch was...

Zum Aufheben der Markierung klicken Sie auf den Text oder drücken eine der Pfeiltasten (Cursortaste).

Textkorrekturen ganz einfach

1 Enthält der Text einen Tippfehler, klicken Sie auf die betreffende Textstelle, um die Schreibmarke an der Korrekturstelle zu positionieren.

2 Drücken Sie die `Entf`-Taste, um das Zeichen rechts von der Schreibmarke zu löschen.

3 Drücken Sie die `←`-Taste, um das Zeichen links von der Schreibmarke zu löschen.

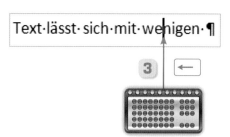

4 Möchten Sie größere Textbereiche überschreiben oder löschen, markieren Sie diese (siehe Seite 90).

5 Drücken Sie die ⌈Entf⌉-Taste, um den markierten Text zu löschen. Alternativ können Sie Text eintippen, der den markierten Text ersetzt.

6 Geht die Korrektur schief, nehmen Sie die Änderung über die Schaltfläche *Rückgängig: Löschen* in der Symbolleiste für den Schnellzugriff zurück.

Dies·ist·ein·einfacher·Text,·der·per·Tastatur·eingegeben·wurde.·Groß-/Kleinschreibung¶

Dies|·der·per·Tastatur·eingegeben·wurde.·Groß-/Kleinschreibung¶

5 ⌈Entf⌉

6

W	↩ ▾	↻	⇟	Dokument
Datei		Eingabe
		Eingabe "n"
		Eingabe "eibung"
Einfü	Formatierung
		Eingabe "Groß-/Kleinschr"
Zwischer	Eingabe ". "
		Eingabe "b"
		Eingabe "Dies ist ein einfacher Text, der per Tastatur ...
		Ausschneiden
		Eingabe "Dies ist ein einfacher Text"

Noch was...

Die Schnellzugriffsleiste enthält auch die Schaltfläche *Wiederholen* , um den letzten Befehl erneut anzuwenden.

Der Autor rät...

Öffnen Sie das Menü der Schaltfläche *Rückgängig* (Bild 6), können Sie einzelne Änderungen über angezeigte Befehle auch gezielt zurücknehmen.

7 Klicken Sie auf der Registerkarte *Start* des Menübands auf die Schaltfläche *Suchen* bzw. *Ersetzen* der Gruppe *Bearbeiten*, um die Funktion aufzurufen.

8 Zum Suchen tippen Sie den Suchbegriff in die Navigationsleiste ein. Klicken Sie auf die in der Leiste angezeigten Treffer, um diese im Text zu markieren.

9 Beim Ersetzen geben Sie auf der Registerkarte *Ersetzen* den Such- und den Ersatztext ein und klicken auf *Weitersuchen*. Treffer ersetzen Sie durch den neuen Text mit einem Klick auf die *Ersetzen*-Schaltfläche.

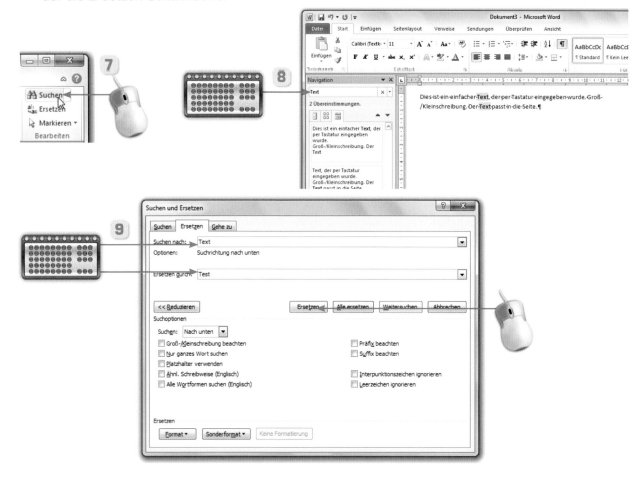

Das sollten Sie wissen…

Die Zwischenablage ist ein Speicherbereich in Windows, in dem sich Dokumentteile, Bilder, Dateinamen etc. zwischenspeichern lassen. Der Inhalt der Zwischenablage geht beim Abschalten des Rechners verloren.

Noch was…

Über die Schaltfläche *Erweitern* (Bild 8) lassen sich die Suchoptionen im erweiterten Teil des *Suchen & Ersetzen*-Dialogfelds (Bild 9) einsehen.

10 Markierte Dokumentausschnitte lassen sich über die Schaltflächen *Ausschneiden* bzw. *Kopieren* der Registerkarte *Start* in die Zwischenablage übertragen.

11 Klicken Sie auf eine Textstelle und dann auf die Schaltfläche *Einfügen*. Wählen Sie in der Einfügeleiste eine Schaltfläche, um den Text an die neue Stelle zu übertragen.

12 Wählen Sie im Menü der *Einfügen*-Schaltfläche den Befehl *Inhalte einfügen*. Dann können Sie im gleichnamigen Dialogfeld das Einfügeformat vorgeben.

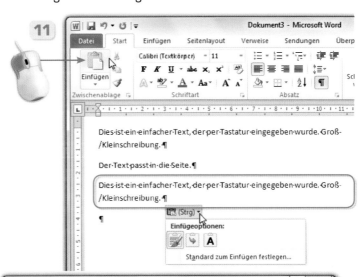

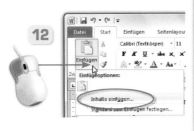

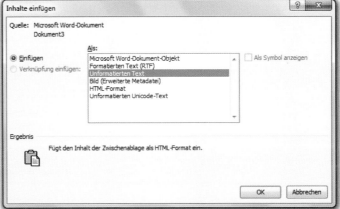

Noch was…

Die Funktionen »Suchen« und »Ersetzen« sowie der Zugriff auf die Zwischenablage funktionieren auch in anderen Office-Anwendungen.

Tastenkombinationen

Strg + F	Suchen
Strg + H	Ersetzen
Strg + X	Ausschneiden
Strg + C	Kopieren
Strg + V	Einfügen

Noch was…

Über die Funktionen »Ausschneiden« und »Einfügen« können Sie markierte Textausschnitte über die Zwischenablage im Dokument verschieben.

Rechtschreibkorrektur

1 Ein mit einer geschlängelten Linie unterstrichenes Wort lässt sich mit einem Rechtsklick anwählen. Im Kontextmenü können Sie dann einen Korrekturvorschlag anklicken.

2 Um ein komplettes Dokument zu prüfen, wechseln Sie zur Registerkarte *Überprüfen* der Multifunktionsleiste und wählen die Schaltfläche *Rechtschreibung und Grammatik*.

3 Markieren Sie im Dialogfeld *Rechtschreibung und Grammatik* ggf. den vorgeschlagenen Begriff und klicken Sie dann auf die *Ändern*-Schaltfläche.

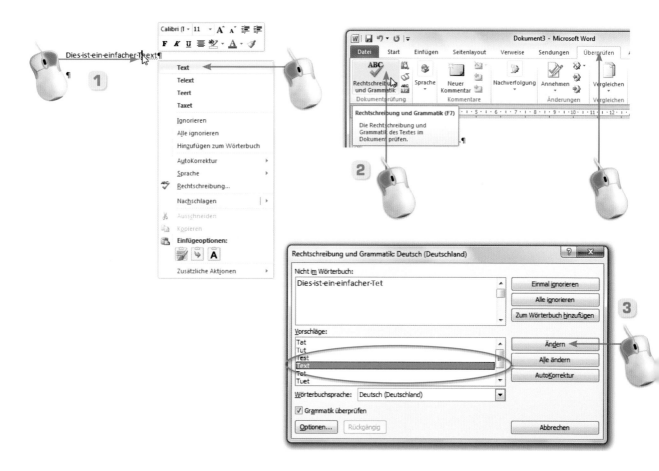

4 Ist das bemängelte Wort richtig geschrieben, wählen Sie die Schaltfläche *Einmal ignorieren* bzw. *Alle ignorieren*. Über *Zum Wörterbuch hinzufügen* wird die Schreibweise in das Benutzerwörterbuch übernommen.

5 Wird ein fremdsprachliches Wort als fehlerhaft bemängelt, stellen Sie im Listenfeld *Wörterbuchsprache* die verwendete Sprache ein und lassen ggf. die Korrektur ausführen.

6 Werden Grammatikfehler bemängelt, wählen Sie den Korrekturvorschlag oder ändern den Text und klicken dann auf die *Ändern*-Schaltfläche.

Noch was...

Mittels der Schaltfläche *Alle ändern* des Dialogfelds können Sie einen mehrfach im Dokument auftretenden Fehler korrigieren lassen.

Noch was...

Zum Abschalten der Grammatikprüfung löschen Sie die Markierung des Kontrollkästchens *Grammatik überprüfen* im Dialogfeld *Rechtschreibung und Grammatik*.

Noch was...

Fehlerhafte Korrekturen nehmen Sie über die *Rückgängig*-Schaltfläche des Dialogfelds *Rechtschreibung und Grammatik* zurück.

Autokorrektur und Synonyme

1 Wählen Sie ein Wort per Rechtsklick an, können Sie im Kontextmenü auf *Synonyme* klicken, um im Untermenü eine sinnverwandte Bezeichnung (Synonym) zu übernehmen.

2 Tippen Sie die Wörter »dei«, »edr«, »enu« oder »Erflg« ein, werden diese durch die Auto-Korrektur automatisch in die hier gezeigte Schreibweise korrigiert.

3 Um die Rechtschreib- und AutoKorrektur-Einstellungen anzupassen, klicken Sie auf den Registerreiter *Datei* und wählen im Backstage-Menü *Optionen*.

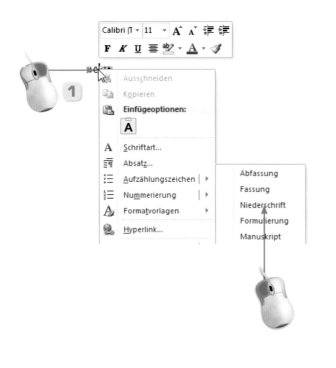

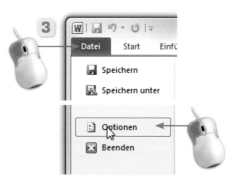

Das sollten Sie wissen...

Bereits bei der Eingabe kann Word (oder die Office-Anwendung) fehlerhafte Eingaben korrigieren. Dies erfolgt durch die Funktionen »AutoKorrektur« und »AutoFormat«.

Der Autor rät...

Verhindert die AutoKorrektur die richtige Eingabe einer Schreibweise, holt das sofortige Drücken der Tastenkombination Strg + Z die Texteingabe zurück.

4 Passen Sie im Dialogfeld *Word-Optionen* die Einstellungen der Kategorie *Dokumentprüfung* an und klicken Sie dann auf die *AutoKorrektur-Optionen*-Schaltfläche.

5 Auf der Registerkarte *AutoKorrektur* lassen sich Korrekturoptionen und -begriffe sowie Ausnahmen über die gleichnamige Schaltfläche vereinbaren.

6 Passen Sie auf den Registerkarten die AutoFormat-Optionen an und klicken Sie danach auf die *OK*-Schaltfläche.

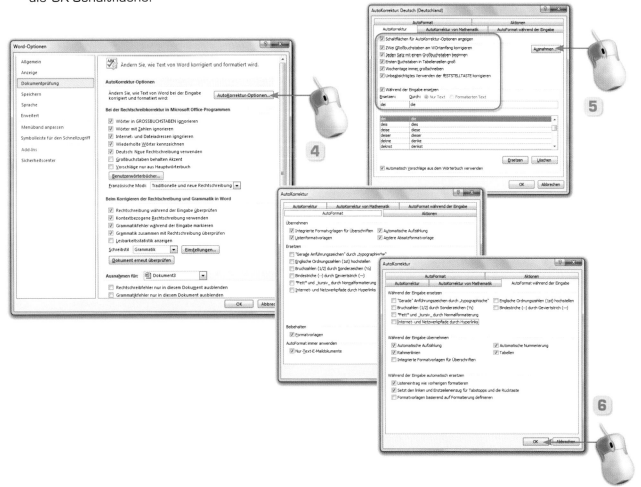

Noch was…

Auf der Registerkarte *AutoKorrektur* können Sie die zu korrigierenden Begriffe in eine Liste eintragen.

Der Autor rät…

Geben Sie die Anfangsbuchstaben eines Wochentags/eines Monatsnamens ein, lässt sich der Textvorschlag aus der QuickInfo über die ⏎-Taste übernehmen.

Mittwoch (Eingabetaste drücken, um einzufügen)

Mittw¶

Texte formatieren

1 Einen markierten Text können Sie über die eingeblendete Formatleiste oder die Gruppe *Schriftart* der Registerkarte *Start* formatieren.

2 Die Schaltflächen *F* und *K* erzeugen z. B. Fett- oder Kursivschrift. Über das Listenfeld *Schriftart* können Sie dem markierten Text eine bestimmte Schriftart zuweisen.

3 Die Schriftgröße für markierte Texte legen Sie über die Werte des Listenfelds *Schriftgrad* fest (eintippen oder aus der Liste auswählen).

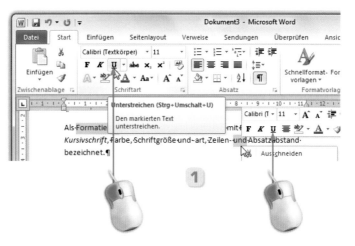

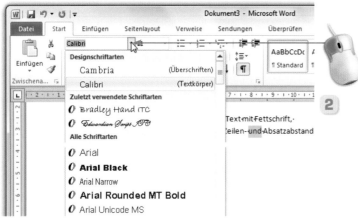

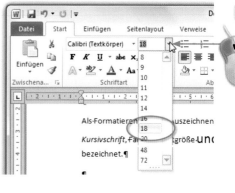

Das sollten Sie wissen...

Als Formatieren wird das Auszeichnen (Gestalten) von Text mit Fettdruck, Kursivschrift, Farbe, Schriftgröße und -art, Zeilen- und Absatzabstand etc. bezeichnet. Zeichenformate beziehen sich auf einzelne Zeichen (Fett, Kursiv etc.), Absatzformate gelten für einen Absatz (z. B. Einzug, Nummerierung).

Tastenkürzel

Strg + ⇧ + F	Fett
Strg + ⇧ + K	Kursiv
Strg + ⇧ + U	Unterstrichen
Strg + +	Hochstellen
Strg + #	Tiefstellen

4 Die Gruppe *Schriftart* der Registerkarte *Start* unterscheidet sich in den angezeigten Formatoptionen etwas von der eingeblendeten Formatleiste.

5 In der Gruppe *Absatz* der Registerkarte *Start* können Sie Absatzformate (links-/rechtsbündig, zentriert, Blocksatz, Aufzählung etc.) über Schaltflächen zuweisen.

6 Klicken Sie einen Text mit der rechten Maustaste an, lassen sich über die Kontextmenübefehle *Schriftart* und *Absatz* Eigenschaftenfenster aufrufen.

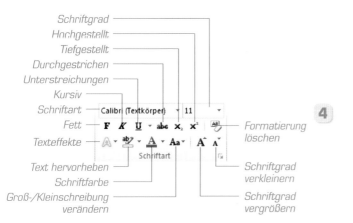

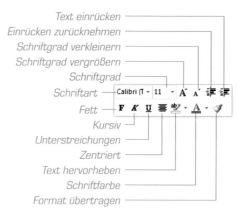

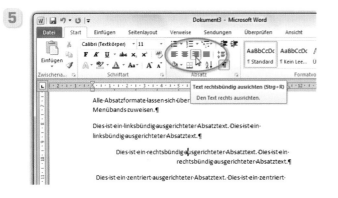

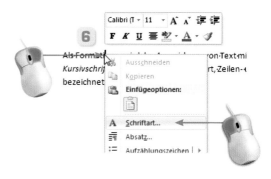

Noch was…

Die Tastenkombination Strg + Leer oder die Schaltfläche 🗛
Formatierung löschen setzt die Formatierung des markierten
Textbereichs auf das Standardformat zurück.

Tasten zur Absatzausrichtung

Strg + L	Linksbündig
Strg + R	Rechtsbündig
Strg + E	Zentriert
Strg + B	Blocksatz

7 Auf der Registerkarte *Schriftart* des gleichnamigen Eigenschaftenfensters können Sie über die Listenfelder im oberen Teil die Schriftart, deren Größe und Formatierungen einstellen.

8 Über weitere Listenfelder der Registerkarte *Schriftart* lassen sich auch die Schriftfarbe sowie der Unterstreichungsmodus wählen.

9 Über die Kontrollkästchen der Gruppe *Effekte* können Sie besondere Schrifteffekte oder die Art der Durchstreichung wählen.

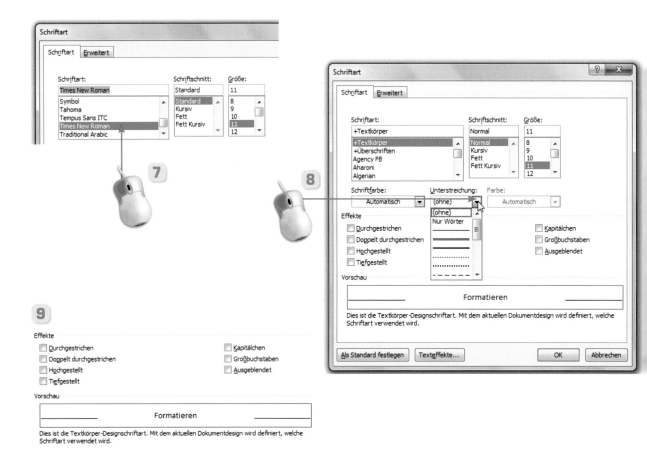

10 Auf der Registerkarte *Erweitert* lassen sich ggf. die Schriftbreiten (Laufweiten) erhöhen oder reduzieren und über die *OK*-Schaltfläche übernehmen.

11 Auf der Registerkarte *Einzüge und Abstände* können Sie die Textausrichtung (z. B. linksbündig), den Einzug oder den Zeilen- bzw. Absatzabstand vorgeben.

12 Die Registerkarte *Zeilen- und Seitenumbruch* enthält Optionen zur Kontrolle des Seitenumbruchs (z. B. Überschriften nicht vom folgenden Absatz trennen).

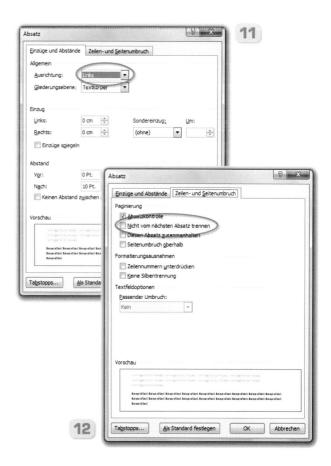

Der Autor rät…

Zum Korrekturlesen ausgedruckter Textdokumente können Sie den Zeilenabstand auf der Registerkarte *Einzüge und Abstände* erhöhen.

Dokumente neu anlegen, speichern und laden

1 Um ein neues Dokument anzulegen, wählen Sie den Befehl *Neu* in der Backstage-Ansicht und klicken dann in der mittleren Spalte auf ein Symbol.

2 Wählen Sie in der mittleren Spalte der Backstage-Ansicht eine Vorlagenkategorie, klicken Sie dann auf die Vorlage (z.B. *Leeres Dokument*) und schließlich auf *Erstellen*.

3 Zum Speichern eines neuen Dokuments klicken Sie auf die *Speichern*-Schaltfläche der Symbolleiste für den Schnellzugriff (oder drücken Sie [Strg]+[S]).

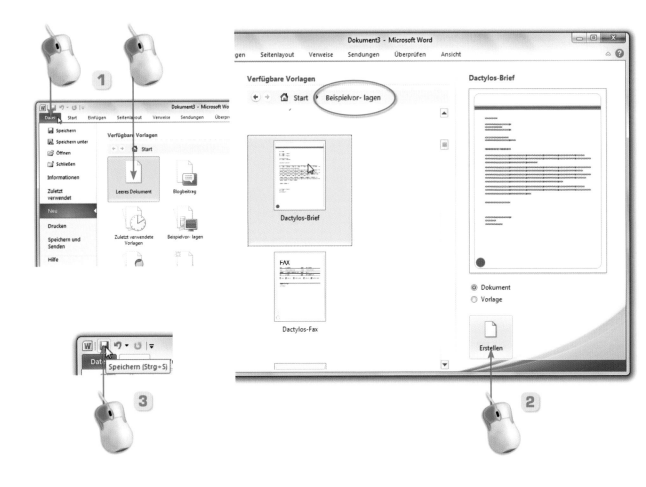

4 Gehen Sie im Dialogfeld *Speichern unter* zum Zielordner, wählen Sie das Zielformat aus, legen Sie den Dateinamen fest, markieren Sie ggf. *Miniatur speichern* (zur Anzeige einer Vorschau in Ordnerfenstern) und klicken Sie auf *Speichern*.

5 Zum Laden eines Dokuments drücken Sie Strg+O oder wählen im *Office*-Menü den Befehl *Öffnen*.

6 Suchen Sie im Dialogfeld *Öffnen* den Dokumentordner, klicken Sie auf die Datei und dann auf die *Öffnen*-Schaltfläche, um das Dokument zu laden.

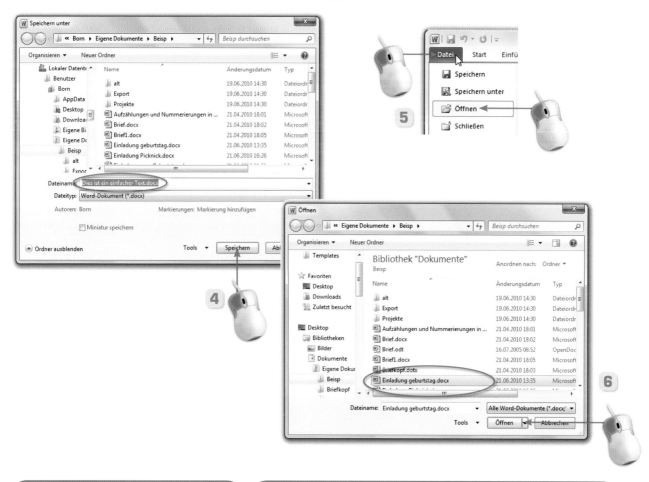

Der Autor rät...

Wenn Sie Strg+N drücken, wird sofort ein leeres Dokument geöffnet.

Der Autor rät...

Zum Laden eines Dokuments reicht ein Doppelklick auf die Dokumentdatei. Zudem lassen sich die zuletzt bearbeiteten Dokumente auch direkt im *Office*-Menü auswählen.

1 Zum Drucken von Dokumenten klicken Sie auf den Registerreiter *Datei* und wählen im Menü der Backstage-Ansicht den Befehl *Drucken*.

2 Wählen Sie ggf. den Drucker und passen Sie in der Rubrik *Einstellungen* die Druckeinstellung an.

3 Klicken Sie anschließend auf die Schaltfläche *Drucken*, um den Ausdruck zu starten.

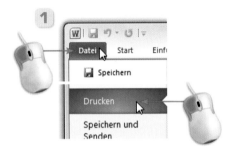

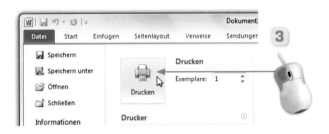

Das sollten Sie wissen...

In der rechten Spalte der Backstage-Ansicht wird beim Befehl Drucken eine Druckvorschau gezeigt. Dort können Sie das Layout eines Dokuments beurteilen und sich so u.U. das probeweise Ausdrucken sparen.

Noch was...

Der *Drucken*-Befehl lässt sich auch direkt über die Tastenkombination Strg + P aufrufen.

4 Klicken Sie im Backstage-Menü auf *Speichern und Senden* und wählen Sie in der mittleren Spalte *PDF/XPS-Dokument erstellen*.

5 Dann können Sie in der rechten Spalte die Schaltfläche *PDF/XPS-Dokument erstellen* wählen, um das Dokument in diesen Formaten zu speichern.

6 Wählen Sie den Zielordner, den Dateinamen und das Ausgabeformat und klicken Sie auf die Schaltfläche *Veröffentlichen*, um das Dokument als PDF oder XPS zu speichern.

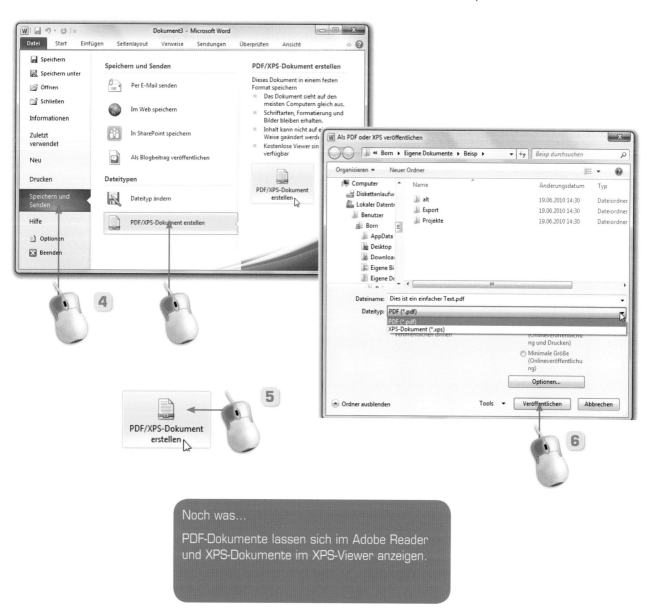

Noch was…

PDF-Dokumente lassen sich im Adobe Reader und XPS-Dokumente im XPS-Viewer anzeigen.

6
Texte perfekt gestalten

Texte mit Aufzählungen aufpeppen, so geht's

1 Um eine Aufzählung im Text zuzuweisen, markieren Sie die betreffenden Absätze (z. B. durch Ziehen mit der Maus, siehe Seite 90).

2 Klicken Sie auf der Registerkarte *Start* des Menübands auf die Schaltfläche *Aufzählungszeichen* der Gruppe *Absatz*, um die hier gezeigte Aufzählung zuzuweisen.

3 Um den Einzug der Aufzählungsabsätze anzupassen, brauchen Sie nur den linken unteren Randsteller am horizontalen Lineal mit der Maus zu verschieben.

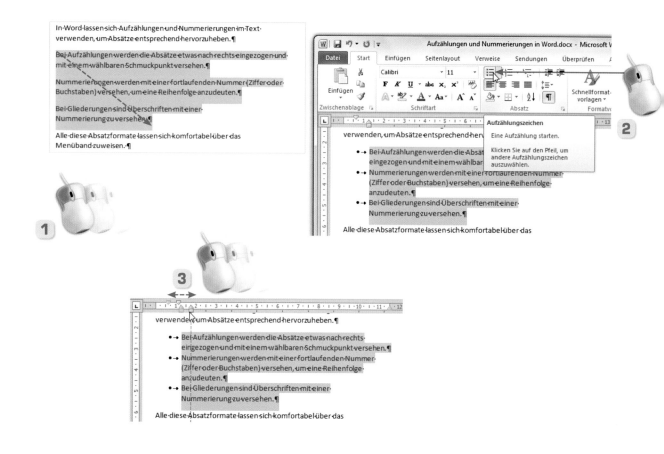

Das sollten Sie wissen...

In Programmen wie Word lassen sich Absätze mit sogenannten Schmuckpunkten hervorheben. Man bezeichnet dies als Aufzählung.

Was ist ein Katalog?

Eine Art Fenster, das bei Bedienelementen zur Auswahl einer Option eingeblendet wird.

4 Möchten Sie einen anderen Schmuckpunkt verwenden, klicken Sie auf das Dreieck der Schaltfläche *Aufzählungszeichen* und wählen im Katalog den gewünschten Eintrag aus.

5 Für eine gestufte Aufzählung markieren Sie die Absätze und wählen im Katalog den Befehl *Listenebene ändern*. Anschließend klicken Sie auf ein Aufzählungssymbol.

6 Wählen Sie im Katalog (Bild 5) den Befehl *Neues Aufzählungszeichen definieren*, können Sie im gleichnamigen Dialogfeld die Ausrichtung und das Aufzählungszeichen ändern.

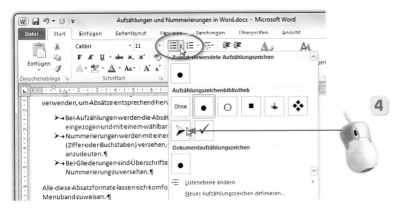

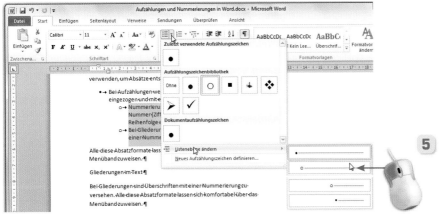

Noch was...

Um eine Aufzählung aufzuheben, markieren Sie die Aufzählungsabsätze und klicken erneut auf die Schaltfläche *Aufzählungszeichen*.

Noch was...

Sie können in Schritt 6 sowohl Symbole als auch Bilder über die betreffenden Schaltflächen als Schmuckpunkte festlegen.

Noch was...

Das Lineal lässt sich über das gleichnamige Kontrollkästchen der Registerkarte *Ansicht* ein-/ ausblenden.

Textabschnitte lassen sich auch nummerieren

1 Zum Zuweisen einer Nummerierung markieren Sie die Absätze und klicken dann im Menüband auf die Schaltfläche *Nummerierung* der Registerkarte *Start*.

2 Über das kleine Dreieck der Schaltfläche *Nummerierung* können Sie einen Katalog einblenden und darin das Nummerierungssymbol ändern.

3 Für gestufte Nummerierungen markieren Sie die Absätze, öffnen den Katalog der Schaltfläche *Nummerierung* und wählen über den Befehl *Listenebene ändern* die Stufe.

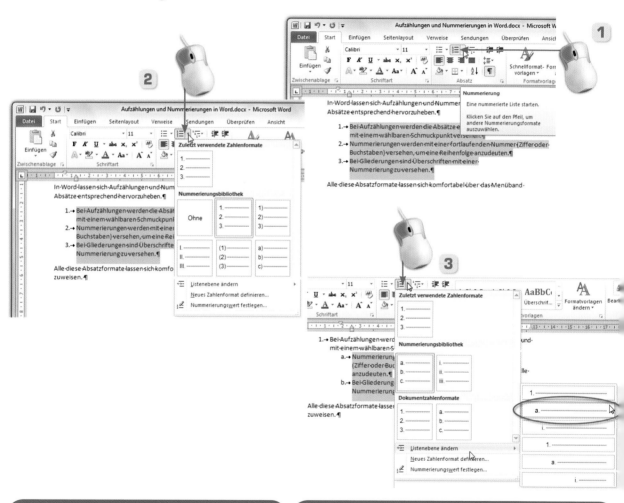

Das sollten Sie wissen...

Bei Nummerierungen werden mehrere Absätze mit vorangestellten Ziffern oder Buchstaben versehen, um die Reihenfolge anzudeuten.

Der Autor rät...

Mit einem Rechtsklick auf einen markierten Absatz bekommen Sie ein praktisches Kontextmenü mit Befehlen, die Sie für Nummerierungen etc. brauchen.

4 Die Katalogbefehle *Nummerierungswert festlegen* und *Neues Zahlenformat definieren* öffnen Dialogfelder, um die betreffenden Werte und Optionen festzulegen.

5 Um den Listeneinzug anzupassen, klicken Sie mit der rechten Maustaste auf den markierten Listenbereich und wählen den Kontextmenübefehl *Listeneinzug anpassen*.

6 Im eingeblendeten Dialogfeld lassen sich die Optionen für Nummernposition und Texteinzug etc. anpassen und über die *OK*-Schaltfläche übernehmen.

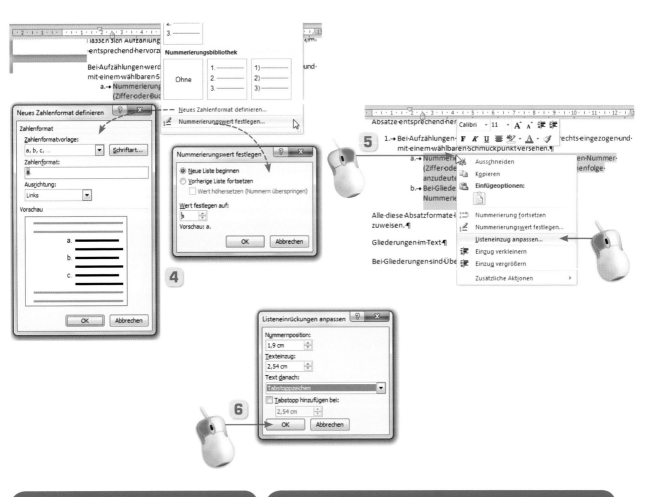

Noch was...

Die Nummerierung heben Sie auf, indem Sie die Absätze markieren und die Schaltfläche *Nummerierung* erneut anklicken.

Noch was...

Die Einzüge (Einrückungen) für Aufzählungen und Nummerierungen lassen sich auch über die Kontextmenübefehle bzw. Schaltflächen *Einzug vergrößern/Einzug verkleinern* anpassen.

Text einrücken und Abstände anpassen

1 Markierte Absätze lassen sich über die im Menüband (Gruppe *Absatz*) eingeblendete Schaltfläche *Einzug vergrößern* schrittweise nach rechts einziehen.

2 Über die Schaltfläche *Einzug verkleinern* der gleichen Gruppe lässt sich der Einzug markierter Absätze am linken Rand schrittweise reduzieren.

3 Den linken Einzug der ersten Zeile und der Folgezeilen sowie den rechten Rand eines markierten Absatzes passen Sie durch Ziehen der Randsteller des vertikalen Lineals an.

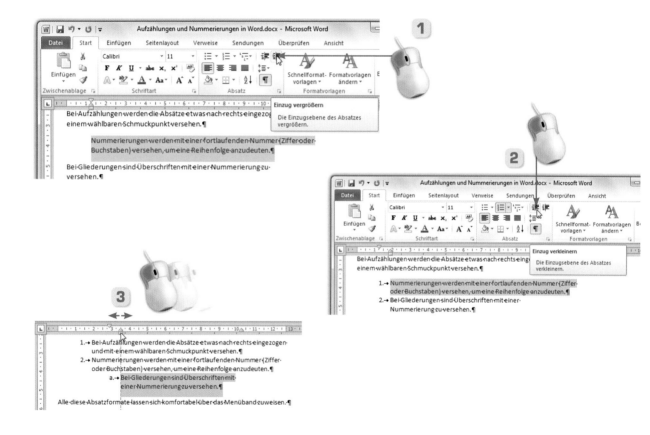

<table>
<tr><td>

Das sollten Sie wissen...

Texte lassen sich am linken Rand einrücken, was als Einzug bezeichnet wird. Absätze und Zeilen können mit größerem Abstand versehen werden. Dies lässt sich über Absatzformate festlegen.

</td><td>

Der Autor rät...

Bereits vorhandene Aufzählungen und Nummerierungen lassen sich über die Schaltfläche *Einzug vergrößern* stufen.

</td></tr>
</table>

4 Vergrößerte Zeilenabstände (zur Textkorrektur) erhalten Sie bei markiertem Text, indem Sie die Schaltfläche *Zeilenabstand* anklicken und einen Wert wählen.

5 Den Absatzabstand vor bzw. nach einem markierten Text erhöhen oder reduzieren Sie durch Anwahl der hier gezeigten Befehle im Menü der Schaltfläche *Zeilenabstand*.

6 Über den Befehl *Zeilenabstandsoptionen* (Bild 5) können Sie im Dialogfeld die Absatzabstände über die Werte *Vor* und *Nach* genau einstellen.

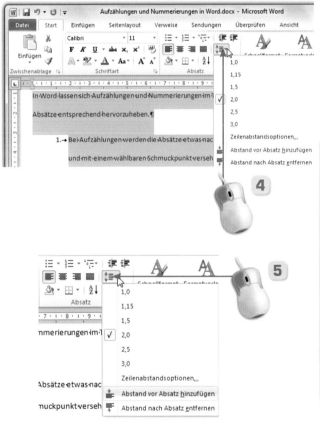

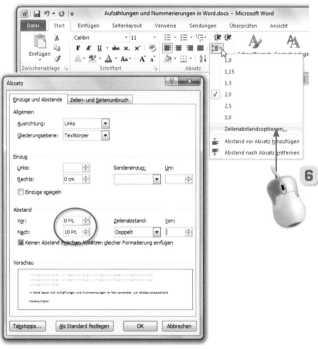

Noch was...

Mit dem oberen linken Randsteller passen Sie den Einzug für die Erstzeile an. Mit den beiden unteren Randstellern verändern Sie den linken/rechten Textrand.

Was sind Randsteller?

Dies sind die kleinen Dreiecke am horizontalen Lineal.

Nicht schlecht, Texte mit Tabellen

1 Zum Einfügen einer Tabelle erzeugen Sie einige Leerzeilen über die ⏎-Taste, positionieren die Schreibmarke auf einem Absatz und wechseln zur Registerkarte *Einfügen*.

2 Klicken Sie auf der Registerkarte *Einfügen* des Menübands auf die Schaltfläche *Tabelle* und markieren Sie durch Ziehen die gewünschte Tabellengröße in der Palette.

3 Die Zellbreite oder -höhe der eingefügten Tabelle korrigieren Sie durch Ziehen der Zellränder mit der Maus.

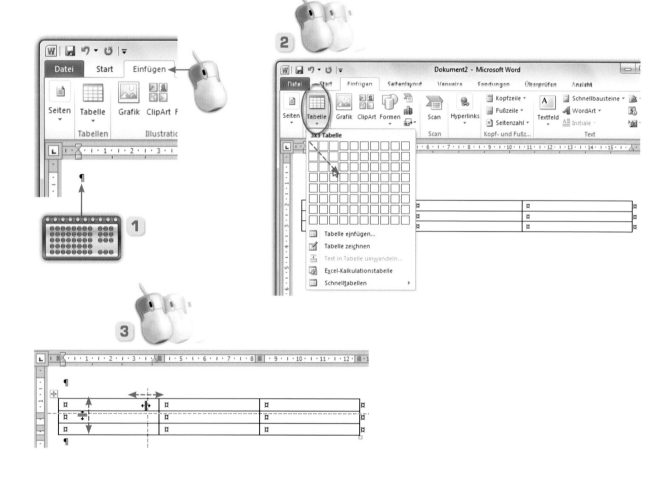

Das sollten Sie wissen...

Über Tabellen lassen sich in Word-Dokumenten auf einfache Weise Listen gestalten. Zudem eignen sich Tabellen dazu, um weitere Gestaltungselemente in Texte einzubringen.

Was ist eine Zelle?

Das durch Zeilen und Spalten gebildete kleinste Element der Tabelle, welches Inhalte aufnehmen kann.

4 Eine Tabellenzeile markieren Sie, indem Sie vor die Zeile klicken. Spalten markieren Sie durch einen Klick auf den Rand oberhalb der Tabellenspalte.

5 Zellen lassen sich durch Ziehen mit der Maus markieren (erste Zelle anklicken und Maus bei gedrückter linker Taste über die Zellen ziehen).

6 Klicken Sie auf den Platzhalter ⊞ in der linken oberen Tabellenecke, wird die gesamte Tabelle mit sämtlichen Zellen markiert.

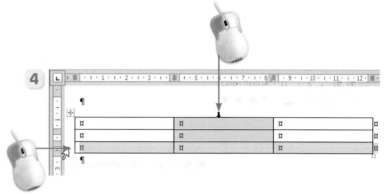

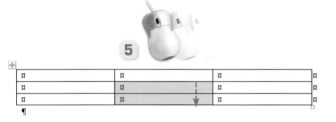

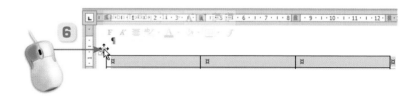

Noch was...

Durch die Leerzeilen lässt sich ggf. vor und nach der Tabelle leichter Text einfügen. Bei Bedarf können die Leerzeilen später gelöscht werden.

Noch was...

Ein Klick auf eine Zelle hebt die Markierung auf.

7 Ist die Tabelle markiert, können Sie über die Schaltflächen *Tabelle zeichnen* bzw. *Radierer* der Registerkarte *Entwurf* Trennlinien von Zellen hinzufügen bzw. löschen.

8 Über die Menüschaltfläche *Rahmen* der Registerkarte *Entwurf* lassen sich die Rahmenlinien markierter Zellen löschen oder setzen.

9 Klicken Sie auf eine Tabellenzelle, können Sie dort Text eintippen oder beispielsweise auch Grafiken einfügen.

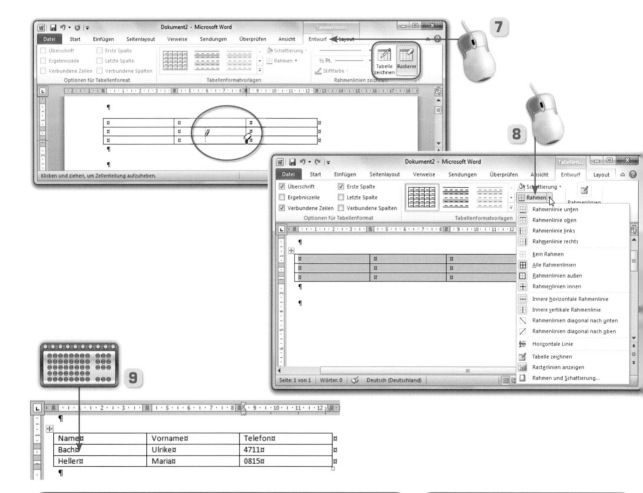

Das sollten Sie wissen...

Löschen Sie die Rahmenlinien von Tabellen, wird die Struktur durch eine dünne Gitternetzlinie angezeigt (erscheint nicht in Ausdrucken). Optionen zur Anzeige der Gitternetzlinien oder zum Löschen von Tabellenzellen finden Sie auf der Registerkarte *Layout*.

Was ist eine Tabellenformatvorlage?

Diese bestimmt das Aussehen der Tabelle über Formate (Farbe, Schrift etc.).

10 Klicken Sie auf die rechte untere Zelle der Tabelle und drücken Sie die ⇥-Taste, wird eine neue Zeile in die Tabelle eingefügt.

11 Klicken Sie markierte Zellen mit der rechten Maustaste an, finden Sie im Kontextmenü Befehle zum Einfügen und Löschen von Zellen.

12 Eine markierte Tabelle können Sie auf der Registerkarte *Entwurf* über die Einträge der Gruppe *Tabellenformatvorlagen* formatieren.

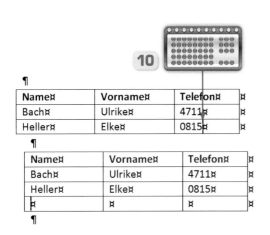

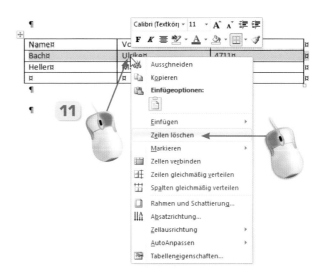

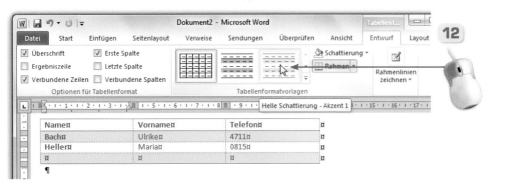

Noch was...

Die Registerkarte *Entwurf* wird nur angezeigt, wenn die Tabelle oder ein Teil davon markiert ist oder sich die Schreibmarke in einer Tabellenzelle befindet.

Noch was...

Die Schaltfläche *Schattierung* der Registerkarte *Entwurf* ermöglicht Ihnen, Tabellenzellen mit einer Farbe zu hinterlegen.

Noch was...

Über die ⇥-Taste springen Sie in die nächste Tabellenzelle. Tabulatorzeichen werden mit Strg + ⇥ in die Zelle eingegeben.

Grafiken in den Text einfügen

1 Um eine Grafikdatei in den Text einzufügen, klicken Sie auf die Einfügestelle (z. B. eine Tabellenzelle) und wechseln dann zur Registerkarte *Einfügen* des Menübands.

2 Klicken Sie in der Gruppe *Illustrationen* auf die Schaltfläche *Grafik*.

3 Navigieren Sie im Dialogfeld *Grafik einfügen* zum Bilderordner und markieren Sie die gewünschte Foto- oder Grafikdatei per Mausklick.

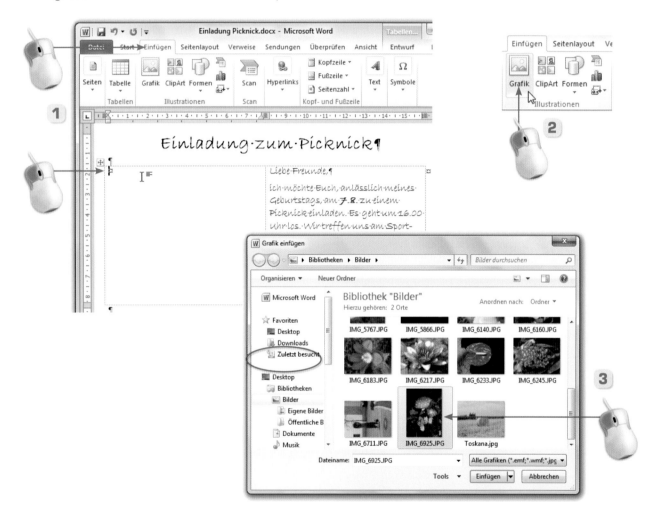

4 Öffnen Sie das Menü der Schaltfläche *Einfügen* und wählen Sie entweder den Befehl *Einfügen* oder *Mit Datei verknüpfen*.

5 Um die Größe der eingefügten Grafik anzupassen, markieren Sie diese durch einen Mausklick und zeigen anschließend auf eine der Ziehmarken.

6 Sobald ein Doppelpfeil als Mauszeiger erscheint, verändern Sie die Bildgröße durch Verschieben der Ziehmarke mit der linken Maustaste.

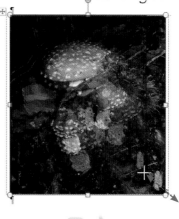

Noch was...

Zum Löschen einer Grafik, einer Form, einer ClipArt etc. klicken Sie diese im Text an und drücken die [Entf]-Taste.

Noch was...

Eine markierte Grafik können Sie per Maus im Dokument verschieben. Auf der Registerkarte *Format* lassen sich zudem Einstellungen (Helligkeit, Bildform etc.) ändern.

Texte mit ClipArts verschönern

1 Um ClipArts an der Schreibmarke in den Text einzufügen, gehen Sie wie auf Seite 120 beschrieben vor, klicken aber in der Gruppe *Illustrationen* auf die Schaltfläche *ClipArt*.

2 Tippen Sie den Suchbegriff in das Feld *Suchen nach* der *ClipArt*-Aufgabenleiste ein und markieren Sie ggf. *Office.com-Inhalte berücksichtigen*.

3 Grenzen Sie ggf. im Listenfeld *Ergebnisse* die Mediendateitypen ein und starten Sie dann die Suche über die *OK*-Schaltfläche.

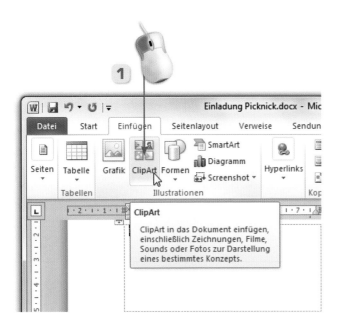

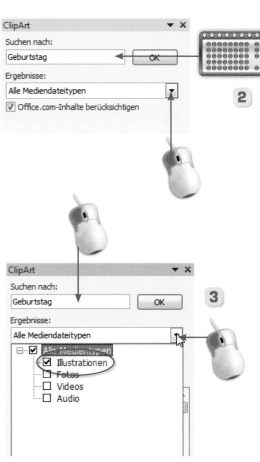

4 Suchen Sie in der Ergebnisliste nach einem geeigneten Motiv und fügen Sie es per Mausklick in das Dokumentfenster ein.

5 Markieren Sie ggf. (durch Anklicken) die ClipArt im Dokument und zeigen Sie auf die Zieh-marke des Markierungsrahmens.

6 Sobald ein Doppelpfeil als Mauszeiger erscheint, passen Sie die Größe der ClipArt durch Ziehen mit der linken Maustaste an.

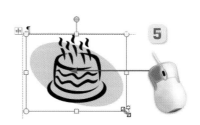

Noch was...

Eine Markierung (Grafik, ClipArt, Form etc.) wird aufgehoben, indem Sie neben den markierten Bereich klicken.

Der Autor rät...

Über den Hyperlink *ClipArt auf Office-Online* der Aufgabenleiste können Sie ClipArts von der Microsoft-Internetseite herunter-laden.

Noch was...

Die im Word-Fenster eingeblen-dete Aufgabenleiste lässt sich über die *Schließen*-Schaltfläche ⊠ aus dem Dokumentfenster ausblenden.

Zeichnen, auch das geht mit Word

1 Um eine Form (z. B. Linie, Pfeil usw.) in das Dokument einzufügen, klicken Sie in der Gruppe *Illustrationen* der Registerkarte *Einfügen* auf die Schaltfläche *Formen*.

2 Wählen Sie im angezeigten Katalog die gewünschte Form aus.

3 Zeigen Sie auf eine Stelle im Dokument und ziehen Sie die Umrisslinie der Form bei gedrückter linker Maustaste auf die gewünschte Größe.

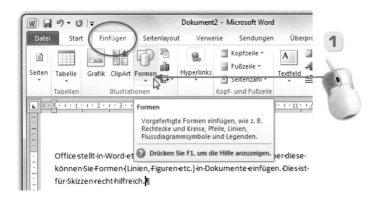

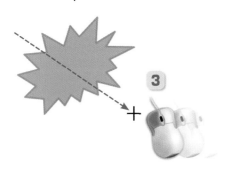

Das sollten Sie wissen...

Office stellt in Word etc. über die Schaltfläche *Formen* eine Funktion zum Zeichnen bereit. Über diese können Sie Formen (Linien, Figuren etc.) in Dokumente einfügen. Auf diese Weise lassen sich recht schnell Skizzen erstellen.

Was ist eine Form?

Dies ist ein anderer Name für ein Zeichenelement (z. B. Linie, Pfeil etc.).

4 Eine markierte Form lässt sich mit der Maus verschieben und über die Ziehmarken in der Größe anpassen (siehe Seite 123).

5 Solange ein Form-Objekt markiert ist, können Sie über die Elemente der Registerkarte *Format* Farben, Schattierungen, 3D-Effekte etc. zuweisen.

6 Sind mehrere Formen markiert, können Sie diese über die Schaltflächen der Gruppe *Anordnen* ausrichten, drehen oder zu einem Objekt gruppieren.

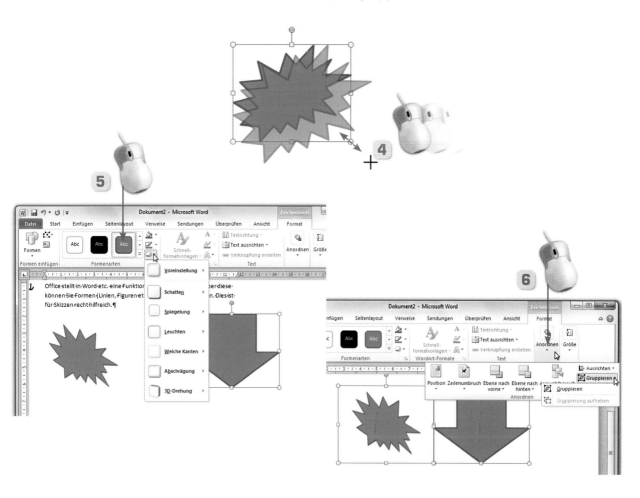

Noch was...

Mehrere eingefügte Form-Objekte können Sie markieren, indem Sie diese bei gedrückter Strg-Taste anklicken.

Noch was...

Formen lassen sich frei im Text verschieben und (per Kontextmenü) vor oder hinter den Text bringen.

Was ist Gruppieren?

So wird das Zusammenfassen mehrerer Elemente zu einem Objekt bezeichnet.

1 Klicken Sie auf die Schaltfläche *SmartArt* der Registerkarte *Einfügen*. Wählen Sie im Dialogfeld die Diagrammkategorie und -form. Klicken Sie auf die *OK*-Schaltfläche.

2 Anschließend können Sie das eingefügte Diagramm in der Größe anpassen/verschieben. Klicken Sie auf die Platzhalter im Diagramm, lässt sich anschließend Text eingeben.

3 Klicken Sie auf der Registerkarte *Einfügen* auf die Schaltfläche *WordArt*, können Sie im eingeblendeten Katalog einen Stil auswählen.

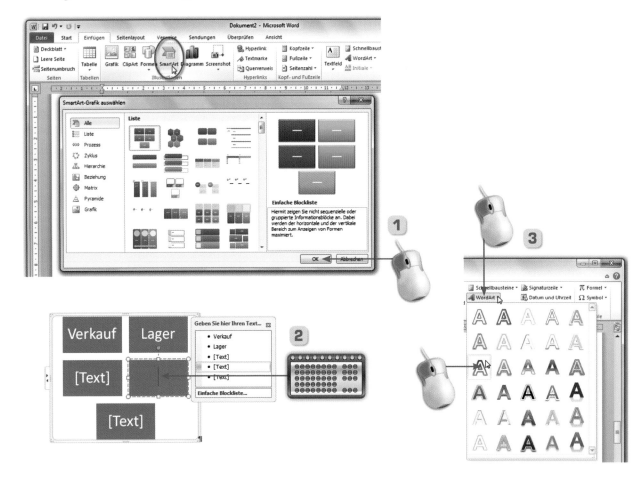

Das sollten Sie wissen...

SmartArt ermöglicht Ihnen, mit wenigen Mausklicks spezielle Diagramme in Office-Dokumente einzufügen. Mit WordArt lassen sich Texte mit interessanten Schrifteffekten versehen.

Was ist eine Drehmarke?

Eine grün eingefärbte, runde Marke, die bei manchen Objekten eingeblendet wird. Ermöglicht es, das Objekt durch Ziehen um eine Achse zu drehen.

4 Klicken Sie in den Text des angezeigten Rahmenelements und passen Sie den Text sowie ggf. die Größe des Rahmenelements an.

5 Solange das WordArt-Objekt markiert ist, können Sie dessen Formatierung über die Elemente der Registerkarten *Start* und *Format* des Menübands anpassen.

6 Über die Schaltfläche *Texteffekte* lässt sich der Text verbiegen, mit Schatten oder 3D-Effekten etc. versehen. In der Gruppe *Anordnen* bestimmen Sie über *Position* die Lage im Text.

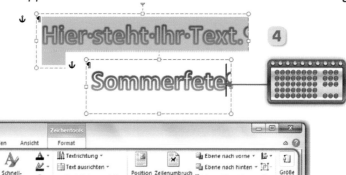

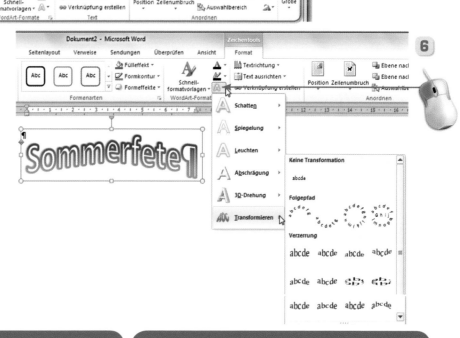

Noch was...

Ein Rechtsklick auf ein WordArt-Objekt zeigt den Kontextmenübefehl *WordArt formatieren*, über dessen Eigenschaftenfenster Sie die Eigenschaften des Objekts ändern können.

Noch was...

SmartArt- und WordArt-Objekte lassen sich wie Formen frei im Text verschieben, vor oder hinter den Text bringen, gruppieren und löschen.

Arbeiten mit eigenen Dokumentvorlagen

1 Zum Speichern einer eigenen Dokumentvorlage bereiten Sie das Dokument in Word entsprechend vor.

2 Wählen Sie auf der Registerkarte *Datei* den Befehl *Speichern unter*.

3 Wählen Sie im Dialogfeld *Speichern unter* den Word-Ordner *Vorlagen*, stellen Sie den Dateityp auf »Word-Vorlagen (*.dotx)«, geben Sie den Dateinamen ein und klicken Sie auf die *Speichern*-Schaltfläche.

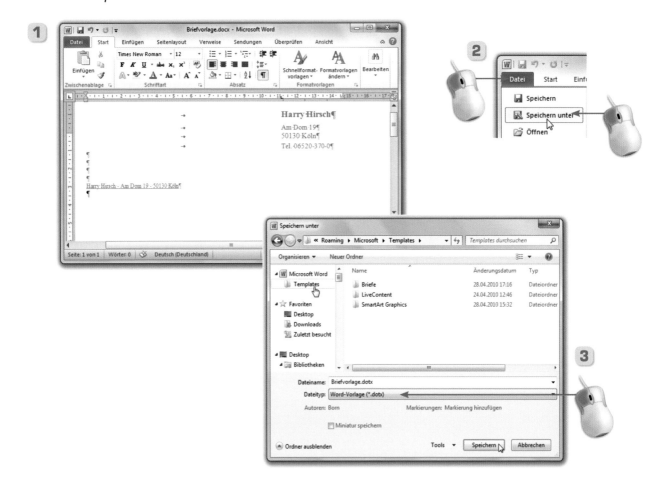

Das sollten Sie wissen...

Dokumentvorlagen ermöglichen, neue Dokumente auf Basis bereits vorhandener Informationen anzulegen (Seite 104). Sie können aber auch eigene Vorlagen (z.B. einen persönlichen Briefbogen) erzeugen und speichern.

Noch was...

Windows speichert Word-Vorlagen unter *Users\<Konto>\AppData\Roaming\Microsoft\Templates*.

4 Zum Zugriff auf die eigenen Dokumentvorlagen wechseln Sie zur Registerkarte *Datei* und klicken auf den Befehl *Neu*.

5 Klicken Sie in der Spalte *Verfügbare Vorlagen* der Backstage-Ansicht auf den Eintrag *Meine Vorlagen*.

6 Wechseln Sie ggf. im Dialogfeld *Neu* zur gewünschten Registerkarte, markieren Sie die Vorlage und klicken Sie auf die *OK*-Schaltfläche. Das neue Dokument wird angelegt.

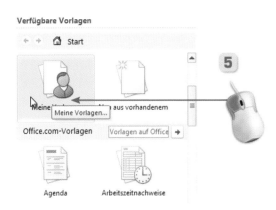

Noch was...

Um den Vorlagenordner anzuzeigen, müssen Sie in einem Windows 7-Ordner-fenster auf die Schaltfläche *Organisieren* und dann auf den Befehl *Ordner- und Suchoptionen* klicken. Markieren Sie auf der Registerkarte *Ansicht* das Optionsfeld *Ausgeblendete Dateien, Ordner und Laufwerke anzeigen*.

1 Um mit Formatvorlagen zu arbeiten, geben Sie den Text ohne Formatierung im Word-Dokumentfenster ein.

2 Markieren Sie im Dokumentfenster den zu formatierenden Absatz oder die zu formatierenden Zeichen.

3 Öffnen Sie auf der Registerkarte *Start* in der Gruppe *Formatvorlagen* den Schnellformatvorlagen-Katalog.

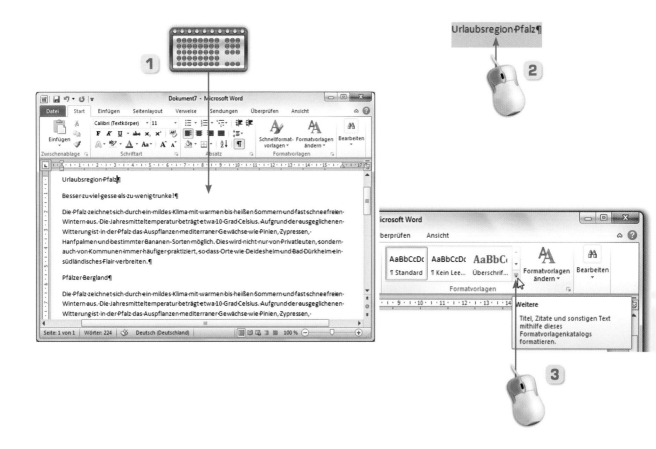

Das sollten Sie wissen...

Statt einer festen Formatierung (siehe Seite 100) können Sie Dokumente auch über Formatvorlagen (diese enthalten die Formatinformationen) gestalten. Dies vereinfacht und vereinheitlicht die Dokumentformatierung.

Noch was...

Um ein Zeichenformat zuzuweisen, markieren Sie den Text. Für Absatzformate positionieren Sie die Schreibmarke im Absatz. Wählen Sie danach die Schnellformatvorlage aus.

4 Klicken Sie im Formatvorlagen-Katalog auf die gewünschte Vorlage, um diese dem markierten Text bzw. dem aktuellen Absatz zuzuweisen.

5 Weisen Sie auf diese Weise allen Absätzen und zu formatierenden Textabschnitten eine Schnellformatvorlage zu.

6 Klicken Sie auf dieses Symbol ⊡ (Registerkarte *Start*, Gruppe *Formatvorlagen*), erscheint die Formatvorlagen-Liste. Klicken Sie anschließend auf einen der Einträge in der Liste, wird die Formatvorlage dem markierten Text zugewiesen.

Noch was...

Mit den Schritten 4 und 6 können Sie z. B. Überschriften formatieren oder Texte fett auszeichnen. Normalen Absätzen weisen Sie das Format »Standard« zu.

Noch was...

Welche Formatvorlagen bereitstehen, hängt von der verwendeten Dokumentvorlage ab.

1 Klicken Sie auf der Registerkarte *Einfügen* der Multifunktionsleiste auf die Schaltfläche *Kopfzeile* bzw. *Fußzeile* der Gruppe *Kopf- und Fußzeile*.

2 Wählen Sie einen der Einträge aus dem Katalog, um die entsprechende Kopf- oder Fußzeile in das Dokument einzufügen.

3 Je nach gewählter Vorlage müssen Sie nun noch die Platzhalter ergänzen. Hier wird ein Datum aus dem Kalenderblatt anstelle des Platzhalters in die Kopfzeile eingefügt.

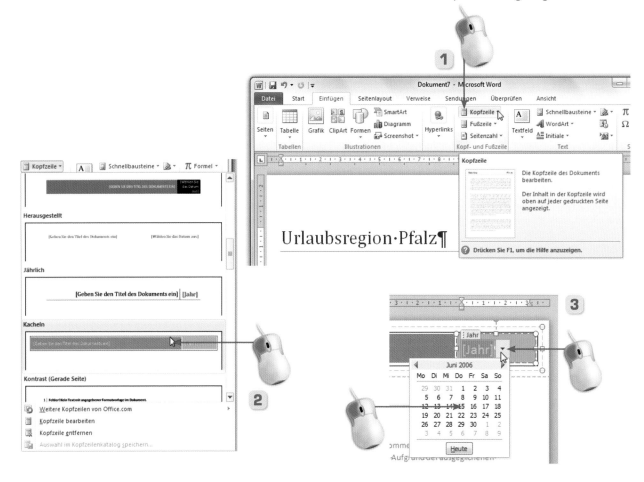

Das sollten Sie wissen...

Briefe oder Textdokumente können Sie mit Kopf- und/oder Fußzeilen (z. B. zur Aufnahme von Seitennummern oder Adressen) versehen. Diese werden dann auf den Dokumentseiten eingeblendet.

Was ist Fließtext?

Der im Dokumentbereich zwischen Kopf- und Fußzeile stehende Text.

4 Textplatzhalter in der Kopf-/Fußzeile klicken Sie mit der Maus an. Danach können Sie den Text austauschen bzw. überschreiben.

5 Solange Kopf-/Fußzeilen angewählt sind, können Sie über die Registerkarte *Entwurf* Objekte wie ClipArts, Grafiken oder das Datum und die Uhrzeit einfügen.

6 Zum Nummerieren der Dokumentseiten klicken Sie auf der Registerkarte *Entwurf* auf die Schaltfläche *Seitenzahl* der Gruppe *Kopf- und Fußzeile*.

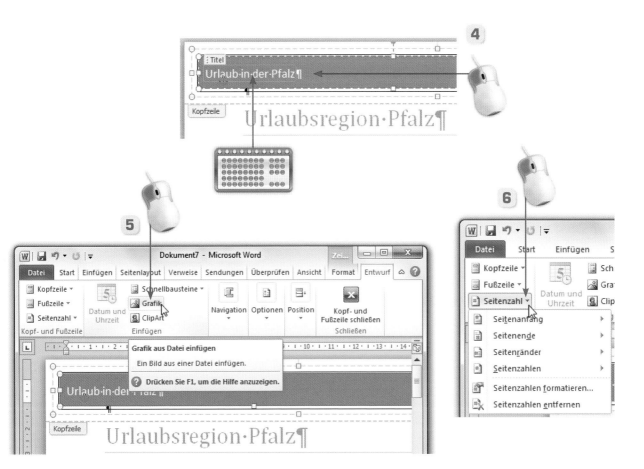

Noch was…

Durch einen Doppelklick auf den »Fließtext« verlassen Sie die Kopf-/Fußzeile und können das Textdokument weiterbearbeiten.

Noch was…

Das Layout der Kopf-/Fußzeile können Sie jederzeit über den Katalog der betreffenden Schaltfläche ändern.

7 Entscheiden Sie sich im Menü für einen der Befehle wie *Kopfzeile* bzw. *Fußzeile* und wählen Sie anschließend einen Katalogeintrag für das Format der Seitennummer aus.

8 Wählen Sie in Schritt 7 den Menübefehl *Seitenzahlen formatieren*, lässt sich im angezeigten Dialogfeld der Startwert für die Seitennummerierung anpassen.

9 Statt ständig über die Bildlaufleiste zu blättern, können Sie über die Schaltflächen der Gruppe *Navigation* der Registerkarte *Entwurf* zwischen der Kopf- und Fußzeile wechseln.

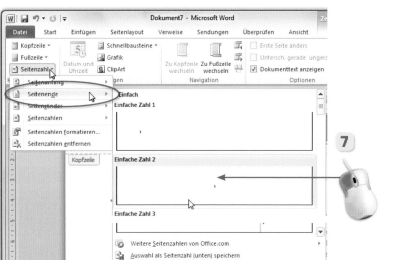

Das sollten Sie wissen...

Word kann Kopf-/Fußzeilen für die erste Seite und/oder für gerade/ungerade Seiten mit anderen Inhalten versehen (Bild 10). Dies eröffnet z. B. die Möglichkeit, auf der ersten Dokumentseite auf Kopf-/Fußzeilen zu verzichten.

Was ist ein Drehfeld?

Ein Bedienelement 2,1 cm ⬍, über dessen Schaltflächen sich ein Wert schrittweise erhöhen/erniedrigen lässt.

10 In der Gruppe *Optionen* geben Sie über Kontrollkästchen vor, ob für gerade/ungerade Seiten oder die erste Seite andere Kopf-/Fußzeileninhalte zu berücksichtigen sind.

11 Die Drehfelder der Gruppe *Position* ermöglichen Ihnen, die Höhe der Kopf-/Fußzeile zu verändern.

12 Die Schaltfläche *Kopf- und Fußzeile schließen* beendet den Bearbeitungsmodus der Kopf-/Fußzeile und wechselt zur Bearbeitung des Dokumenttexts.

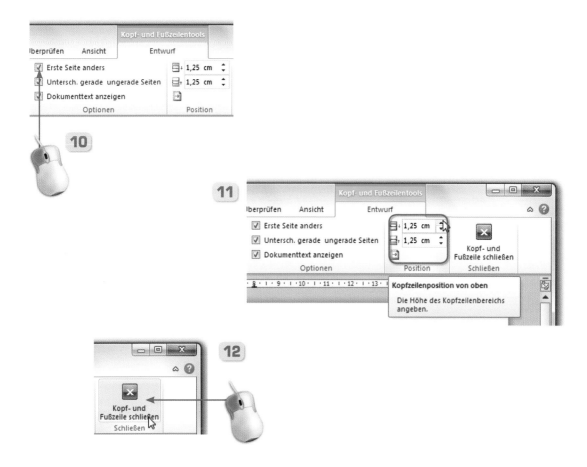

Noch was...

Der Katalog der Schaltflächen *Kopfzeile* bzw. *Fußzeile* (Registerkarte *Einfügen*) enthält auch Befehle zum Entfernen der Kopf-/Fußzeile. Dies ist hilfreich, falls die erste Seite keine Kopf-/Fußzeile enthalten soll.

Noch was...

Ein Doppelklick auf die Kopf-/Fußzeile öffnet diese zum Bearbeiten.

Noch was...

Beim Bearbeiten des Dokumenttexts finden Sie die Schaltflächen zum Anpassen der Seitenzahlen in der Gruppe *Kopf- und Fußzeile* auf der Registerkarte *Einfügen* der Multifunktionsleiste.

Sonderzeichen und Felder einfügen

1 Zum Einfügen spezieller Symbole klicken Sie auf der Registerkarte *Einfügen* des Menübands auf die Schaltfläche *Symbol* und wählen das Zeichen.

2 Fehlt das Zeichen, wählen Sie in Schritt 1 den Befehl *Weitere Symbole* und stellen auf der Registerkarte *Symbole* ggf. die benötigte Schriftart ein.

3 Bei der Schriftart »(normaler Text)« wählen Sie ggf. über das Listenfeld *Symbol* den Zeichenabschnitt, markieren das Zeichen, klicken auf *Einfügen* und dann auf *Schließen*.

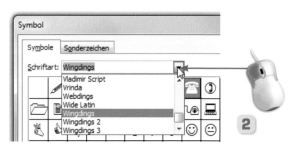

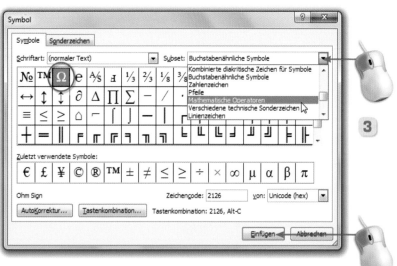

Das sollten Sie wissen...

Sonderzeichen und Felder werden über die hier gezeigten Schritte in den Text eingefügt. Felder sind eine Art Platzhalter, über die sich dynamische Informationen wie Datum, Seitenzahl etc. im Dokument einblenden lassen.

Noch was...

Die Schriftarten »Wingdings« enthalten eine Reihe stilisierter Symbole wie ein Telefon.

4 Auf der Registerkarte *Sonderzeichen* des Dialogfelds *Symbol* finden Sie spezielle Word-Sonderzeichen vor, die Sie über die *Einfügen*-Schaltfläche in den Text übernehmen können.

5 Klicken Sie auf der Registerkarte *Einfügen* auf die Schaltfläche *Datum und Uhrzeit*, lässt sich ein Datumsfeld über ein Dialogfeld in den Text einfügen.

6 Um weitere Informationen (z. B. Autor, Zahl der Dokumentseiten, Dokumentname) in den Text einzufügen, wählen Sie im Menü *Schnellbausteine* den Befehl *Feld*, dann im Dialogfeld das gewünschte Feld und klicken dann auf *OK*.

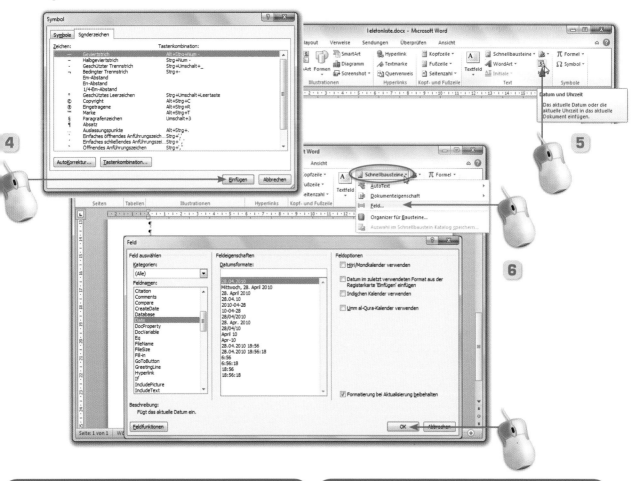

Noch was…

Markieren Sie in Bild 5 das Kontrollkästchen *Automatisch aktualisieren*, falls das Datum bei jedem Laden des Dokuments aktualisiert werden soll.

Noch was…

Markieren Sie ein Feld, wird dieses grau unterlegt. Die Tastenkombination [Strg]+[F9] blendet dann die Felddefinition ein oder aus.

7

Tabellenkalkulation: Rechnen am Computer

Das Excel-Fenster

1 Das Menüband am oberen Dokumentrand oder die Elemente zum Einstellen der Anzeigemodi oder des Zooms in der Statusleiste kennen Sie bereits von Seite 86 ff.

2 Am unteren linken Rand werden die als Blattregister bezeichneten Registerreiter zum Zugriff auf die Tabellen angezeigt.

3 Oberhalb des Dokumentrands finden sich links das Namenfeld und rechts die Bearbeitungsleiste, in der Sie Inhalte der Tabellenzelle ansehen und ändern können.

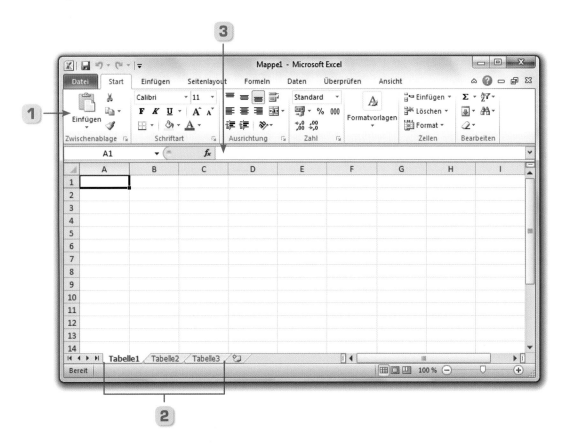

Das sollten Sie wissen...

Tabellenkalkulationsprogramme wie Excel stellen Dokumente (sogenannte Arbeitsmappen), bestehend aus einer oder mehreren Tabellen (auch Arbeitsblätter genannt), bereit. In Tabellen lassen sich Daten und Rechenanweisungen eintragen. Die Daten können dann als Diagramme angezeigt werden.

Der Autor rät...

Falls eine Tabellenspalte zu breit oder zu schmal (bzw. zu hoch) ist, können Sie den Spaltenteiler ┼ (bzw. den Zeilentrenner) per Maus horizontal (bzw. vertikal) verschieben.

4 Am linken Dokumentrand werden die Zeilenköpfe mit Zahlen durchnummeriert, am oberen Rand finden sich die mit Buchstaben nummerierten Spaltenköpfe.

5 Die mit einem schwarzen Rahmen markierte Zelle wird als aktive Zelle (hier A1) bezeichnet, in der sich Eingaben vornehmen lassen.

6 Das am unteren Dokumentrand ausgewählte Blattregister (auch als Registerreiter bezeichnet) gibt den Namen der Tabelle (hier »Tabelle1«) an.

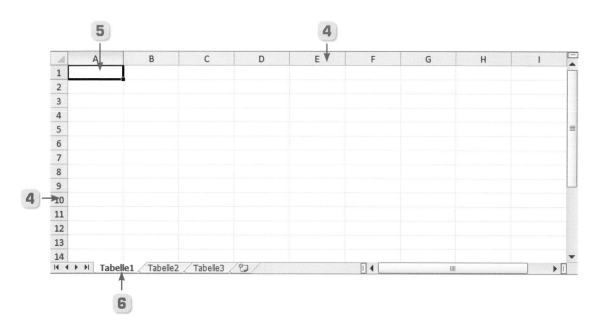

Noch was ...

Zellen lassen sich über ihre Spalten- und Zeilenköpfe ansprechen (z. B. A3 bezeichnet die Zelle in der dritten Zeile in der ersten Spalte).

Noch was...

Sobald sich der Mauszeiger über der Tabelle befindet, nimmt er die Form eines stilisierten Kreuzes ✚ an.

1 Klicken Sie auf den leeren Registerreiter *Tabellenblatt einfügen* oder drücken Sie ⬆+F11, um eine neue Tabelle in die Arbeitsmappe einzufügen.

2 Ein Rechtsklick auf ein Blattregister ermöglicht Ihnen, über den Kontextmenübefehl *Umbenennen* den Tabellennamen per Tastatur zu ändern und mit ↵ zu übernehmen.

3 Zum Umsortieren der Tabellenblätter ziehen Sie einfach deren Registerreiter waagerecht nach links oder rechts.

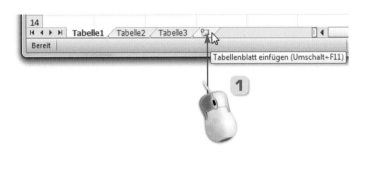

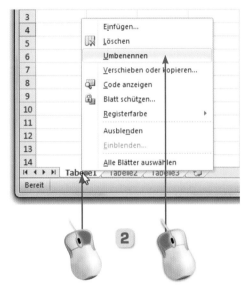

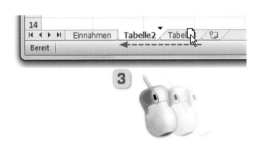

Das sollten Sie wissen...

Neue Arbeitsmappen enthalten normalerweise drei Tabellenblätter zur Aufnahme von Daten. Bei Bedarf lassen sich Tabellenblätter zur Mappe hinzufügen, löschen, umbenennen, kopieren oder verschieben.

Noch was...

Verschieben Sie das Teilerfeld (links neben der horizontalen Bildlaufleiste) mit der Maus, um den Anzeigebereich der Blattregister zu vergrößern oder zu verkleinern.

4 Zum Kopieren eines Tabellenblatts klicken Sie mit der rechten Maustaste auf dessen Blattregister und wählen den Kontextmenübefehl *Verschieben/kopieren*.

5 Wählen Sie im Dialogfeld die Zielmappe, klicken Sie auf einen Eintrag in *Einfügen vor*, markieren Sie das Kontrollkästchen *Kopie erstellen* und klicken Sie auf *OK*.

6 Benötigen Sie eine Tabelle nicht mehr, öffnen Sie das Kontextmenü des Registerreiters, wählen den Befehl *Löschen* und bestätigen den Sicherheitsdialog über *Löschen*.

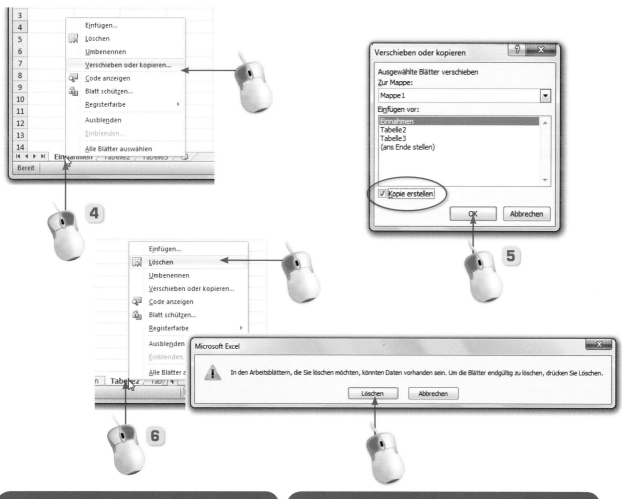

Noch was...

Über die Schaltflächen ⃗◄ ► ►I in der linken unteren Fensterecke können Sie zwischen den Blattregistern der Tabellen blättern.

Noch was...

Über das Kontextmenü eines Blattregisters können Sie ein Blatt vor Veränderungen schützen, ausblenden oder den Registerreiter einfärben.

So geben Sie Daten in die Tabelle ein

1 Klicken Sie auf die Zelle A3, tippen Sie den Text »Hallo« ein und drücken Sie die ⏎-Taste. Es wird die darunter liegende Zelle als aktiv markiert.

2 Geben Sie in der nächsten Zelle die Zahl »23,40« ein und drücken Sie ⏎. Das Ergebnis sollte wie hier (unten) gezeigt aussehen.

3 Erscheint nach einer Eingabe die Zeichenkette #### in der Zelle (oben), erhöhen Sie die Zellbreite durch Ziehen des Spaltenkopfes, bis der Wert sichtbar wird (unten).

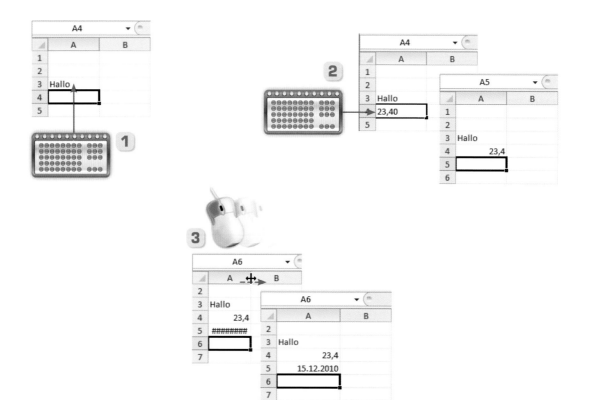

Das sollten Sie wissen...

In die Zellen einer Kalkulationstabelle können Sie Daten wie Texte, Zahlen, Datumswerte etc. eintragen oder Formeln und Grafiken etc. einfügen. Die Adresse der aktiven (angewählten) Zelle (z. B. A4) wird links (im Namenfeld) und der Wert rechts in der Bearbeitungsleiste angezeigt (Schritt 2).

Noch was...

Die ⏎-Taste wechselt nach einer Eingabe zur darunter liegenden Zelle. Mit der ⇥-Taste geht's zur rechten und mit ⇧+⇤ zur linken Nachbarzelle.

4 Um eine Zelleingabe zu korrigieren, klicken Sie diese erneut an, geben den neuen Wert ein und drücken die ⏎-Taste.

5 Ist eine Zelle angewählt, können Sie deren Wert auch in der Bearbeitungsleiste (wie bei Word-Dokumenten, siehe ab Seite 92) zeichenweise korrigieren.

6 Änderungen an Zellwerten lassen sich mittels der ⏎-Taste oder der Schaltfläche *Eingeben* übernehmen bzw. mittels Esc oder der *Abbrechen*-Schaltfläche verwerfen.

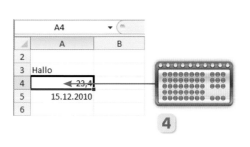

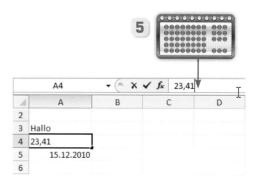

Noch was...

Die Cursortasten ↑, ↓, ← und → lassen sich ebenfalls zum Abschließen einer Eingabe und zum Anwählen der Folgezelle verwenden.

Noch was...

Ob Nachkommastellen mit Nullwerten (z. B. 23,40) in einer Zelle angezeigt werden, hängt vom Zellformat ab (siehe Seite 154).

Der Autor rät...

Sie können die Rechtschreibkorrektur (siehe Seite 96) auch auf Tabelleninhalte anwenden.

1 Statt die aktive Zelle per Mausklick festzulegen, können Sie die hier gezeigten Tasten zur Positionierung in der Tabelle verwenden.

2 Um einen Zellbereich mit der Maus zu markieren, klicken Sie auf die erste Zelle und ziehen dann die Maus bei gedrückter linker Maustaste zur diagonal gegenüberliegenden Zelle.

3 Um nicht benachbarte Zellbereiche zu markieren, halten Sie die [Strg]-Taste gedrückt, während Sie per Maus markieren.

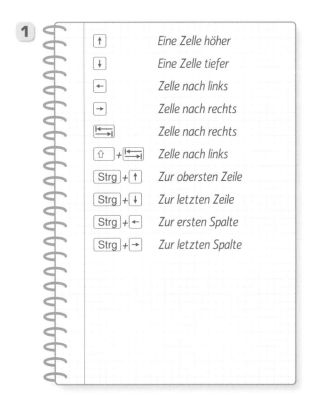

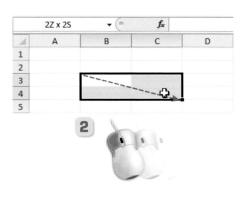

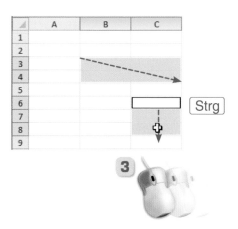

Das sollten Sie wissen...

Wenn Sie Zellen in einer Tabelle markieren, können Sie deren Wert korrigieren oder ihnen ein Format zuweisen. Neben dem Anklicken von Zellen per Maus lässt sich die aktive Zelle auch über die Tastatur auswählen.

Noch was...

Zum Markieren mit der Tastatur verwenden Sie die in Schritt 1 aufgeführten Tastenkombinationen bei gleichzeitig gedrückter ⇧-Taste.

4 Klicken Sie auf einen Spaltenkopf, um die komplette Spalte zu markieren. Durch Ziehen der Maus über die Spaltenköpfe lassen sich mehrere Spalten markieren.

5 Ein Mausklick auf einen Zeilenkopf oder Ziehen der Maus über Zeilenköpfe markiert die betreffenden Zeilen der Tabelle.

6 Um die gesamte Tabelle zu markieren, drücken Sie die Tastenkombination ⌈Strg⌉+⌈A⌉ oder klicken auf das hier gezeigte Markierfeld.

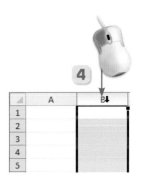

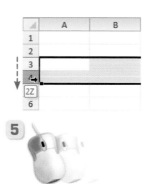

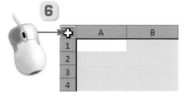

Noch was…

Markierte Zellen werden farbig hervorgehoben. Die Markierung heben Sie durch einen Mausklick auf eine Zelle auf.

1 Um in einer Tabelle Zellen oder ganze Zeilen bzw. Spalten einzufügen oder zu löschen, markieren Sie den gewünschten Bereich (siehe Seite 146).

2 Klicken Sie den markierten Bereich mit der rechten Maustaste an und wählen Sie den Kontextmenübefehl *Zellen einfügen*.

3 War nur ein Zellbereich markiert, markieren Sie im angezeigten Dialogfeld *Zellen einfügen* das gewünschte Optionsfeld und klicken auf die *OK*-Schaltfläche.

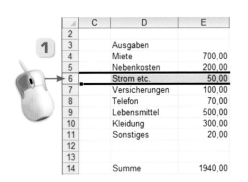

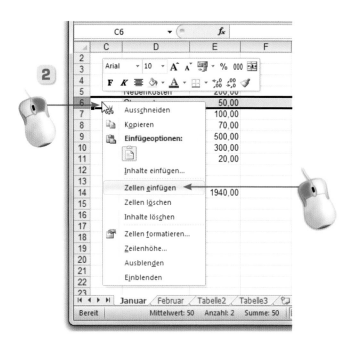

Das sollten Sie wissen...

Möchten Sie Zellen löschen? Wenn Sie den Zellbereich in der Tabelle markieren und [Entf] drücken, wird nur der Zellinhalt gelöscht. Sie müssen die obigen Schritte verwenden, um Zellen oder Zeilen/Spalten zu löschen bzw. neu einzufügen.

Der Autor rät...

Änderungen an der Tabellenstruktur können Sie sofort über die Tastenkombination [Strg]+[Z] oder über die Schaltfläche der Schnellzugriffsleiste zurücknehmen.

4 Sobald eine neue Zeile, Spalte oder Zelle eingefügt wurde, können Sie über die eingeblendete Schaltfläche *Einfügeoptionen* das Format einer Zelle übernehmen.

5 Zum Löschen von Zellen markieren Sie den Bereich, öffnen das Kontextmenü und wählen den Befehl *Zellen löschen*.

6 Markieren Sie im Dialogfeld *Löschen* eine der Optionen und klicken Sie auf die *OK*-Schaltfläche, um den markierten Zellbereich aus der Tabelle zu löschen.

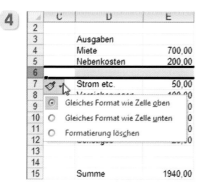

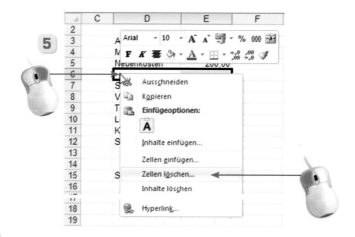

Der Autor rät...

Auf der Registerkarte *Start* finden Sie in der Gruppe *Zellen* ebenfalls Schaltflächen, um Zellen hinzuzufügen oder zu löschen.

Noch was...

Das Dialogfeld *Zellen einfügen* bzw. *Löschen* erscheint nur, falls keine komplette Spalte oder Zeile markiert war.

Zellen kopieren oder verschieben

1 Markieren Sie den zu kopierenden/verschiebenden Zellbereich in der Tabelle und wechseln Sie ggf. im Menüband zur Registerkarte *Start*.

2 Zum Verschieben klicken Sie in der Gruppe *Zwischenablage* der Registerkarte *Start* auf die *Ausschneiden*-Schaltfläche.

3 Klicken Sie auf die Zelle für die linke obere Ecke des Zielbereichs und wählen Sie in der Gruppe *Zwischenablage* der Registerkarte *Start* die *Einfügen*-Schaltfläche.

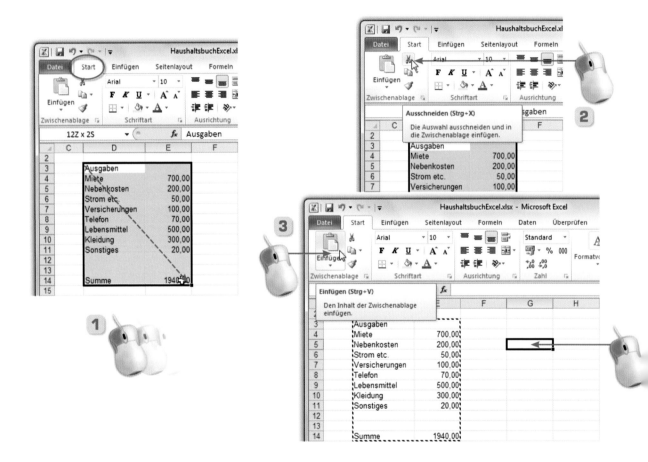

Das sollten Sie wissen...

Auch in Excel lassen sich markierte Zellbereiche in einer Tabelle oder zwischen Tabellen kopieren bzw. verschieben. Dabei können Sie lediglich die Werte oder auch die komplette Zellstruktur übertragen.

Noch was...

Sie können auch die Tastenkombinationen [Strg]+[X] (Ausschneiden), [Strg]+[C] (Kopieren) und [Strg]+[V] (Einfügen) verwenden.

4 Der ausgeschnittene Zellbereich wird aus der Zwischenablage ab der markierten Zielzelle eingefügt.

5 Zum Kopieren markieren Sie die Zellen des gewünschten Bereichs und wählen auf der Registerkarte *Start* die Schaltfläche *Kopieren*.

6 Klicken Sie auf die Zelle, an der Inhalt der Zwischenablage als Kopie einzufügen ist.

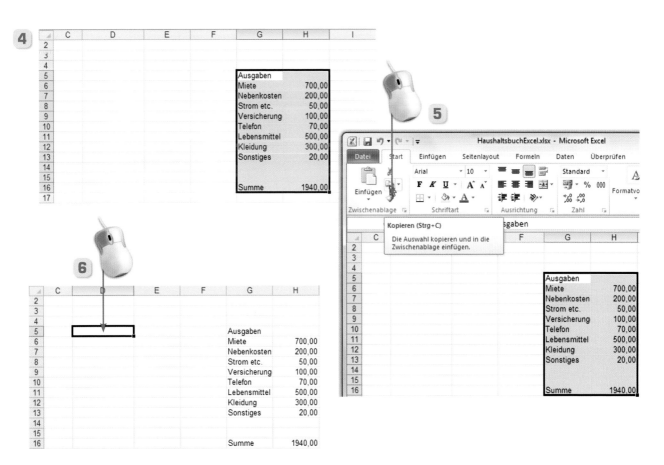

Der Autor rät...

Achten Sie bei der Auswahl der Zielzelle darauf, dass der als Kopie einzufügende Zellbereich keine Zellen mit Werten überschreibt.

7 Klicken Sie auf der Registerkarte *Start* des Menübands auf die *Einfügen*-Schaltfläche, um den Inhalt der Zwischenablage in den Zielbereich einzufügen.

8 Klicken Sie auf die neben dem eingefügten Zellbereich eingeblendete Schaltfläche *Einfüge-optionen*.

9 Klicken Sie auf eine der im Menü *Einfügeoptionen* angezeigten Schaltflächen, um den Einfüge-modus aus der Zwischenablage festzulegen.

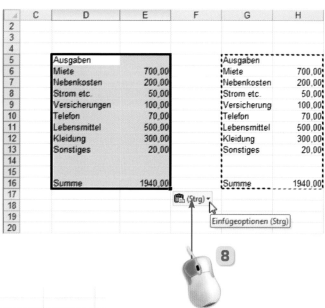

Das sollten Sie wissen...

Bei Excel können Sie unter anderem beim Einfügen aus der Zwischenablage vorgeben, ob alles, nur die Formeln oder nur die Werte in den Zellbereich einzufügen sind.

Noch was...

Die in den Schritten 1 bis 9 beschriebenen Techniken lassen sich auch zwischen verschiedenen Tabellen anwenden.

10 Anschließend sollte die Kopie des Zellbereichs in die Tabelle eingefügt worden sein.

11 Alternativ können Sie in Schritt 7 auch das Menü der Schaltfläche *Einfügen* öffnen und dort Schaltflächen wie Befehle *Einfügen*, *Formeln* oder *Werte einfügen* wählen.

12 Um einen markierten Zellbereich schnell innerhalb der Tabelle zu verschieben, können Sie den Markierungsrahmen per Maus zur Zielzelle ziehen.

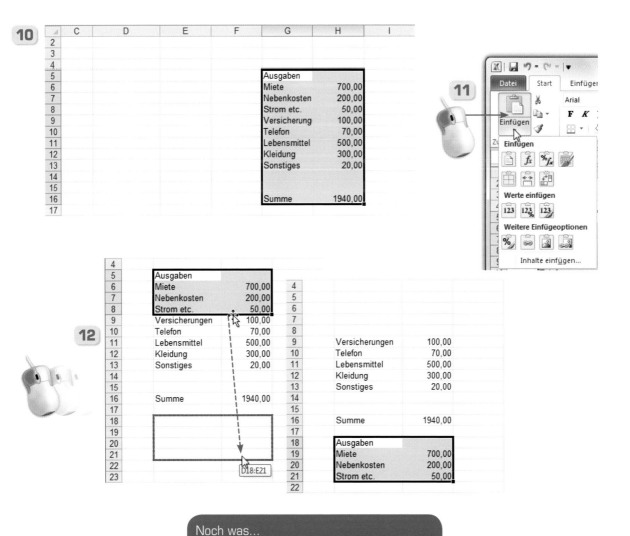

> **Noch was...**
>
> Halten Sie in Schritt 12 beim Ziehen die
> [Strg]-Taste gedrückt, wird der Zellbereich
> kopiert statt verschoben.

So können Sie Tabelleninhalte formatieren

1 In eine Tabelle eingetragene Daten werden im Format »Standard« angezeigt. Bei Zahlen werden z. B. nicht benötigte Nullen unterdrückt.

2 Um gezielt ein Zellformat zuzuweisen, markieren Sie die betreffenden Zellen.

3 Weisen Sie über die Schaltflächen der Registerkarte *Start* des Menübands die gewünschten Zellformate zu.

Das sollten Sie wissen...

Zellformate ermöglichen Ihnen nicht nur, die Zellinhalte fett, kursiv oder mit anderen Formaten anzuzeigen, sondern bestimmen auch, wie der Zellinhalt selbst (z. B. Wert als Dezimalzahl) anzuzeigen ist.

Der Autor rät...

Wird ein Eingabewert plötzlich fehlerhaft angezeigt (z. B. eine Dezimalzahl wird als Datum oder Prozentwert dargestellt), überprüfen Sie das Zellformat.

4 Über die Schaltflächen der Gruppe *Zahl* legen Sie Zellformate für die Zahlendarstellung fest (*Dezimalstelle hinzufügen* erhöht z. B. die Zahl der angezeigten Nachkommastellen).

5 Das Menü der Schaltfläche *Buchhaltungszahlenformat* ermöglicht Ihnen, das Währungszeichen oder weitere Währungsformate zuzuweisen.

6 Über den Katalog des Felds *Zahl* können Sie verschiedene Zahlenformate (auch das Format »Standard«) abrufen und markierten Zellen zuweisen.

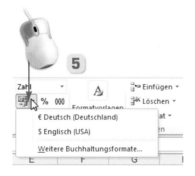

Noch was…

Das Format »Standard« legt bei der Eingabe des ersten Werts dessen Darstellung fest. Später eingegebene andere Daten (z. B. Datum statt Dezimalzahl) werden dann im alten Format angezeigt.

Noch was…

Beim Währungs- und Buchhaltungsformat werden Zahlen mit Währungskennzeichen und zwei Nachkommastellen dargestellt.

7 Die Werte der in Schritt 1 gezeigten Beispieltabelle wurden hier mit zwei Nachkommastellen beim Zellformat ergänzt.

8 Um Zeichenformate zuzuweisen, markieren Sie die Zellen und wählen dann auf der Registerkarte *Start* die gewünschten Formate in der Gruppe *Schriftart* aus.

9 Über die Palette der Schaltfläche *Füllfarbe* der Gruppe *Schriftart* auf der Registerkarte *Start* lässt sich der Hintergrund der markierten Zellen einfärben.

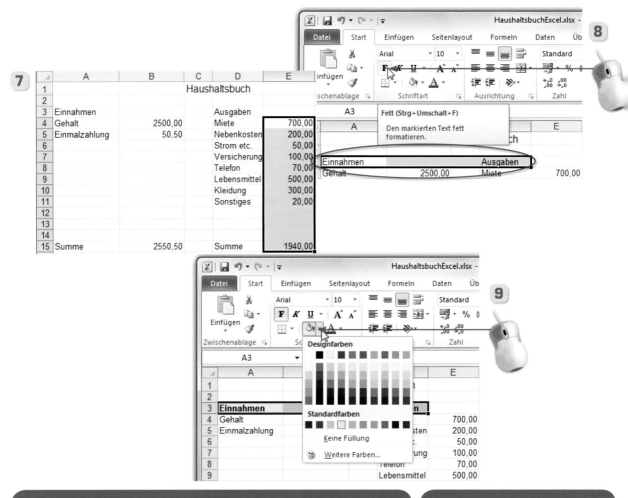

Das sollten Sie wissen...

Über die Gruppen *Schriftart* und *Ausrichtung* der Registerkarte *Start* des Menübands können Sie die Textdarstellung von Zellinhalten (ähnlich wie bei Word, siehe Seite 100) anpassen.

Der Autor rät...

Verwenden Sie die Schaltfläche *Schriftfarbe*, um die Farbe der Zellinhalte zu ändern.

10 Um markierte Zellen mit Linien an den Rändern zu versehen, öffnen Sie das Menü der Schaltfläche *Rahmenlinie* der Gruppe *Schriftart* und wählen die gewünschte Variante aus.

11 In der Gruppe *Ausrichtung* der Registerkarte *Start* finden Sie Schaltflächen, um Zellinhalte vertikal bzw. horizontal auszurichten.

12 Die Schaltfläche *Orientierung* der Gruppe *Ausrichtung* öffnet ein Menü, über dessen Befehle Sie Zellinhalte z. B. gedreht anzeigen können.

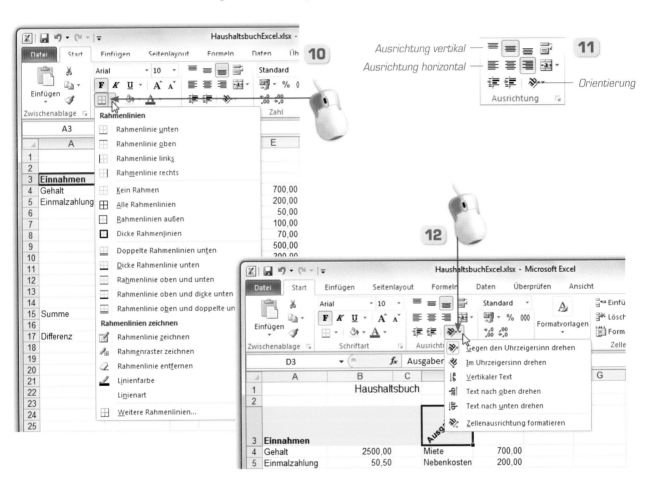

Noch was...

Standardmäßig werden Zahlen rechtsbündig und Texte linksbündig in der Zelle dargestellt. Sie können die Ausrichtung aber über Zellformate vorgeben.

13 Klicken Sie mit der rechten Maustaste auf einen markierten Zellbereich und wählen Sie den Kontextmenübefehl *Zellen formatieren*.

14 Wählen Sie auf der Registerkarte *Zahlen* eine Kategorie aus und passen Sie dann die für die Formatschablone angezeigten Optionen an.

15 Über die restlichen Registerkarten können Sie die Ausrichtung, die Schriftart, die Füllfarbe oder die Rahmen oder den Zellschutz vorgeben.

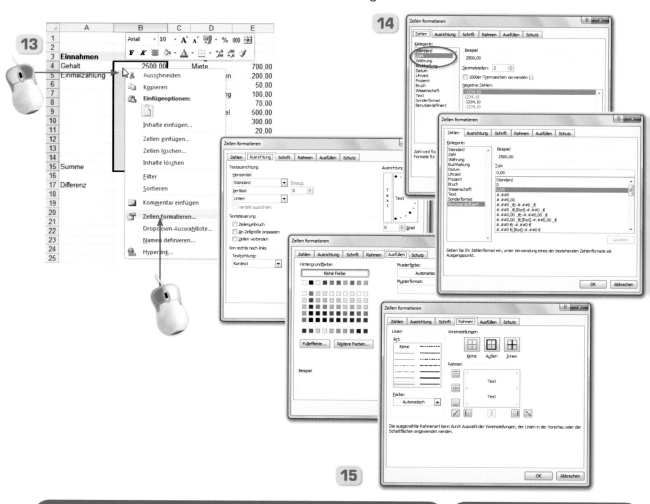

Das sollten Sie wissen...

Auf der Registerkarte *Zahlen* des Eigenschaftenfensters *Zellen formatieren* finden Sie Formatschablonen für verschiedene Kategorien, und die anderen Registerkarten ermöglichen den Zugriff auf alle Zellformate.

Was ist eine Formatschablone?

Ein Formatbeispiel, das eine Formatierung anzeigt.

16 Die Schaltfläche *Zellenformatvorlagen* öffnet einen Katalog, über dessen Einträge sich markierte Zellen automatisch mit Zellformaten belegen lassen.

17 Über den Katalog der Schaltfläche *Als Tabelle formatieren* wählen Sie ein Tabellenformat aus. Klicken Sie im angezeigten Dialogfeld auf *OK*, wird das Format zugewiesen.

18 Löschen Sie (bei markierter Tabelle) auf der Registerkarte *Entwurf* die Markierung des Kontrollkästchens *Überschrift*, um die Zeile mit den Listenfeldern auszublenden.

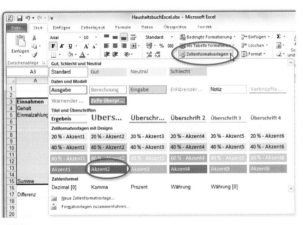

16

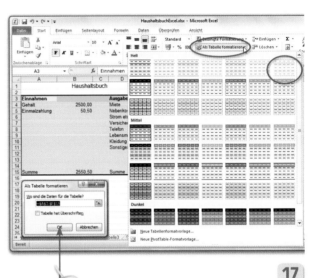

17

18

Noch was...

Im Katalog *Zellenformatvorlagen* finden Sie verschiedene Kategorien, um Zellen als Überschriften oder Datenbereiche zu formatieren.

Der Autor rät...

Auf der Registerkarte *Schutz* des Eigenschaftenfensters *Zellen formatieren* lässt sich eine Veränderungssperre für markierte Zellbereiche setzen.

Noch was...

Die Option *Überschrift* blendet eine Zeile mit Listenfeldern ein, über die sich der Tabelleninhalt nach Auswahlkriterien filtern lässt.

1 Um eine Zeile oder Spalte in einer Tabelle zu summieren, markieren Sie die Ergebniszelle durch einen Mausklick.

2 Klicken Sie auf der Registerkarte *Start* des Menübands auf die Schaltfläche *Summe* der Gruppe *Bearbeiten*. Erscheint ein Menü, wählen Sie den Befehl *Summe*.

3 Sobald der zu summierende Zellbereich mit einem gestrichelten Rahmen samt der Summenformel angezeigt wird, bestätigen Sie dies durch Drücken der ⏎-Taste.

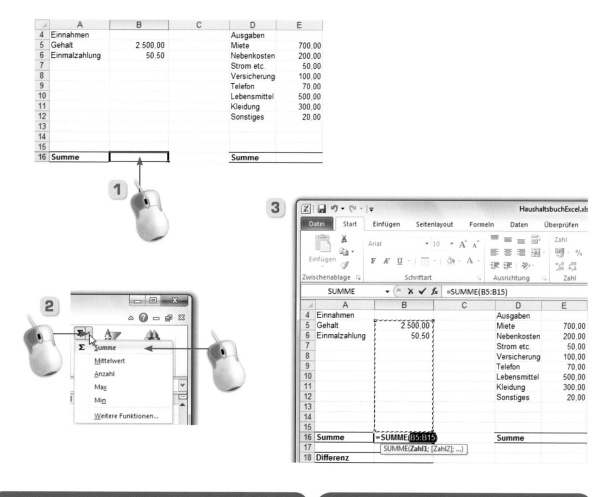

Das sollten Sie wissen...

Die Stärke einer Tabellenkalkulation wie Excel besteht darin, dass sich Berechnungen vornehmen lassen. Sie können Zellen summieren, Ergebnisse über Formel ermitteln oder komplexere Funktionen anwenden.

Noch was...

Auf die hier beschriebene Weise können Sie beliebige Berechnungsformeln in Zellen eintragen, wobei auch Zellwerte aus anderen Tabellen oder Arbeitsmappen in die Formel übernommen werden können.

4 Um die Differenz aus den Zellen B16 und E16 zu ermitteln, klicken Sie auf die Ergebniszelle, tippen ein Gleichheitszeichen ein und klicken dann auf die erste Zelle.

5 Sobald der Ausdruck *=B16* in der Zelle erscheint, tippen Sie ein Minuszeichen ein. Klicken Sie danach auf die zweite Zelle E16, um den Zellbezug zu übernehmen.

6 Sobald Sie die Formel über die ⏎-Taste abschließen, wird das Ergebnis in der Zelle angezeigt.

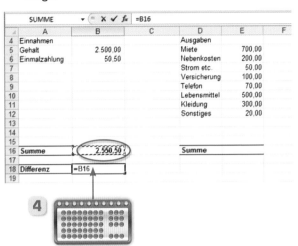

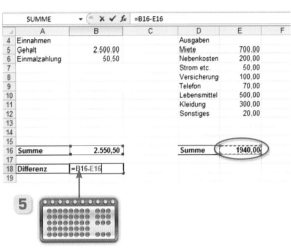

6

	A	B	C	D	E
4	Einnahmen			Ausgaben	
5	Gehalt	2.500,00		Miete	700,00
6	Einmalzahlung	50,50		Nebenkosten	200,00
7				Strom etc.	50,00
8				Versicherung	100,00
9				Telefon	70,00
10				Lebensmittel	500,00
11				Kleidung	300,00
12				Sonstiges	20,00
13					
14					
15					
16	Summe	2.550,50		Summe	1940,00
17					
18	Differenz	610,50			
19					
20					

Der Autor rät...

Zeigt Excel (z. B. beim Summieren, Bild 3) den falschen Zellbereich durch den gestrichelten Rahmen, markieren Sie einfach die gewünschten Zellen, bevor Sie ⏎ drücken.

Der Autor rät...

Eine Formel der Art *=B16-E16* können Sie auch direkt in die Ergebniszelle eintippen. *B16* und *E16* stehen dabei für Zellreferenzen.

Noch was...

Klicken Sie eine Zelle mit einer Formel erneut an, wird diese in der Bearbeitungsleiste angezeigt und lässt sich ggf. direkt korrigieren.

1 Häufig benötigte Funktionen (z. B. Summe) fügen Sie über die Menüeinträge der Schaltfläche *Summe* auf der Registerkarte *Start* in den Ausdruck der aktuellen Zelle ein.

2 Wechseln Sie in der Multifunktionsleiste zur Registerkarte *Funktionen*, erhalten Sie über die Schaltflächen der Gruppe *Funktionsbibliothek* Zugriff auf weitere Funktionen.

3 Um beispielsweise das aktuelle Datum in eine Zelle einzufügen, klicken Sie auf die Schaltfläche *Datum- und Uhrzeit* und wählen im Menü die Funktion *HEUTE*.

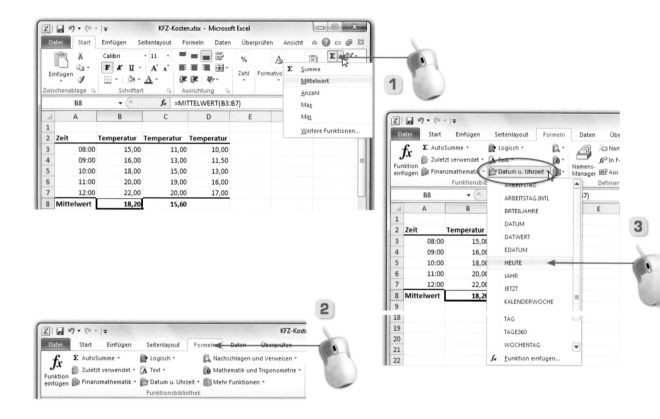

Das sollten Sie wissen...

In Berechnungen lassen sich Funktionen (z. B. zur Bestimmung von Zinszahlungen) verwenden. Excel stellt eine umfangreiche Sammlung von Funktionen bereit.

Der Autor rät...

Zum Einfügen einer Funktion bzw. zum Bearbeiten der Funktionsargumente gehen Sie wie in Schritt 8 und 9 gezeigt vor.

4 Da die Funktion *HEUTE()* keine Argumente benötigt, schließen Sie das Dialogfeld *Funktionsargumente* über die *OK*-Schaltfläche. In der Zelle erscheint das Datum.

5 Möchten Sie z. B. den Wochentag für ein Datum bestimmen, klicken Sie auf die Schaltfläche *Datum- und Uhrzeit* und wählen die Funktion *Wochentag*.

6 Geben Sie im Dialogfeld *Funktionsargumente* die Werte oder Zellreferenzen für die benötigten Argumente an und klicken Sie auf die *OK*-Schaltfläche.

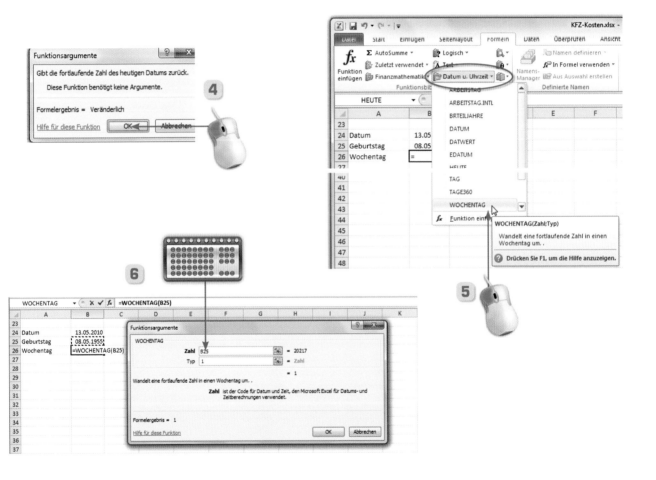

Noch was...

Soll das angewählte Feld im Dialogfeld *Funktionsargument* als Argument einen Zellbezug aufnehmen, klicken Sie in der Tabelle einfach auf die gewünschte Zelle (Schritt 6).

Noch was...

Eine Information zum erwarteten Argument erscheint, wenn Sie im Dialogfeld *Funktionsargumente* das Feld anklicken. Details zur Funktion liefert der Hyperlink *Hilfe für diese Funktion*.

7 Hier zeigt die Zelle B26 das Ergebnis: Der zurückgelieferte Wert 1 für das eingegebene Geburtsdatum entspricht einem Sonntag.

8 Um beliebige Funktionen einzufügen, sollten Sie die Schaltfläche *Funktion einfügen* in der Bearbeitungsleiste oder auf der Registerkarte *Formeln* wählen.

9 Im angezeigten Dialogfeld können Sie nach Funktionen suchen oder über Kategorien nachschlagen. Markieren Sie den Funktionsnamen und klicken Sie auf *OK*.

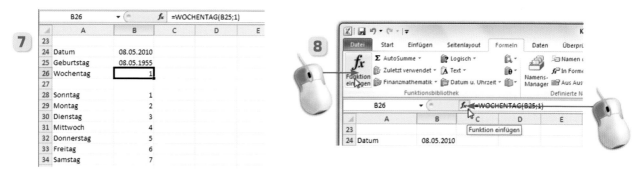

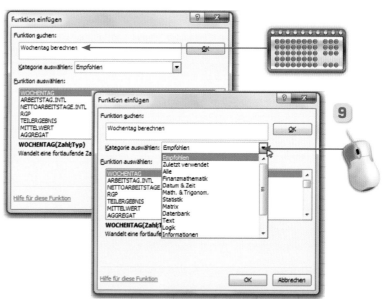

Das sollten Sie wissen...

Um komplexere Ausdrücke in eine Formel einzugeben, lässt sich ein Funktionsassistent verwenden. Dann kann die Formel in einem Dialogfeld aus verschiedenen Funktionen und Ausdrücken kombiniert werden.

Was sind Argumente?

Platzhalter, über die Werte an eine Funktion übergeben werden. Argumente werden in einer Klammer hinter dem Funktionsnamen, getrennt durch Semikola, angegeben.

10 Im Dialogfeld *Funktionsargumente* geben Sie die Argumente der Funktion ein. Wird ein Zellbereich verdeckt, klicken Sie auf die *Reduzieren*-Schaltfläche des Felds.

11 Markieren Sie dann in der Tabelle die Zelle, deren Referenz übernommen werden soll, und klicken Sie auf die *Erweitern*-Schaltfläche des verkleinerten Dialogfelds.

12 Geschachtelte Funktionen können Sie direkt per Tastatur in den Ausdruck eingeben. Beim Eintippen der Anfangsbuchstaben lässt sich die Funktion aus einer Auswahlliste wählen.

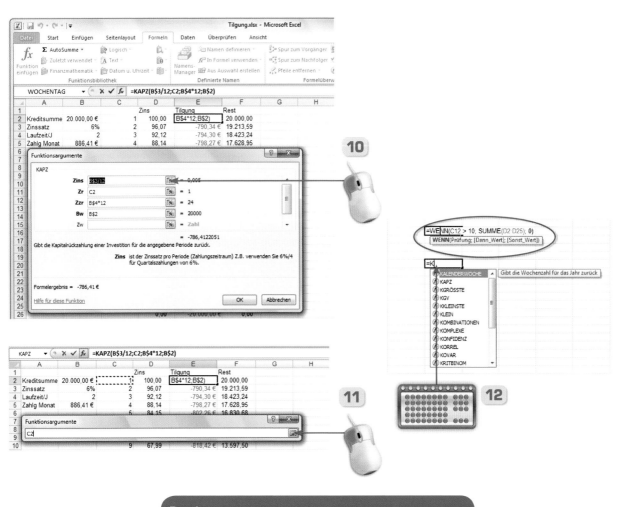

Der Autor rät...

Auf der Registerkarte *Formeln* der Multifunktionsleiste finden Sie Schaltflächen, um direkt auf Funktionen aus verschiedenen Kategorien zuzugreifen.

Diagramme erstellen

1 Um Daten in einem Diagramm darzustellen, markieren Sie den Datenbereich (samt den Überschriften) in der Tabelle.

2 Klicken Sie auf der Registerkarte *Einfügen* des Menübands auf eine der Schaltflächen (hier *Säule*) der Gruppe *Diagramme*.

3 Wählen Sie im eingeblendeten Katalog den gewünschten Diagrammtyp aus.

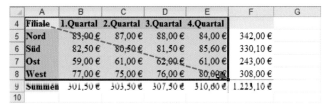

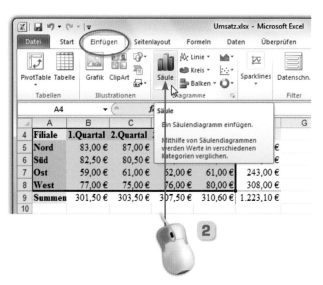

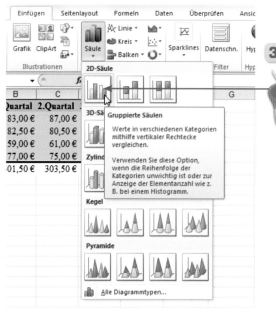

Das sollten Sie wissen...

Recht verbreitet ist die Darstellung von Tabellendaten in Form von Diagrammen. Dies ist in Excel mit wenigen Mausklicks möglich.

Noch was...

Bei Bedarf können Sie die Größe des markierten Diagramms durch Verschieben der Ziehmarken des Diagrammbereichs (nicht der Zeichnungsfläche) anpassen.

4 Sobald Excel das Diagramm in den Vordergrund der Tabelle eingefügt hat, ziehen Sie das Diagramm über den Diagrammbereich in einen freien Tabellenbereich.

5 Um ein markiertes Diagramm anzupassen, klicken Sie auf die Schaltflächen und Bedienelemente der Registerkarte *Entwurf*.

6 Anschließend passen Sie Einstellungen über die angezeigten Kataloge oder Dialogfelder nach Ihren Wünschen an.

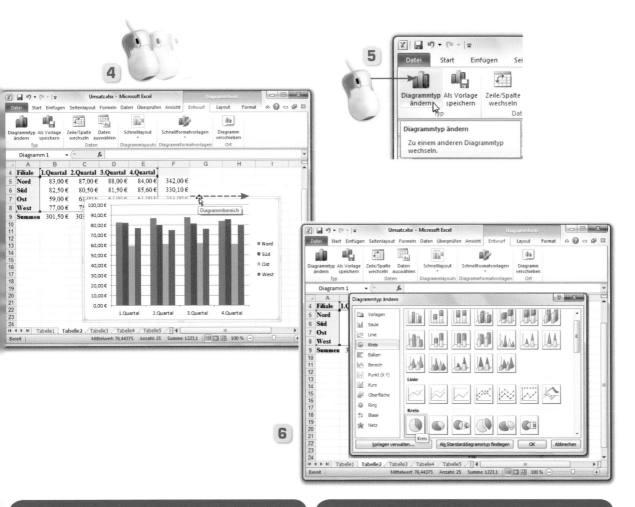

Noch was...

Ändern Sie Daten im (blauen) Markierungsrahmen der Tabelle oder passen diesen Rahmen über seine Ziehmarken an, wird die Diagrammdarstellung automatisch geändert.

Noch was...

Weitere Informationen zu den zahlreichen Excel-Funktionen finden Sie in der Programmhilfe. Das Speichern, Laden und Drucken funktioniert in Excel wie unter Word (Seite 104 bis 107).

8

Die ersten Schritte im Internet

So kommen Sie ins Internet

1 Besitzen Sie einen analogen Telefonanschluss oder ISDN, kann der Computer über ein sogenanntes Modem oder eine ISDN-Box mit der Telefonleitung verbunden werden.

2 Steht ein Breitbandanschluss vom Telefonanbieter bereit, wird dieser über einen DSL-Splitter per Kabel mit einem WLAN-Router verbunden. Computer können über Netzwerkkabel oder Funk (WLAN) Verbindung mit dem Router aufnehmen.

3 Beim Mobilbetrieb kann die Internetverbindung über einen öffentlichen Hotspot (WLAN) oder mittels Handy bzw. USB-Surfstick über GPRS bzw. UMTS erfolgen.

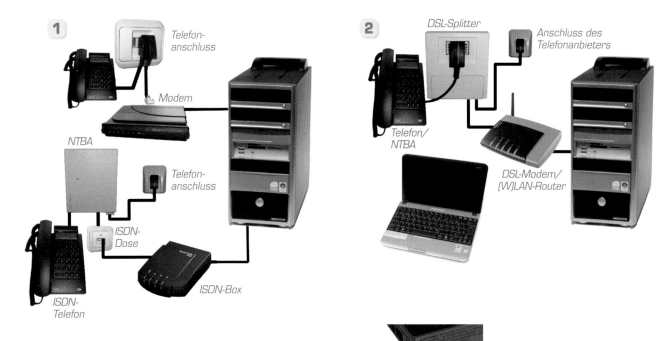

Das sollten Sie wissen...

Zur Nutzung des Internets benötigen Sie einen Internetzugang bei einem Internetanbieter (Provider). Der Zugang lässt sich als Einwahlverbindung oder Breitbandanschluss über eine Telefonleitung, per (Mobil-)Funk oder andere Technologien realisieren.

Was sind Hotspot, GPRS und UMTS?

Hotspots sind per WLAN erreichbare öffentliche Internetzugänge (z. B. in Hotels oder Cafés). GPRS (langsam) und UMTS (schneller) sind zwei Mobilfunkstandards.

4 Bei Einwahlverbindungen (Modem, ISDN, GPRS, UMTS) verwenden Sie das Einwahlprogramm des Anbieters oder einen Tarifmanager wie den WEB.DE-Smartsurfer zum Auf- und Abbauen der Internetverbindung.

5 Um sich per WLAN zu einem Hotspot oder WLAN-Router zu verbinden, klicken Sie im Infobereich auf das WLAN-Symbol und dann auf die angezeigte Verbindung.

6 Klicken Sie auf die *Verbinden*-Schaltfläche, tippen Sie bei einem abgesicherten WLAN den Sicherheitsschlüssel ein und klicken Sie auf *OK*.

Was ist ein WLAN-Router?

Ein Router ermöglicht die Verbindung mehrerer Rechner innerhalb unterschiedlicher Netzwerke. Beim WLAN-Router auch per Funk möglich.

Noch was …

Den WEB.DE-Smartsurfer für Modem-/ISDN-Anschluss können Sie kostenfrei von der Internetseite *smartsurfer.web.de* herunterladen und installieren.

Noch was…

Der Breitband-Internetzugang wird in der Regel im WLAN-Router eingerichtet. Überlassen Sie das ggf. erfahrenen Personen oder Fachleuten.

1 Klicken Sie in der Taskleiste auf das Symbol des Browsers oder wählen Sie dessen Desktop-symbol bzw. den Startmenüeintrag an, um das Browserfenster aufzurufen.

2 Zum Abrufen einer Internetseite (bei bestehender Internetverbindung) klicken Sie auf die Adressleiste, tippen die Adresse der Internetseite ein und drücken die ⏎-Taste.

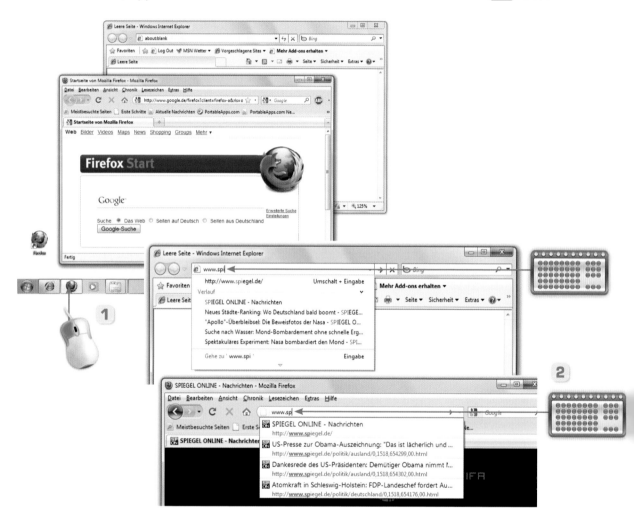

Das sollten Sie wissen...

Internetseiten (auch Webseiten genannt) werden durch ein als Browser bezeichnetes Programm angezeigt. Der verwendete Browser (Internet Explorer, Firefox etc.) ist eher zweitrangig, sofern dieser aktuell ist. Zum Schutz der Privatsphäre empfehle ich aber, auf Google Chrome zu verzichten.

Noch was...

Bei Webadressen der Art *www.name. de* steht die Endung für eine Länderkennung (*.de*, *.at*, *.ch*), für Firmen (*.com*), für Organisationen (*.org*) etc.

3 Sobald die Webseite im Browser angezeigt wird, können Sie einen Hyperlink anklicken.

4 Durch das Anklicken eines Hyperlinks wird die Folgeseite im Browserfenster abgerufen. Auf diese Weise lassen sich Folgeseiten und -dokumente über Hyperlinks anzeigen.

5 Über die hier gezeigten Schaltflächen der Adressleiste lässt sich die geladene Seite neu laden (aktualisieren) oder das Laden bei Problemen stoppen.

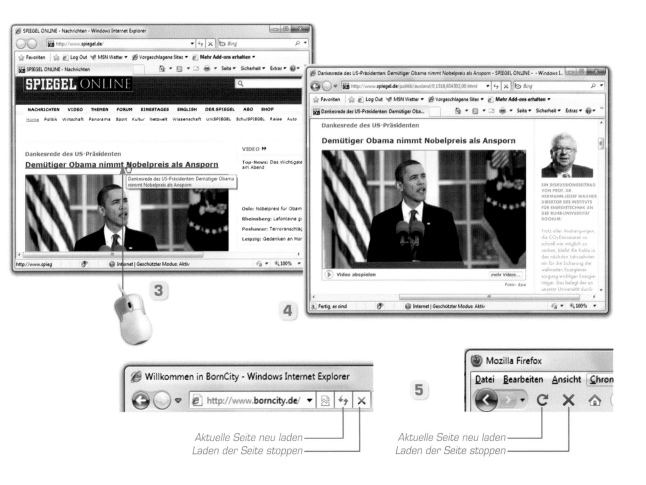

Aktuelle Seite neu laden
Laden der Seite stoppen

Aktuelle Seite neu laden
Laden der Seite stoppen

Noch was...

Beim Eintippen der Adresse erscheint im Browser eine Liste mit Vorschlägen (Bild 2). Ein passender Eintrag lässt sich dann durch Anklicken in die Adressleiste übernehmen.

Noch was...

Die hier beschriebenen Funktionen und Schaltflächen sind in anderen Browsern (z.B. Internet Explorer 9, Firefox 4, Google Chrome, Safari) in ähnlicher Weise vorhanden bzw. bedienbar.

1 Um zwischen bereits besuchten Internetseiten zu »blättern«, klicken Sie im Browser auf die Schaltflächen *Zurück* und *Vorwärts*. Dies funktioniert in allen Browsern.

2 Kontextmenübefehle wie etwa *In neuer Registerkarte öffnen*, *In neuem Fenster öffnen* eines Hyperlinks öffnen die Webseite in separaten Registerkarten/Fenstern.

3 Klicken Sie auf den Registerreiter ganz rechts und tippen dann die Webseitenadresse in die Adresszeile ein, um die Seite in einer neuen Registerkarte zu öffnen.

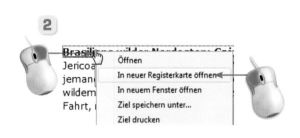

Das sollten Sie wissen...	Noch was...
Sie können mehrere Webseiten gleichzeitig in verschiedenen Fenstern bzw. Registerkarten öffnen. Browser bieten zudem verschiedene Funktionen zum Blättern zwischen oder zum Aufrufen bereits besuchter Webseiten.	Öffnen Sie das Menü der Schaltfläche zum Vorwärtsblättern (Bild 1), können Sie direkt die anzuspringende Seite auswählen.

4 Ein Mausklick auf einen Registerreiter wechselt zur betreffenden Seite. Nicht mehr benötigte Seiten schließen Sie über die Schaltfläche *Registerkarte schließen*.

5 Klicken Sie im Internet Explorer 8 auf die Schaltfläche *Favoriten*, können Sie in der eingeblendeten Spalte auf der Registerkarte *Verlauf* bereits besuchte Webseiten erneut abrufen.

6 Um Surfspuren zu löschen, klicken Sie im Internet Explorer 8 auf die Schaltfläche *Sicherheit*, wählen den Befehl *Browserverlauf löschen* und klicken im Dialogfeld auf *Löschen*.

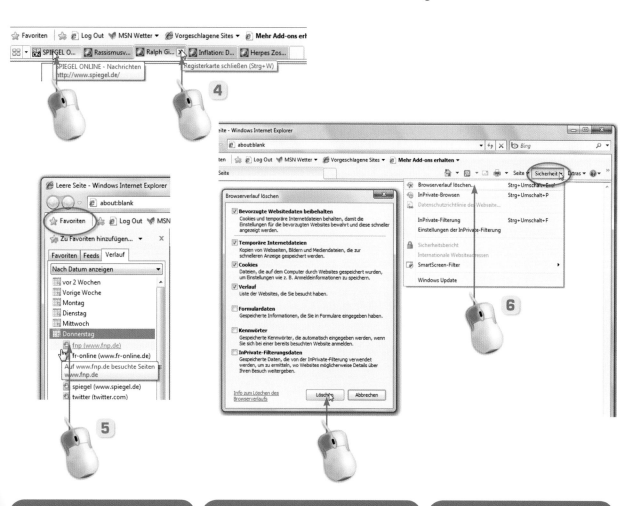

Noch was...

Neue Registerkarten lassen sich durch Drücken der Tastenkombination Strg+T öffnen.

Noch was...

Beim Firefox finden Sie den Verlauf auch im Menü *Chronik*. Die Chronik löschen Sie beim Firefox über einen Befehl des Menüs *Extras*.

Noch was...

Die Tastenkombination Strg+H zeigt den Verlauf beim Firefox und Internet Explorer direkt an.

7 Wird der Inhalt der Webseite zu groß/klein angezeigt, passen Sie im Internet Explorer 8 den Zoomfaktor über die Statusleiste (oder das Menü *Ansicht*, Befehl *Zoom* im Firefox) an.

8 Um eine angezeigte Webseite als Lesezeichen in den Internet Explorer 8 einzutragen, klicken Sie auf die Schaltflächen *Favoriten* und *Favoritencenter anheften*.

9 Holen Sie bei Bedarf den Registerreiter *Favoriten* in den Vordergrund. Ziehen Sie dann das Webseitensymbol von der Adresszeile zum Favoritenbereich.

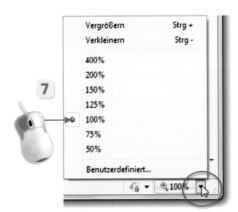

Das sollten Sie wissen...

Sie können sich im Browser Lesezeichen auf häufig besuchte Webseiten (beim Internet Explorer heißt das Favoriten) einrichten und diese später per Mausklick abrufen.

Noch was...

Sie können in Schritt 8 auch die Schaltfläche *Zu Favoriten hinzufügen* wählen. Beim Firefox werden Lesezeichen über Befehle des Menüs *Lesezeichen* abgerufen und verwaltet.

10 Um Webseiten über Lesezeichen abzurufen, klicken Sie auf die Schaltfläche *Favoriten*. Danach können Sie auf der Registerkarte *Favoriten* direkt auf die Einträge klicken.

11 Um Favoriten zu verwalten, klicken Sie auf die Schaltfläche *Favoriten*, öffnen das Menü *Zu Favoriten hinzufügen* und wählen dann den Befehl *Favoriten verwalten*.

12 Anschließend können Sie im Dialogfeld *Favoriten verwalten* markierte Einträge löschen, umbenennen, in Ordner verschieben oder neue Ordner anlegen.

Noch was...

Klicken Sie Ordnersymbole in der Favoritenleiste an, wird die zugehörige Liste mit Lesezeichen ein- oder ausgeblendet. Um das automatische Schließen der Favoritenleiste zu verhindern, klicken Sie auf die Schaltfläche *Favoritencenter anheften*.

Der Autor rät...

Halten Sie die `Strg`-Taste gedrückt, lässt sich der Zoomfaktor durch Drehen am Mausrädchen ändern. Oder Sie verwenden die Tastenkombinationen `Strg`+`+`, `Strg`+`-`.

1 Um im Internet zu stöbern, können Sie auf redaktionell gepflegte Portale wie MSN (*de.msdn.com*) oder Webverzeichnisse (z. B. *verzeichnis.web.de*) zurückgreifen.

2 Für eine gezielte Suche geben Sie die Stichwörter in das Suchfeld des Browsers ein und drücken ⏎. Bei Bedarf lässt sich die Suchmaschine über eine Liste auswählen.

3 Sobald die Ergebnisseite im Browserfenster erscheint, können Sie die interessierenden Seiten über die betreffenden Hyperlinks abrufen.

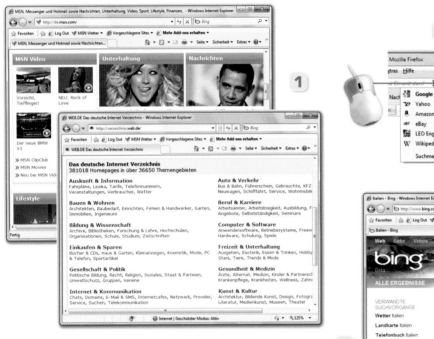

4 Über Befehle wie *Suchanbieter verwalten* des Suchmenüs (Bild 2) öffnen Sie ein Dialogfeld, um Suchanbieter zu löschen, als Standard vorzugeben oder zu installieren.

5 Der Hyperlink *Weitere Suchanbieter suchen* (Bild 4) bzw. der entsprechende Menübefehl (Bild 2) öffnet eine Seite zur Installation weiterer Suchanbieter.

6 Zum Suchen in einer angezeigten Webseite drücken Sie ⌊Strg⌋+⌊F⌋ und tippen den Suchbegriff in das Suchfeld ein. Verwenden Sie ggf. die Schaltflächen der Suchleiste zum Weitersuchen in der Seite.

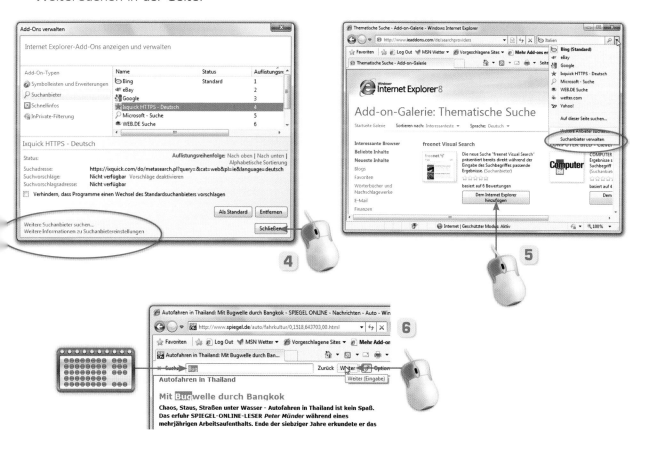

Der Autor rät...

Vorsicht! Suchmaschinen liefern häufig auch Anzeigen oder obskure Seiten als Treffer. Liefert die Suche nichts Passendes, probieren Sie andere Stichwörter/Suchmaschinen.

Noch was...

Auf der Suchseite *www.ixquick.com* finden Sie einen Hyperlink, um diesen Suchanbieter im Browser zu installieren.

Der Autor rät...

Verwenden Sie *www.scroogle. com* oder *www.ixquick.com*, um zu verhindern, dass Google Ihre Such- und Surfgewohnheiten ausspioniert.

1 Zum Drucken einer Webseite genügt es, auf die Schaltfläche *Drucken* zu klicken. Ein Bild drucken Sie über dessen Kontextmenübefehl *Bild drucken*.

2 Haben Sie [Strg]+[P] gedrückt oder den Kontextmenübefehl *Drucken* gewählt, erscheint das Dialogfeld *Drucken* zur Auswahl der Druckoptionen (siehe auch Seite 106).

3 Zum Speichern einer Webseite wählen Sie im Menü der Schaltfläche *Seite* den Befehl *Speichern unter*, legen den Zielordner fest und klicken auf *Speichern*.

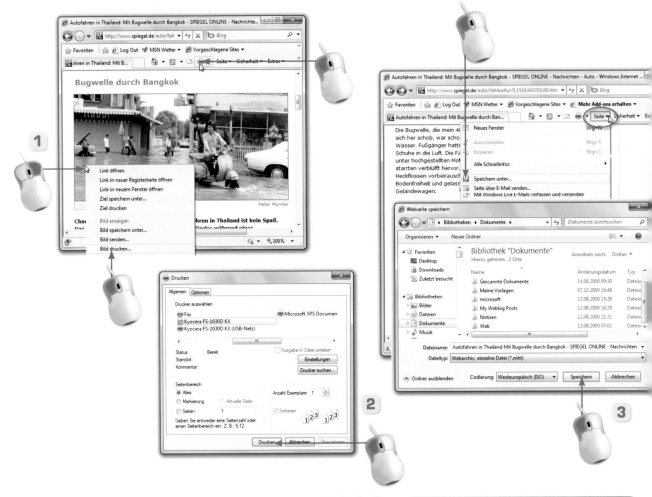

4 Um eine Datei von einer Webseite herunterzuladen, klicken Sie auf den betreffenden Hyperlink und bestätigen den Download über die *Speichern*-Schaltfläche.

5 Wählen Sie im Dialogfeld *Speichern unter* den Zielordner, korrigieren Sie ggf. den Dateinamen und klicken Sie auf die *Speichern*-Schaltfläche.

6 Warten Sie, bis die Fortschrittsanzeige den Download als fertig anzeigt, und klicken Sie im Dialogfeld auf die Schaltfläche *Schließen* oder *Ordner öffnen*.

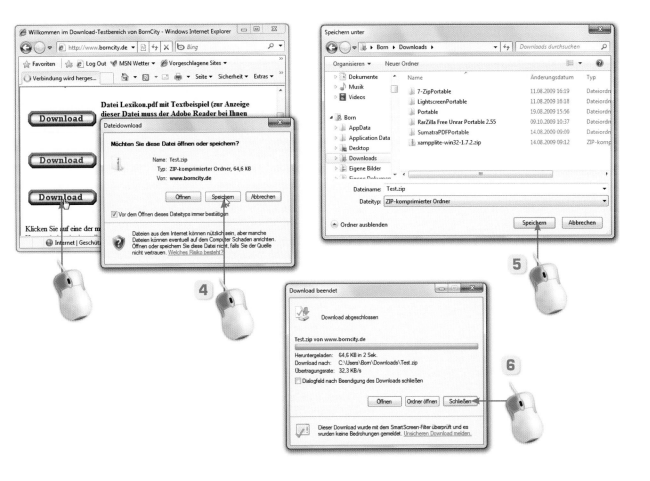

Noch was...

Beim Firefox finden Sie Befehle zum Drucken und Speichern im Menü *Datei*. Ein Doppelklick auf die Datei einer gespeicherten Webseite öffnet diese erneut im Browser.

Noch was...

Beim Firefox wählen Sie im Dialogfeld die Option *Datei speichern* und klicken auf *OK*. Die Datei wird im Ordner *Downloads* gespeichert.

Der Autor rät...

Beziehen Sie Downloads nur von seriösen Internetseiten und lassen Sie die Dateien durch einen aktuellen Virenscanner auf Schädlinge überprüfen.

9

Tolle Sachen im Internet

1 Seiten wie *www.reisen.de* ermöglichen Ihnen, sich bequem über Reiseangebote zu bestimmten Zielen zu informieren und sogar Last-Minute-Reisen zu buchen.

2 Eine kostenlose Wettervorhersage für das Zielgebiet lässt sich über Webseiten wie *www.wetter.de* oder *wetter.msn.de* abrufen.

3 Eine Fahrtroute ermitteln Sie, indem Sie auf der Webseite *route.web.de* Start- und Zielort eintippen und dann auf einen der Routenplaner-Anbieter klicken.

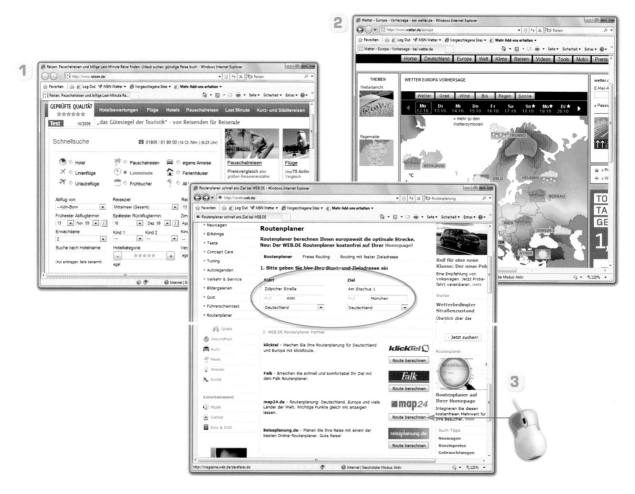

Das sollten Sie wissen…

Das Internet holt das »Reisebüro ins Wohnzimmer«. Sie können sich Reiseinformationen beschaffen oder Reisen planen bzw. buchen. Auch Hotelbewertungen und Wettervorhersagen sind verfügbar.

Noch was…

MSN stellt eine Wettervorhersage für bis zu 10 Tage kostenlos bereit. Die Zielregion kann dabei durch Eingabe einer Postleitzahl gewählt werden.

4 In der Ergebnisseite des Routenplaners lassen sich Wegbeschreibungen sowie Karten-material der Fahrstrecke ansehen und bei Bedarf über Hyperlinks ausdrucken.

5 Auf der Seite *maps.google.de* können Sie einen Ort eintippen und auf die Schaltfläche *Maps-Suche* klicken. Über das Bedienelement am linken Rand lässt sich der Kartenausschnitt verschieben und die Vergrößerung anpassen.

6 Über anklickbare Elemente am oberen Kartenrand können Sie Straßenkarten oder Satellitenbilder sowie Fotos und Videos einblenden.

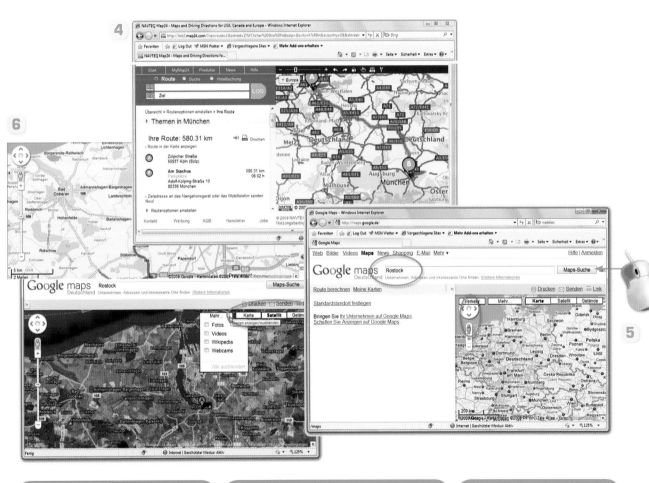

Der Autor rät...

Wer nicht per Internet buchen möchte, sollte sich in Ruhe über Preise sowie freie Angebote infor-mieren und dann die Buchung im Reisebüro vornehmen.

Noch was ...

Manche Angebote erfordern, dass im Browser Java und/oder Adobe Flash unterstützt werden. Fehlt diese Unter-stützung, erhalten Sie in der Regel auf den Seiten Hinweise zur Installation.

Noch was...

Sie können Google-Maps nach Zusatzinformationen durchforsten und dort sehr detaillierte Karten des Zielgebiets abrufen.

1 Auf der Webseite YouTube (*www.youtube.com*) können Sie über ein Suchfeld nach vorhandenen Videos suchen und diese im Browser wiedergeben.

2 Die Fotoplattform Flickr (*www.flickr.com*) ermöglicht es Ihnen, nach Fotos zu suchen und (nach einer Anmeldung) auch eigene Fotos zu veröffentlichen.

3 Unter der Adresse *de.wikipedia.org* erhalten Sie Zugriff auf den deutschsprachigen Teil der Online-Enzyklopädie Wikipedia.

Das sollten Sie wissen…

Internetseiten bieten den Zugriff auf vielfältige Informationen und ermöglichen Ihnen, Fotos, Musik und Filme abzurufen.

Noch was…

Die Videowiedergabe bei YouTube erfordert das Zusatzmodul Adobe Flash. Bitten Sie bei Bedarf erfahrene Computernutzer, Sie bei der Installation zu unterstützen.

4 Die Adresse *www.ardmediathek.de* ermöglicht Ihnen den Zugriff auf Ausschnitte bereits ausgestrahlter oder die Vorschau auf kommende TV-Sendungen der ARD.

5 Um Internetradio zu hören, können Sie die Webseite *www.surfmusik.de* aufrufen. Bei Anwahl einer Radiostation erfolgt die Wiedergabe in einem separaten Fenster.

6 Hier noch einige Internetadressen zum Abrufen von Informationen und zur Unterhaltung.

www.focus.de

www.bunte.de

gutenberg.spiegel.de

www.teleauskunft.de

www.idealo.de

www.test.de

www.netdoktor.de

www.gesundheit.com

www.derChefkoch.de

www.livingathome.de

Was ist Adobe Flash?

Eine Technologie, um dynamische Inhalte (z. B. Videos) wiederzugeben. Ein Adobe Flash Player sorgt im Browser für die Wiedergabe von Flash-Inhalten.

Noch was...

Die ZDF-Mediathek lässt sich nur über die Internetseite *www.zdf.de* erreichen.

Noch was...

Bei der erstmaligen Wiedergabe von Internetradio müssen Sie im Browserfenster die Ausführung des Windows Media Player-Add-Ons zulassen.

1 Die Teilnahme an einem sozialen Netzwerk erfordert eine Registrierung beim jeweiligen Anbieter. Jedes Mitglied legt eine eigene Profilseite mit Informationen (beruflich, privat) über sich beim betreffenden Anbieter an.

Das sollten Sie wissen...

Soziale Netzwerke wie Xing, Facebook, Lokalisten, StudiVZ, Wer-kennt-wen etc. sind Angebote im Internet, bei denen sich die Mitglieder bei der jeweiligen Plattform untereinander vernetzen können.

Der Autor rät...

Prüfen Sie vor der Anmeldung an einem solchen Netzwerk, ob dieses für die eigenen Interessen passt. StudiVZ richtet sich eher an Studenten, bei den Lokalisten finden sich vorwiegend jüngere Leute und Xing dient der beruflichen Kontaktpflege.

2 Ein Teilnehmer kann andere Personen als »Bekannte« auswählen. Bestätigt diese Person dies, wird sie in eine »Ich kenne-Liste« aufgenommen.

3 Interessant sind die möglichen Vernetzungen über andere Personen – wer denkt, dass »Günter Born« z. B. »Angela Merkel« um drei Ecken kennt?

4 Meist lassen sich zwischen den Teilnehmern Nachrichten und andere Informationen austauschen.

Der Autor rät...

Geben Sie nur solche Informationen über sich und andere preis, die weder die Privatsphäre noch die Integrität gefährden. Telefonnummer, Adressen, allzu private Fotos etc. sind tabu.

Noch was...

Soziale Netzwerke ermöglichen es, alte Schulfreunde wiederzufinden und neue (berufliche) Kontakte aufzubauen.

Webadressen...

www.wer-kennt-wen.de
www.xing.de
www.facebook.com
www.lokalisten.de
www.studivz.de

Blogs – das eigene Internettagebuch

1 Blogs können sich verschiedenen Themen widmen und unterschiedlich gestaltete Seiten aufweisen.

2 Typisch für Blogs ist die Ablage der Beiträge nach dem Veröffentlichungsdatum. Ein Archivbereich am Seitenrand ermöglicht dann den Zugriff auf ältere Beiträge.

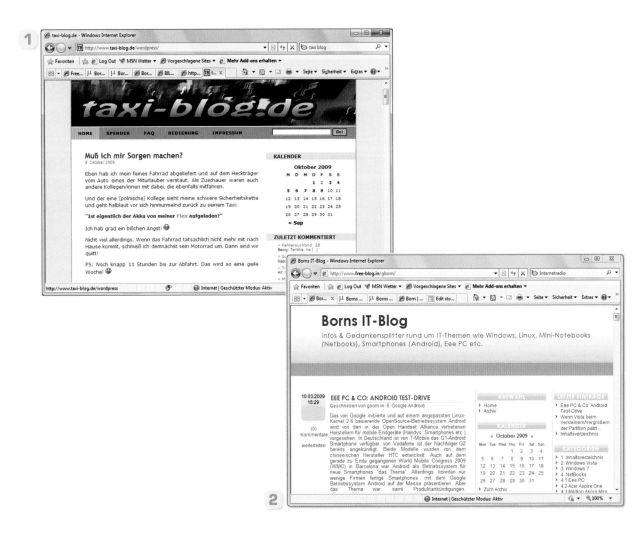

Das sollten Sie wissen...

Blog ist die Abkürzung für WebLog. Darunter versteht man das Führen einer Art von Webtagebuch, bei dem eine Person Beiträge auf einer Internetseite veröffentlicht. Dies können Gedanken, Erlebnisse, Kommentare zum Zeitgeschehen, Informationen und mehr sein.

Der Autor rät...

Lesen Sie vor der Registrierung eines Blogs die Geschäftsbedingungen des Anbieters und schauen Sie sich ggf. bereits bestehende Blogs an (z. B. welche Art Werbung dort geschaltet wird).

3 Nach der Anmeldung am Benutzerkonto lassen sich Blogbeiträge über einfache Formularseiten der Blogsoftware verfassen, formatieren und publizieren.

4 Hier ist der in Bild 3 eingegebene Text als Blogartikel zu sehen. Der Aufbau der Eingabeseiten und die Anzeige des Ergebnisses hängen vom Bloganbieter ab.

5 Twitter ist ein sogenannter Mikro-Blogging-Dienst mit Beiträgen von maximal 160 Zeichen, die durch sogenannte Follower (Abonnenten) mitgelesen werden.

Der Autor rät...

Achten Sie darauf, was Sie schreiben. Als Autor eines Blogs oder Beitrags sind Sie juristisch für dessen Inhalt verantwortlich bzw. haftbar.

Noch was...

Es gibt verschiedene Anbieter für kostenpflichtige oder kostenfreie Blogs. Kostenfreie Blogs werden häufig durch eingeblendete Werbung finanziert.

Webadressen...

www.blogger.de
www.free-blog.in
www.blogs.org
www.im-blog.de
www.twitter.com

1 Auf der Startseite *www.ebay.de* finden Sie aktuelle Angebote und am Seitenende eine Kategorienübersicht. In das Suchfeld lassen sich Stichwörter zur Auktionssuche eingeben.

2 Nach dem Aufruf einer Auktionsliste sehen Sie zu jedem Artikel den aktuellen Auktionspreis, die Restdauer sowie ggf. eine Bewertung des Verkäufers.

3 Auf der Detailseite einer Auktion finden Sie die Produktbeschreibung, Angaben zum Verkäufer (privat, gewerblich) sowie Informationen zur Bezahlung und zum Versand.

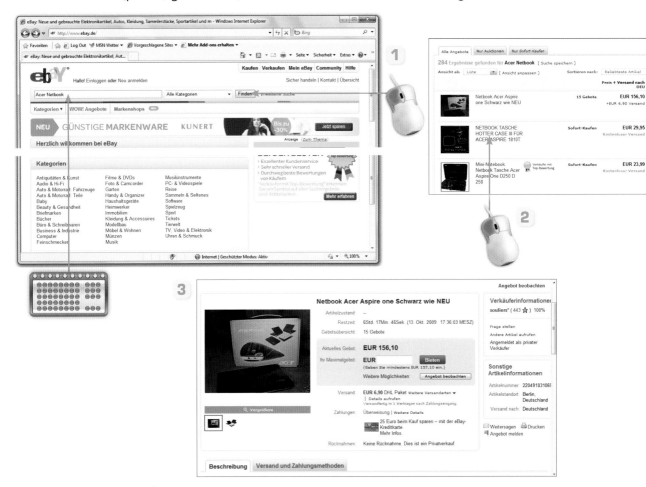

Das sollten Sie wissen...

eBay ist der bekannteste Internetanbieter zum Ersteigern und Versteigern von Sachen. Zur Teilnahme an Auktionen ist eine Registrierung bei eBay erforderlich.

Noch was...

Nach einem erfolgreichen Gebot erhalten Sie Hinweise vom Verkäufer, wie die Zahlung erfolgen soll und wie die Ware versandt wird. Bei Zahlungen über den Anbieter PayPal lesen Sie dessen Geschäftsbedingungen genau durch.

4 Klicken Sie in der Aktionsseite auf den Verkäufernamen, können Sie dessen Bewertungsseite einsehen.

5 Um ein Gebot abzugeben, müssen Sie bei eBay angemeldet sein. Dann tippen Sie das Maximalgebot in das betreffende Feld ein und klicken auf *Bieten*.

6 Artikel der Kategorie »Sofort kaufen« sind Festpreisangebote. Klicken Sie auf *Sofort kaufen*, wird das Angebot zum jeweiligen Preis erworben.

Der Autor rät ...

Um Fehlkäufe zu vermeiden, sollten Sie vor einem Gebot die Produktbeschreibung sowie Liefer- und Zahlungsbedingungen genau durchlesen.

Noch was...

Gegenseitige Bewertungen von Käufern und Verkäufern sollen vor Betrug schützen. Unrealistisch niedrige Preise sollten zur Vorsicht mahnen.

Der Autor rät...

Wegen der Abmahngefahr würde ich als Privatperson auf Verkäufe bei eBay eher verzichten oder mich zumindest sehr sorgfältig über rechtliche Fragen informieren.

1 Rufen Sie die Internetseite des Anbieters (hier *www.amazon.de*) im Browser auf und suchen Sie nach dem gewünschten Produkt.

2 Klicken Sie in der Übersicht auf den Hyperlink für das gewünschte Produkt, um zur Detailseite zu gelangen.

3 In der Detailseite mit der Produktbeschreibung klicken Sie auf die Bestellschaltfläche (*In den Warenkorb*, *In den Einkaufswagen* o. Ä.).

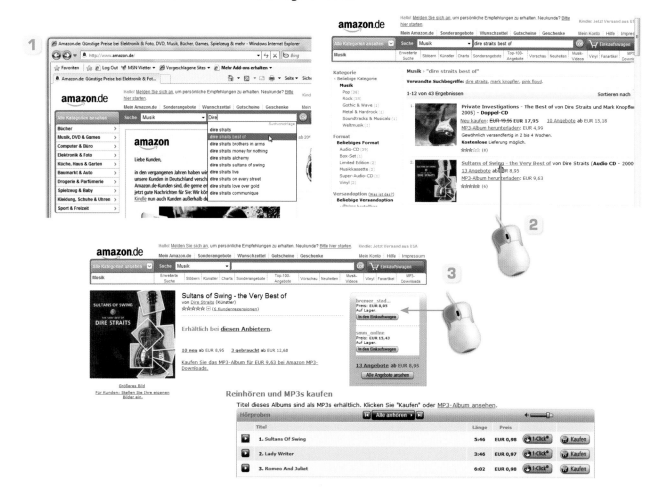

Das sollten Sie wissen...

Zwischenzeitlich gibt es eine Vielzahl von Firmen, die über Internetseiten (Onlineshops, Internetshops) Waren anbieten. Der Aufbau der Shopseiten variiert zwar, Bestellvorgänge verlaufen aber ähnlich wie beim Anbieter Amazon.

Der Autor rät...

Bestellungen sollten Sie nur bei bekannten Anbietern vornehmen. Die Qualitätssiegel Trusted Shops, TÜV-Süd, EHI Geprüfter Online-Shop oder IPS weisen seriöse Shops aus.

4 Sind alle Artikel zur Bestellung hinzugefügt, können Sie über eine Schaltfläche »zur Kasse gehen«, um Versand- und Zahlungsmodalitäten festzulegen.

5 In der Anmeldeseite müssen Sie den Benutzernamen sowie das Anmeldekennwort eingeben und auf die Anmeldeschaltfläche klicken.

6 Nach der erfolgreichen Anmeldung werden Sie durch verschiedene Bestellseiten geführt, in denen Sie Versandadresse, Zahlungsart bzw. -daten angeben und bestätigen.

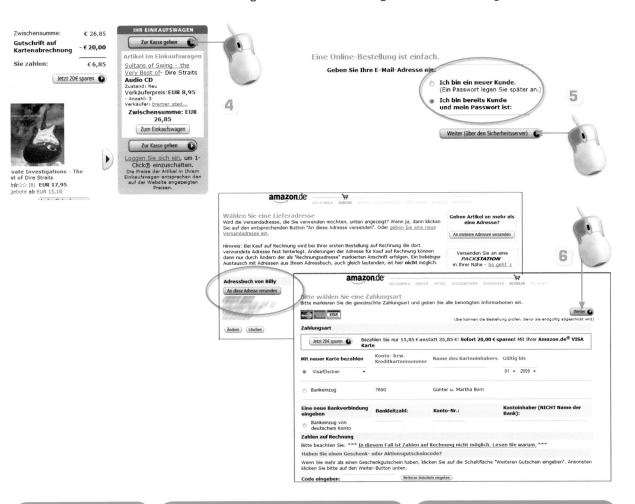

Noch was...	Der Autor rät...	Noch was...
Bei den meisten Anbietern sind Bestellungen erst nach einer Registrierung möglich.	Eine Zahlung »auf Rechnung« oder über Abbuchung ist für den Käufer am sichersten. Vorauskasse und Kreditkarten bergen gewisse Risiken, eine Lieferung per Nachnahme verursacht Zusatzgebühren.	Internetbestellungen sind rechtskräftig. Die allgemeinen Geschäftsbedingungen (AGB) des Anbieters informieren über Widerrufsrecht, Rücksendung, Gewährleistung etc.

Internetbanking – bequem, aber auch sicher?

1 Zum Onlinebanking (Internetbanking) geben Sie die Webadresse der Bank in den Browser ein, drücken ⏎ und klicken in der Bankingseite auf das Element zur Anmeldung.

2 Um Betrugsversuche zu verhindern, kontrollieren Sie, ob die Webadresse der Bankingseite auf den Vorspann *https* und das abrufbare Zertifikat auf die Bank ausgestellt ist.

3 Geben Sie in der Anmeldeseite die Benutzerkennung (z. B. Kontonummer) sowie die persönliche Identifikationsnummer (PIN) ein und klicken Sie auf *Anmelden*.

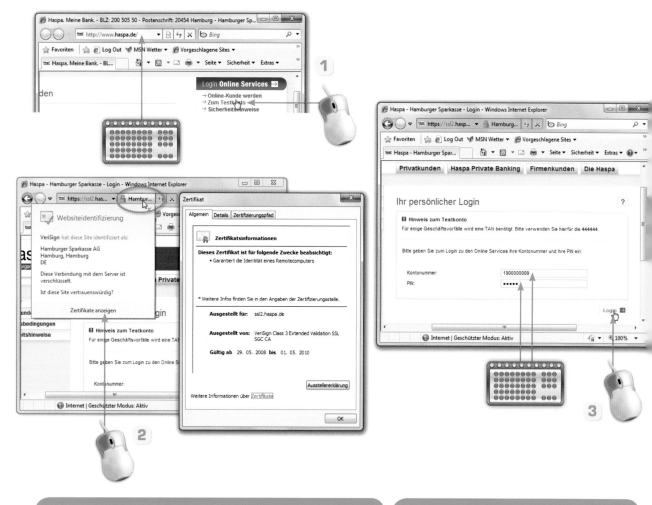

Das sollten Sie wissen...

Fast jede Bank ermöglicht ihren Kunden Internetbanking, d. h. die Möglichkeit, Konten über das Internet zu führen und Geldgeschäfte zu tätigen. Der Zugang zum Internetbanking wird in der Regel durch eine Kennung (z. B. Kontonummer) und eine persönliche Identifikationsnummer (PIN) abgesichert.

Noch was...

Bei Internetadressen mit dem Vorspann *https* werden alle Daten über eine abgesicherte (SSL-)Verbindung übertragen (siehe *www.haspa.de*).

4 Auf der Startseite erhalten Sie in der Regel eine Übersicht über den Finanzstatus aller Konten und können über Hyperlinks auf die einzelnen Funktionen zugreifen.

5 Über Formularseiten können Sie Aufträge wie Überweisungen etc. durchführen. Ein Auftrag muss über eine Transaktionsnummer (TAN) autorisiert werden.

6 Vergessen Sie nicht, sich am Ende einer Sitzung vom Onlinebanking abzumelden. Bei längerer Inaktivität meldet der Bankrechner den Benutzer automatisch ab.

Noch was…

Achten Sie darauf, dass Unbefugte nicht an die Zugangsdaten gelangen und der Rechner frei von Trojanern oder anderen Spionageprogrammen ist (siehe auch Kapitel 10).

Der Autor rät…

Auf der Internetseite *www. haspa.de* finden Sie in der rechten oberen Ecke einen Link *Zum Testkonto*, um Onlinebanking zu testen.

Noch was…

Per Post zugestellte TAN-Listen dürfen nicht in fremde Hände gelangen. Beim iTAN-Verfahren werden bestimmte TANs aus der Liste angefordert.

10

Internet- und Computersicherheit

1 Beim Download von Dateien (oder bei E-Mail-Anhängen) besteht die Gefahr, dass diese mit Viren, Trojanern oder anderen Schadfunktionen verseucht sind.

2 Starten Sie Programme, die sich auf dem Computer installieren, erscheint diese Sicherheitsabfrage. Betätigen Sie die *Ja*-Schaltfläche nur bei vertrauenswürdigen Programmen.

3 Ein aktuelles Virenschutzprogramm kann befallene Dateien bereits beim Öffnen bzw. Starten erkennen, blockieren, löschen oder in Quarantäne verschieben.

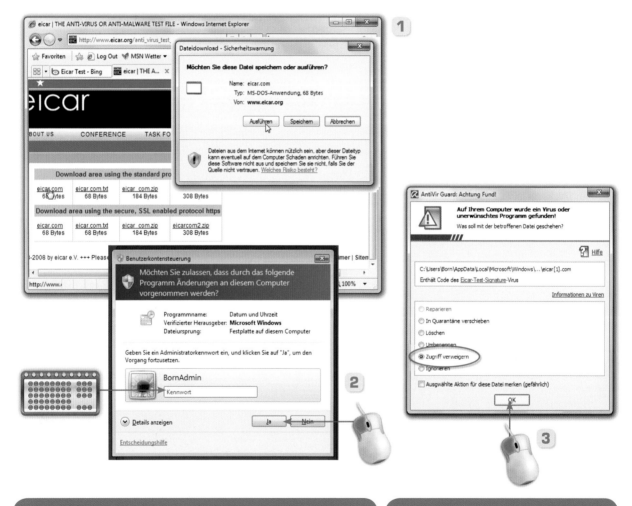

Das sollten Sie wissen...

Im Internet lauert die Gefahr, dass Sie Schadprogramme beim Besuch von Webseiten, beim Download von Dateien oder in E-Mail-Anhängen untergeschoben bekommen. Sie sollten die Gefahren kennen und geeignete Gegenmaßnahmen treffen.

Was sind Viren und Trojaner?

Schadprogramme, die bei Ausführung des befallenen Programms aktiv werden und Schäden auf dem Computer verursachen (Viren) oder Daten ausspähen (Trojaner).

4 Erscheint im Internet Explorer eine gelbe Informationsleiste, lassen Sie die geblockte Funktion nur dann zu, wenn Sie dieser vertrauen (z. B. Windows Media Player).

5 Für manche Webseiten (z. B. YouTube) muss zur Anzeige von Videos der Flash Player einmalig von der Adobe-Webseite heruntergeladen und installiert werden.

6 Wählen Sie im Internet Explorer den Befehl *Add-Ons verwalten* der Menüschaltfläche *Extras*, können Sie in einem Dialogfeld Add-Ons aktivieren bzw. deaktivieren.

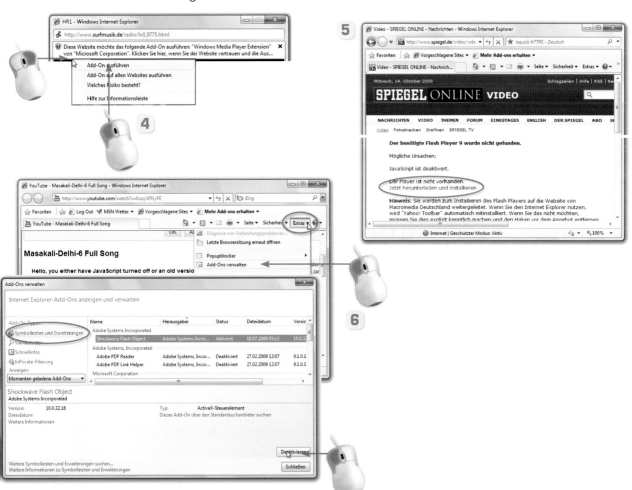

Der Autor rät...

Sie sollten Dateien nur von vertrauenswürdigen Internetseiten herunterladen und das System durch einen aktuellen Virenscanner (Seite 212) schützen lassen.

Der Autor rät...

Verlangt eine Webseite (Bild 4 und 5) die Installation eines Browserzusatzes (Add-On), gestatten Sie dies nur, wenn Sie dem Hersteller vertrauen.

Der Autor rät...

Halten Sie den Browser samt Add-Ons aus Sicherheitsgründen auf dem neuesten Stand und deaktivieren Sie unbenutzte Add-Ons (z. B. Adobe Flash).

7 Wird ein Add-On gebraucht, doppelklicken Sie auf das hier gezeigte Symbol in der Statusleiste, um die Add-On-Verwaltung (Bild 6) im Internet Explorer aufzurufen.

8 Bei der Eingabe vertraulicher Daten (Anmeldedaten, Bankdaten etc.) garantiert der *https*-Vorspann in der Adresse die SSL-Verschlüsselung der Verbindung (siehe Seite 196).

9 Ein Zertifikat ermöglicht die Überprüfung, von wem der *https*-Server betrieben wird. Bei fehlerhaften Zertifikaten blockiert der Browser den Zugriff auf die Webseite.

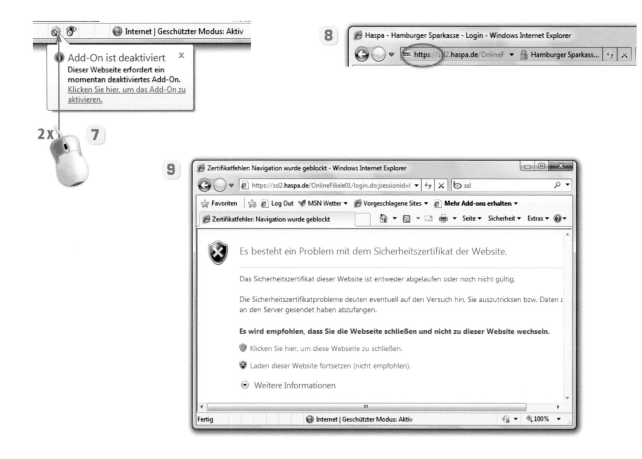

Durch Hyperlinks (Seite 204)

Das sollten Sie wissen...

Durch Hyperlinks (Seite 204) kann man auf gefälschte oder obskure Webseiten umgeleitet werden. Sie müssen sich daher vor der Gefahr schützen, dass auf Internetseiten eingegebene Daten (z. B. Zugangsdaten) abgefangen oder ausgespäht werden.

Was ist SSL-Verschlüsselung?

Abkürzung für Secure Sockets Layer, ein Verfahren, um Daten u. a. von Webseiten sicher (d. h. verschlüsselt) zu übertragen.

10 Erscheinen diese Dialogfelder, sollten Sie das Speichern von Kennwörtern und ggf. auch die AutoVervollständigen-Funktion für Webformulare über *Nein* blockieren.

11 Um die AutoVervollständigen-Einstellungen anzupassen, wählen Sie im Menü der Schaltfläche *Extras* den Befehl *Internetoptionen*.

12 Klicken Sie auf der Registerkarte *Inhalte* unter *AutoVervollständigen* auf *Einstellungen*, passen Sie im Dialogfeld die Einstellungen an und klicken Sie auf *OK*.

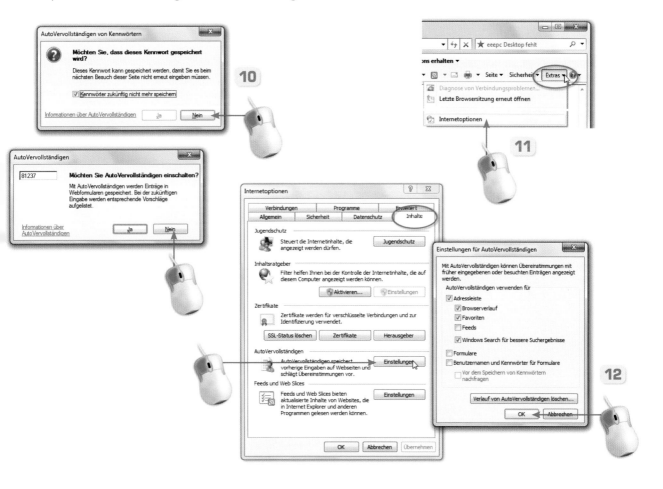

1 E-Mail-Programme sortieren unerwünschte Werbe-E-Mails (als Spam bezeichnet) in separate Ordner, die mit *Junk-E-Mail*, *Spam* oder ähnlich bezeichnet werden.

2 Öffnen Sie eine Phishing-E-Mail, erkennen manche E-Mail-Programme dies und melden den Betrugsversuch. Solche Nachrichten sind sofort im E-Mail-Programm zu löschen.

3 In dieser E-Mail versuchen Betrüger, den Empfänger auf eine gefälschte Webseite zu locken, um die Zugangsdaten zum Postbank-Konto auszukundschaften.

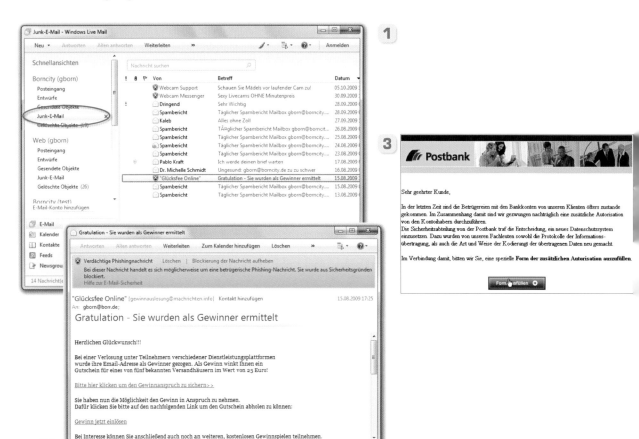

Das sollten Sie wissen...

Über Phishing-Mails versuchen Betrüger, Sie auf gefälschte Webseiten zu locken und dort vertrauliche Informationen wie Zugangsdaten für Internetbanking, TANs, Kontendaten etc. abzufragen.

Was bedeutet Phishing?

Ein Ansatz, über fingierte Nachrichten mit sozialer Ansprache (z. B. Bitte um Bestätigung einer unklaren Kontoabbuchung) Benutzer zur Preisgabe sensibler Anmeldedaten für Internetkonten zu bewegen.

4 E-Mail-Programme blenden die Adresse beim Zeigen auf den Hyperlink zwar ein. Aber ähnlich geschriebene Adressen fallen häufig nicht auf.

5 Verdächtige Webseiten werden im Browser durch einen Phishing-Filter (Internet Explorer 8 als SmartScreen-Filter bezeichnet) erkannt und blockiert.

6 Den SmartScreen-Filter des Internet Explorers können Sie über den Befehl *SmartScreen-Filter* der Menüschaltfläche *Sicherheit* ein- bzw. ausschalten.

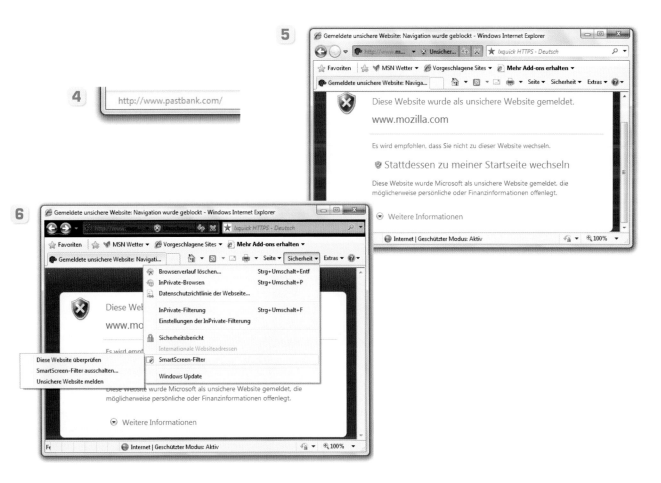

Der Autor rät...

Geben Sie die Adresse von Webseiten zur Anmeldung an Konten (Bank, E-Mail etc.) selbst in den Browser ein, statt diese über einen per E-Mail zugesandten Hyperlink aufzurufen.

Der Autor rät...

Wichtig ist, dass Sie Updates für Windows und benutzte Programme (Seite 210) installieren, da dubiose Webseiten Schwachstellen im Browser oder in Windows ausnutzen, um Schadfunktionen oder Spionagefunktionen zu installieren.

Nervende Werbeeinblendungen verhindern

1 Beim Anklicken eines Hyperlinks geöffnete Werbefenster lassen sich nicht unterbinden.

2 Das automatische Öffnen von Werbefenstern beim Aufruf einer Webseite wird dagegen vom Popupblocker verhindert und in einer gelben Informationsleiste angezeigt.

3 Klicken Sie auf die Informationsleiste, können Sie über das eingeblendete Menü Popups zulassen, den Popupblocker abschalten oder dessen Einstellungen anpassen.

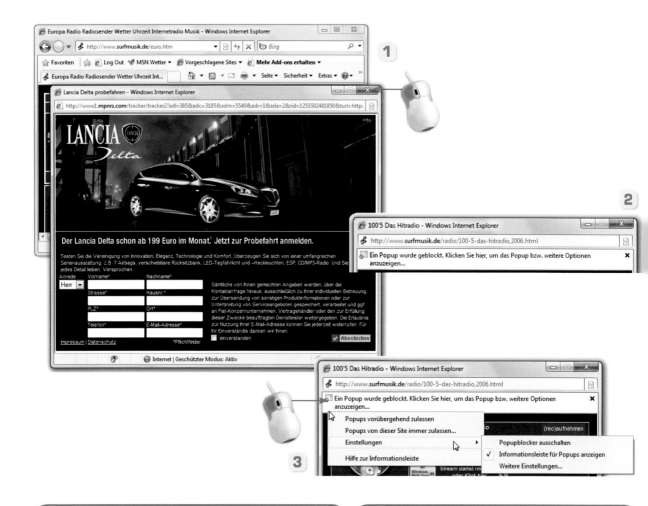

Das sollten Sie wissen...

Viele Internetangebote werden über Werbeanzeigen auf den Seiten finanziert, was in Ordnung ist. Nervend sind aber Werbefenster, die beim Abrufen einer Webseite geöffnet oder vor dem Text eingeblendet werden.

Noch was...

Manchmal sind die Werbefenster trickreich gestaltet und eine mit *Schließen* beschriftete Schaltfläche öffnet ein neues Fenster. Achten Sie beim Schließen der Werbeeinblendung darauf, dass nichts installiert wird (siehe Seite 200).

4 Besonders nervend ist Werbung, die sich beim Aufruf der Webseite vor deren Inhalt schiebt und über die *Schließen*-Schaltfläche ausgeblendet werden muss.

5 Wählen Sie dann den Befehl *Internetoptionen* der Menüschaltfläche *Extras*, markieren Sie auf der Registerkarte *Sicherheit* »Eingeschränkte Sites« und klicken Sie auf *Sites*.

6 Klicken Sie auf die *Hinzufügen*-Schaltfläche, um die aktuelle Website in die Sperrliste aufzunehmen, und schließen Sie das Dialogfeld sowie die Registerkarte.

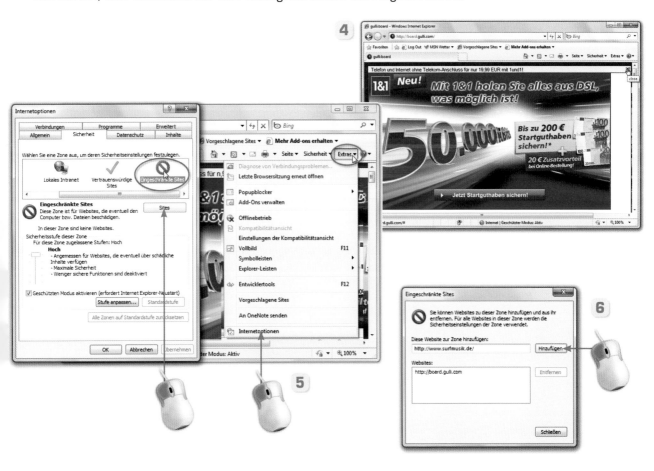

Was ist eine Website?

Alle unter einer Internetadresse (z. B. *www.microsoft.com*) erreichbaren Webseiten.

Noch was...

Der Schritt 6 erhöht die Sicherheitseinstellungen für die Website und blockiert dabei die Befehle zum Einblenden der Werbung.

1 Zur Cookieverwaltung wählen Sie den Befehl *Internetoptionen* der Menüschaltfläche *Extras* und klicken auf der Registerkarte *Datensicherheit* auf *Erweitert*.

2 Passen Sie die Optionen im Dialogfeld *Erweiterte Einstellungen* wie hier gezeigt an. Schließen Sie Dialogfeld und Registerkarte über die *OK*-Schaltflächen.

3 Erscheint beim Surfen eine Datenschutzwarnung, markieren Sie das Kontrollkästchen und lassen Cookies global für die Website über Schaltflächen zu oder blockieren diese.

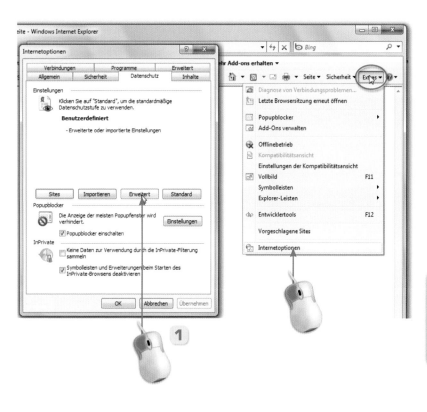

Das sollten Sie wissen...

Beim Surfen im Internet entstehen Datenspuren auf dem Computer (z. B. im Verlauf, siehe Seite 175) und im Internet. Cookies dienen z. B. zur Verwaltung eines Warenkorbs in Onlineshops, ermöglichen es aber auch, Informationen über Benutzer zu sammeln.

Was sind Cookies?

Vom Webserver über den Browser zur Datenspeicherung angelegte Dateien auf dem Computer des Benutzers.

4 Wurde eine Website blockiert, die Cookies braucht, klicken Sie auf der Registerkarte *Daten-schutz* (Bild 1) auf *Sites*, markieren den Eintrag und klicken auf *Entfernen*.

5 Um keine Surfspuren auf dem PC zu hinterlassen, wählen Sie im Menü der Schaltfläche *Sicherheit* den Befehl *InPrivate-Browsen*.

6 In einem neuen Fenster lässt sich dann wie gewohnt surfen, wobei dann keine Daten über die Sitzung im Browser aufgezeichnet werden.

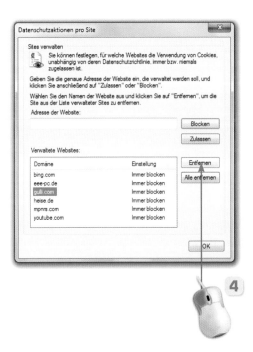

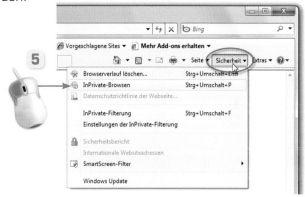

Der Autor rät...

Löschen Sie den Browserverlauf (Seite 175, Schritt 6), suchen Sie mit Ixquick (Seite 179), vermeiden Sie die Preisgabe privater Daten im Internet, blockie-ren Sie Cookies und arbeiten Sie ggf. im »InPrivate-Modus«, um die Privatsphäre zu schützen.

Noch was...

Zum Abschalten von Flash-Cookies lässt sich der Einstellungsmanager auf der Webseite *www.macromedia.com/support/documentation/de/flashplayer/help/settings_manager03.html* abschalten.

1 Klicken Sie in der Taskleiste auf die eventuell angezeigte QuickInfo mit dem Hinweis auf neue Updates oder rufen Sie Windows Update über das Startmenü auf.

2 Zum Installieren wählen Sie in der *Windows Update*-Seite die Schaltfläche *Updates installieren* und bestätigen die Sicherheitsnachfrage der Benutzerkontensteuerung.

3 Über die Hyperlinks *xx Updates sind verfügbar* (Bild 2) können Sie diese Seite öffnen und einzelne Updates durch Deaktivieren der jeweiligen Kontrollkästchen zurückstellen.

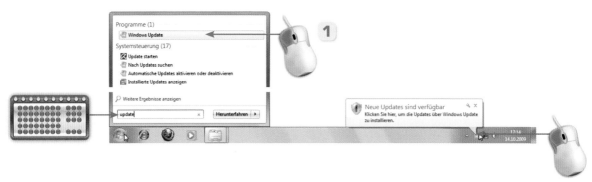

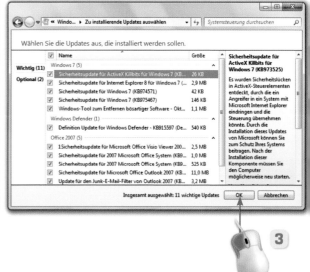

Das sollten Sie wissen...

Damit Fehler und behobene Sicherheitslücken in Windows und in Programmen nicht ausgenutzt werden können, müssen Sie die von den jeweiligen Herstellern bereitgestellten Aktualisierungen (als Updates bezeichnet) einspielen.

Was ist die Benutzerkontensteuerung?

Eine Windows-Funktion, die vor Änderungen am System eine Bestätigung des Benutzers anfordert.

4 Ist die Update-Seite geschlossen, informieren QuickInfos Sie über den Updateablauf. Je nach Update erscheint zudem eine Aufforderung, einen Neustart auszuführen.

5 Über den Befehl *Einstellungen ändern* der Aufgabenleiste öffnen Sie die Einstellseite, um den Updatemodus und dessen Umfang festzulegen.

6 Manche Programme (z. B. Firefox) suchen selbst nach Updates. Oder Sie finden einen Updatebefehl im Hilfemenü.

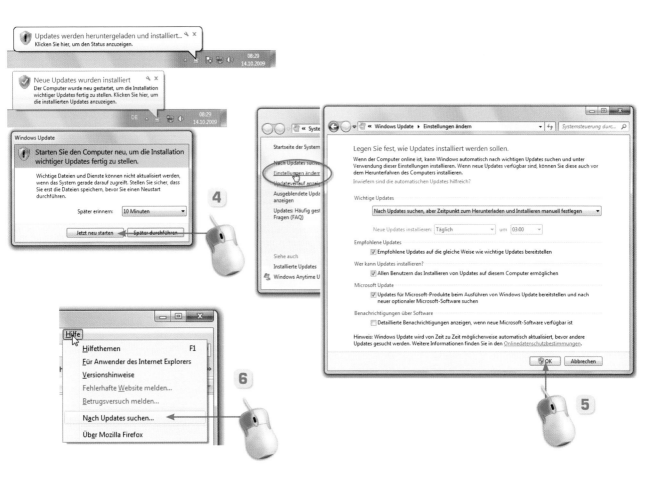

Noch was…

Besteht eine Onlineverbindung, sucht Windows in regelmäßigen Abständen nach Updates und lädt bzw. installiert diese in der Standardeinstellung automatisch.

Noch was…

Über die linke Spalte (Aufgabenleiste) der Seite *Windows Update* können Sie gezielt nach Updates suchen, Einstellungen ändern etc.

Noch was…

Windows Update kann auch Microsoft-Programme (z. B. Office) automatisch aktualisieren.

Schutz gegen Viren und Malware

1 Starten Sie Microsoft Security Essentials per Desktopsymbol oder Startmenü. Über die Seite *Einstellungen* legen Sie die Optionen fest. Die Schaltfläche *Jetzt überprüfen* der Startseite aktiviert die Virenprüfung. Die Seite zeigt auch den Sicherheitsstatus.

2 Der Virenscanner wird über eine Internetverbindung automatisch aktualisiert und zeigt bei einer Prüfung des Systems auf Viren den Status an.

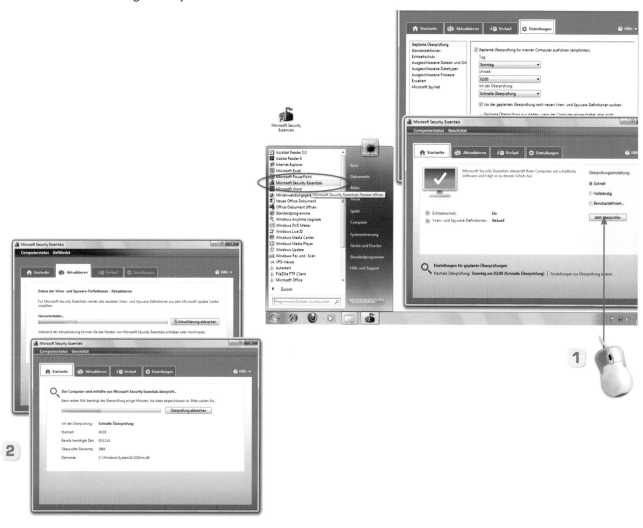

Das sollten Sie wissen...

Um sich vor Viren, Trojanern und Malware (Software mit unerwünschten Funktionen) in Dateien zu schützen, sollte unbedingt ein Virenscanner (z. B. das kostenlose Microsoft Security Essentials, *www.microsoft.com/security_essentials*) installiert und aktuell gehalten werden.

Weitere Virenscanner...

www.free-av.de   AntiVir Personal Free
www.avast.com   avast! Home Edition
free.avg.com   AVG Anti-Virus Free

3 Zugriffe auf Dateien, die Viren, Trojaner etc. enthalten, werden durch das Virenschutzprogramm blockiert. Ein Dialogfeld ermöglicht das Entfernen der Datei.

4 Der in Windows enthaltene Windows Defender lässt sich über das Startmenü aufrufen. Im Programmfenster finden Sie Elemente, um das Programm zu aktualisieren, die Prüfung zu beginnen oder Einstellungen anzupassen.

Noch was...

Je nach Virenscanner kann eine befallene Datei gelöscht oder in einen Quarantänebereich (zur späteren Analyse) isoliert werden.

Noch was...

Der Windows Defender prüft den Computer auf Spionagesoftware, nicht jedoch auf Viren. Manche Virenschutzprogramme schalten den Defender ab.

1 Sicherheitsprobleme und deren Dringlichkeit signalisiert das Wartungscenter durch ein Symbol in der Taskleiste. Durch Zeigen auf das Symbol lässt sich eine QuickInfo und durch Klicken eine Detailseite einblenden.

2 Der Hyperlink *Wartungscenter öffnen* (Bild 1) öffnet die Übersichtsseite des Wartungscenters mit Details zu den einzelnen Sicherheitsproblemen. Über die angezeigten Schaltflächen können Sie Sicherheitsprobleme beheben oder Änderungen vornehmen.

3 Zum Zugriff auf die Firewall tippen Sie in das Suchfeld des Startmenüs »Fire« ein und klicken dann auf *Windows-Firewall*.

4 Ist die Firewall ausgeschaltet, klicken Sie auf die Schaltfläche *Empfohlene Einstellungen*.

5 Über den Hyperlink *Windows-Firewall ein-/ausschalten* (Bild 4) können Sie auf dieser Seite die Firewall-Optionen anpassen. Klicken Sie dann auf die *OK*-Schaltfläche.

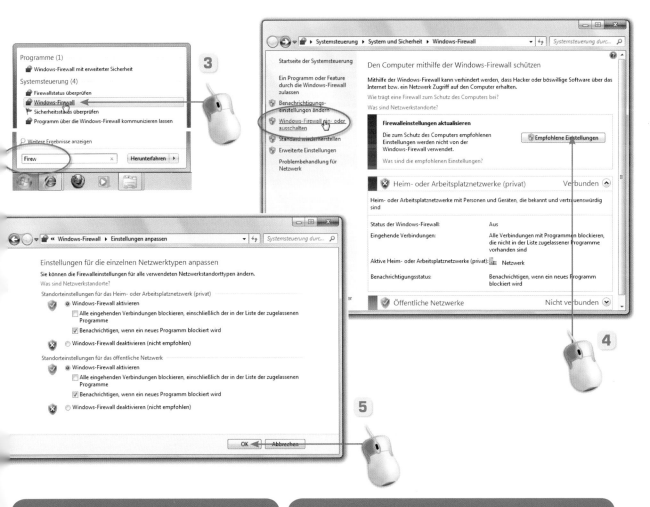

Noch was...

Im Wartungscenter rot markierte Einträge zeigen akute Gefahr an, gelbe Balken signalisieren, dass eine verringerte Sicherheit vorliegen könnte.

Der Autor rät...

Die Konfigurierung der Firewall über *Erweiterte Einstellungen* ist nur etwas für erfahrene Anwender. Sie sollten dort nichts ändern, sondern lediglich sicherstellen, dass die Windows-Firewall immer eingeschaltet ist.

11

E-Mail, Kontakte und Termine

1 Auf dem E-Mail-Server gibt es für jedes E-Mail-Konto einen Postausgang zum Versenden von Nachrichten und einen Posteingang zum E-Mail-Empfang.

2 Der Zugriff auf das eigene Postfach ist bei vielen Providern per Browser (Seite 220) über Webseiten möglich, erfordert aber eine ständige Internetverbindung.

3 Sie können ein eigenes E-Mail-Programm zur Postbearbeitung verwenden (Seite 222 ff.). Dann lassen sich E-Mails vom E-Mail-Server holen und offline lesen bzw. schreiben.

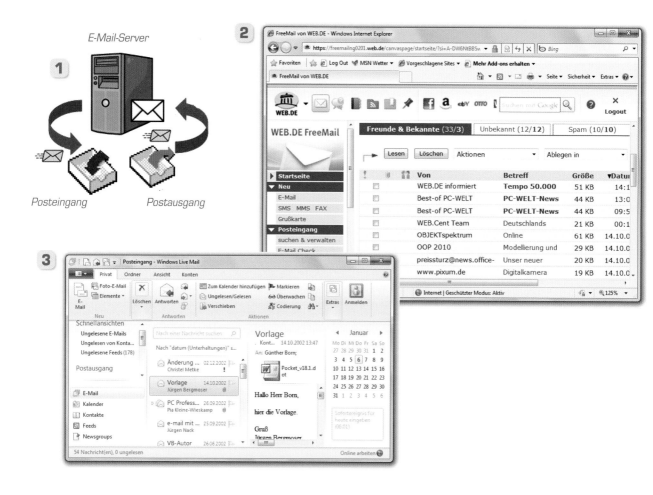

Das sollten Sie wissen...

Um elektronische Post (E-Mail) empfangen und versenden zu können, benötigen Sie eine E-Mail-Adresse. Diese setzt ein sogenanntes E-Mail-Konto bei einem entsprechenden Anbieter (Provider) auf einem E-Mail-Server voraus.

Was ist ein E-Mail-Server?

Ein Rechner im Internet, auf dem E-Mail-Postfächer eingerichtet sind. Er stellt von anderen Servern eintreffende Mails dem Postfach des jeweiligen Empfängers zu. Zudem werden E-Mails aus dem Postausgang an andere Server versandt.

4 Besitzen Sie noch keine E-Mail-Adresse, können Sie ein kostenloses Postfach bei einem Freemail-Anbieter wie beispielsweise WEB.DE (*www.web.de*) beantragen.

5 In Formulare müssen Sie Ihren Namen und ggf. weitere Daten eintragen sowie eine weltweit eindeutige E-Mail-Adresse wählen, um die E-Mail-Anmeldedaten zu erhalten.

6 Hier finden Sie Anbieter kostenloser E-Mail-Postfächer.

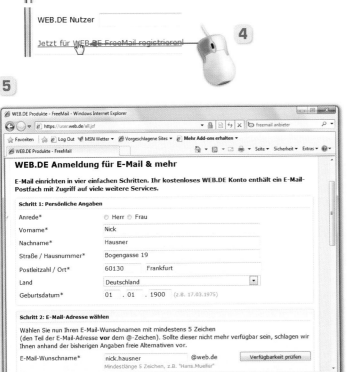

Freemail-Anbieter

www.web.de	WEB.DE-Mail
www.freenet.de	FreenetMail
mail.google.com	Google Mail
www.yahoo.de	Yahoo! Mail
www.arcor.de	Arcor PIA basic

Was ist Freemail?

Ein kostenloses Angebot für ein E-Mail-Postfach bei einem sogenannten Freemail-Anbieter.

Noch was...

Eine E-Mail-Adresse besitzt die Form *name@xxx.com*. Der Teil vor dem @ ist frei wählbar (Buchstaben ohne Umlaute, Ziffern und Trennzeichen). Der zweite Teil *xxx.com* ist die Kennung des Providers.

Der Autor rät...

Eine E-Mail-Adresse sollte einfach zu schreiben sein, um Tippfehler zu vermeiden.

Das E-Mail-Postfach im Browser

1 Rufen Sie die Anmeldeseite des Postfachs im Browser auf, geben Sie den Benutzernamen samt Kennwort ein und klicken Sie auf die Anmeldeschaltfläche.

2 In der Übersichtsseite des E-Mail-Kontos finden Sie am linken oder oberen Rand des Dokumentbereichs Hyperlinks zum Zugriff auf die E-Mail-Funktionen.

3 E-Mails lesen Sie, indem Sie den Posteingang wählen und dann auf eine der eingetroffenen E-Mails klicken.

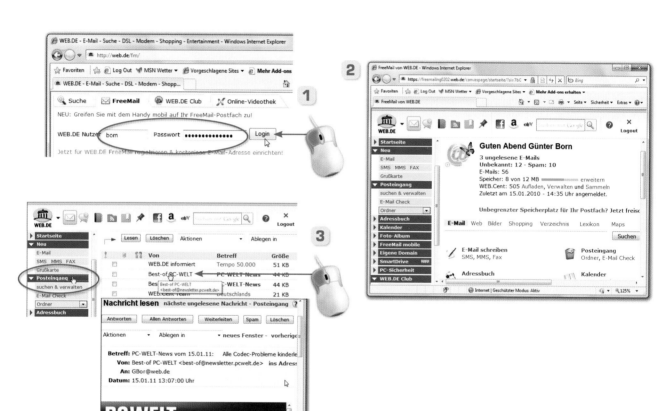

Das sollten Sie wissen...

Bei einem Postfach mit HTML-Mail-Zugang reicht ein Browser aus, um E-Mails zu lesen bzw. zu schreiben. Allerdings muss der Rechner während dieser Tätigkeiten ständig online sein.

Noch was...

Manche Anbieter filtern eintreffende E-Mails und sortieren diese im Posteingang nach drei Kategorien: bekannte Absender, unbekannte Absender und unerwünschte Werbung (Spam).

4 Für eine neue E-Mail klicken Sie auf den betreffenden Befehl, tragen die E-Mail-Adresse des Empfängers, den Betreff und den Text ein und klicken auf die *Senden*-Schaltfläche.

5 Zum Beantworten oder Weiterleiten einer geöffneten E-Mail klicken Sie auf die betreffende Schaltfläche, ergänzen die notwendigen Angaben und klicken auf *Senden*.

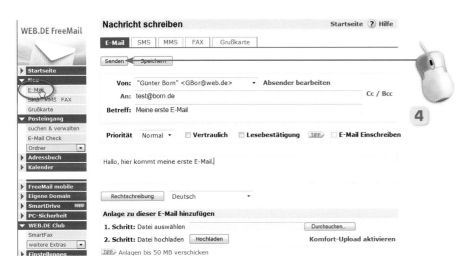

Noch was...	Der Autor rät...	Noch was...
Auf der Webseite finden Sie auch Schaltflächen, um E-Mails zu löschen. Der Ausdruck funktioniert wie bei normalen Webseiten.	Beim Eintippen der E-Mail-Adresse des Empfängers ist die korrekte Schreibweise wichtig, da die Nachricht sonst nicht zustellbar ist.	Beim Beantworten ist bereits die E-Mail-Adresse des Empfängers vorhanden, während Sie beim Weiterleiten den Empfänger selbst eintragen müssen.

Ein E-Mail-Programm installieren

1 Um Windows Live Mail verwenden zu können, rufen Sie die Webseite *www.windowslive.de* auf und laden die Windows Live Essentials herunter.

2 Doppelklicken Sie auf die heruntergeladene Datei *wlsetup-web.de* und bestätigen Sie die Sicherheitsabfrage des Betriebssystems.

3 Befolgen Sie die Anweisungen des Installationsprogramms. Im hier gezeigten Dialogfeld markieren Sie den Eintrag für Windows Live Mail und klicken auf *Installieren*.

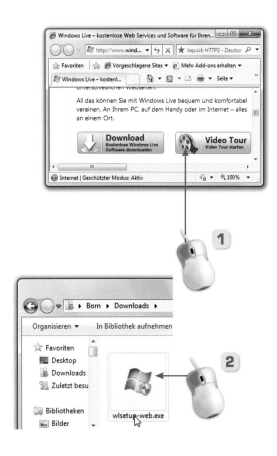

Das sollten Sie wissen…

Komfortabler lassen sich E-Mails mit einem E-Mail-Programm (E-Mail-Client) wie Microsoft Outlook aus Office oder dem kostenlosen Windows Live Mail erstellen, lesen und bearbeiten.

Noch was…

Bei der Installation lädt der Assistent die benötigten Programme aus dem Internet nach. Über die *Weiter*-Schaltfläche gelangen Sie zum nächsten Installationsschritt.

4 Nach der Installation können Sie Windows Live Mail über einen Eintrag im Startmenü aufrufen.

5 Klicken Sie in der linken unteren Ecke des Windows Live Mail-Fensters auf den Eintrag *E-Mail*. Wechseln Sie danach im Menüband zur Registerkarte *Ansicht*.

6 Passen Sie in der Gruppe *Layout* die Optionen für den Lesebereich wie hier gezeigt an.

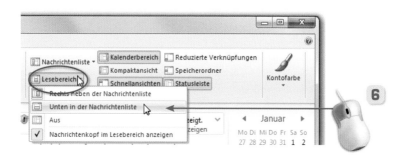

Noch was...

Die Abfrage einer Live ID können Sie übergehen, da die Anmeldung bei Windows Live nicht unbedingt erforderlich ist.

Noch was...

Das beim ersten Start eingeblendete Dialogfeld zum Einrichten des E-Mail-Kontos können Sie abbrechen.

Noch was...

Die Anzeige des Lesebereichs unterhalb der Nachrichtenliste (Schritt 6) ist optional. Sie bewirkt die nachfolgend verwendete Darstellung im Windows Live Mail-Fenster.

Windows Live Mail einrichten

1 Wählen Sie im Menüband des Windows Live Mail-Fensters die Registerkarte *Konten* und klicken Sie dann auf die Schaltfläche *E-Mail*.

2 Tragen Sie in das Dialogfeld des Assistenten die E-Mail-Adresse, das Benutzerkennwort sowie den Anzeigenamen des Kontos ein und klicken Sie auf die *Weiter*-Schaltfläche.

3 Erscheint das oben rechts sichtbare Dialogfeld, tragen Sie die Zugangsdaten des E-Mail-Servers ein und klicken auf *Weiter*. Im letzten Dialogfeld klicken Sie auf *Fertig stellen*.

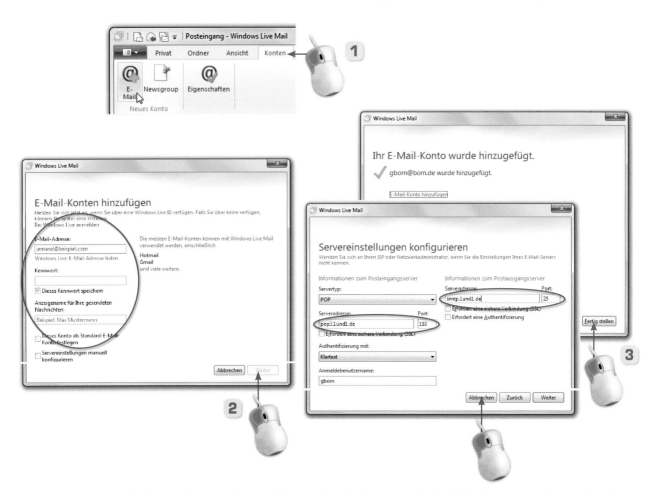

Das sollten Sie wissen...

Windows Live Mail muss einmalig eingerichtet werden. Dabei werden die Zugangsdaten für die gewünschten E-Mail-Konten eingetragen und ggf. weitere Anpassungen vorgenommen. Lassen Sie das Einrichten eventuell durch einen erfahrenen Freund oder Bekannten vornehmen.

Noch was...

Die Zugangsdaten für das E-Mail-Konto finden Sie normalerweise auf den Webseiten des Anbieters Ihres E-Mail-Kontos.

4 Klicken Sie auf die *Windows Live Mail*-Schaltfläche und wählen Sie den Befehl *Optionen/ E-Mail* im Menü. Passen Sie die Optionen der Registerkarten *Allgemein* und *Senden* wie hier gezeigt an und klicken Sie dann auf die *OK*-Schaltfläche.

5 Der Befehl *Eigenschaften* im Kontextmenü des E-Mail-Kontos ermöglicht Ihnen, die Konteneinstellungen zu kontrollieren und nachträglich anzupassen. Der Kontextmenübefehl *Konto entfernen* löscht ein Konto samt Inhalt.

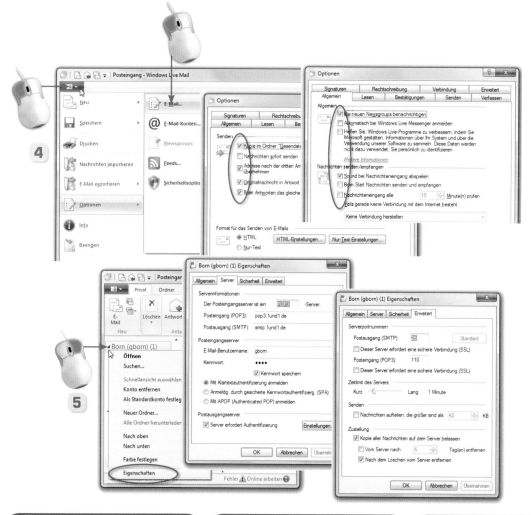

Noch was...

Bei Freemail-Konten von WEB.DE etc. wird das Kontrollkästchen *Servereinstellungen für das E-Mail-Konto manuell konfigurieren* (Bild 2) nicht markiert.

Noch was...

Schritt 4 ist optional und schaltet das automatische Senden/ Abholen von E-Mails ab (keine ständige Internetverbindung mehr erforderlich).

Was sind POP3, SMTP, IMAP?

Dies sind Standards, um Nachrichten mit E-Mail-Servern auszutauschen.

1 Ist die Kategorie *E-Mail* gewählt, werden in der linken Spalte die eingerichteten E-Mail-Konten mit Nachrichtenordnern für Posteingang, Entwürfe etc. aufgelistet.

2 Klicken Sie in der linken Spalte auf einen Ordner (z. B. *Posteingang*), wird dessen Inhalt rechts in der Nachrichtenliste aufgeführt.

3 Wählen Sie einen Eintrag in der Nachrichtenliste, wird dessen Inhalt im Lesebereich des Fensters angezeigt.

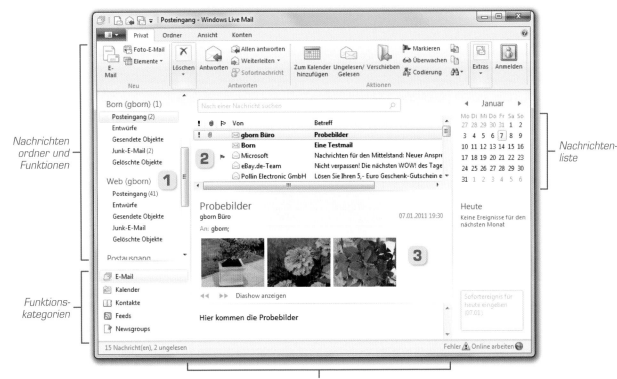

Nachrichten ordner und Funktionen

Nachrichten-liste

Funktions-kategorien

Lesebereich für aktuelle Nachricht

Das sollten Sie wissen...

Windows Live Mail unterstützt mehrere Funktionen (E-Mail, Kalender, Kontakte etc.), die über Symbole im unteren Bereich der linken Spalte abgerufen werden.

Noch was...

Im Ordner *Junk-E-Mail* werden automatisch Werbe-mails (Spam) einsortiert. *Gesendete Objekte* enthält Kopien verschickter Nachrichten. In *Entwürfe* kommen Mails, die noch nicht verschickt werden sollen.

4 In der Nachrichtenliste erkennen Sie sofort die Bedeutung der Symbole. Am rechten Fensterrand wird optional die Kalenderspalte eingeblendet. Fensterelemente wie Menüband oder Symbolleiste für den Schnellzugriff kennen Sie bereits aus Microsoft Word (Seite 86).

!	📎	🏳	Von	Betreff	Datum ▾
			Günter Born	Täglicher Spambericht Mailbox	16.01.2011 04:49
	📎		**G.Born**	Re: Senioren-Buch auch für Ubuntu Linux?	15.01.2011 15:13
			Gila Griesbach	ASUS Presseinformation: ASUS Eee Family Neuh...	15.01.2011 11:13
⬇			Ellissen, Birgit	AW: Kapitel 10 Computer ganz leicht	15.01.2011 09:59
!	📎	🏳	Georg Weiherer	Fw: Kapitel 8 Computer ganz leicht zurück	14.01.2011 17:15

Bedeutung der Symbole

Symbol	Beschreibung	Bedeutung
✉	Briefsymbol geöffnet	Nachricht gelesen
✉	Briefsymbol geschlossen	Nachricht ungelesen
✉	Violetter Pfeil nach links	Nachricht wurde beantwortet
✉	Grüner Pfeil nach rechts	Nachricht wurde weitergeleitet
📎	Briefklammer	Nachricht mit Anhang
!	Rotes Ausrufezeichen	Nachricht hat hohe Priorität
⬇	Blauer Pfeil	Nachricht mit niedriger Priorität
🏳	Fähnchen	Nachricht gekennzeichnet

Noch was...

Der Lesebereich lässt sich ausblenden, und die Nachrichtenliste besitzt nur dann die hier gezeigte Form, wenn Windows Live Mail entsprechend der Seite 223 eingerichtet ist.

Noch was...

Der Vorsatz »Re:« oder »AW:« im Betreff signalisiert eine beantwortete E-Mail, während »FW:« oder »WG:« für eine weitergeleitete Nachricht steht. Durch Anklicken der 3. Spalte wird das Fähnchen gesetzt bzw. entfernt.

1 Besteht eine Internetverbindung, klicken Sie auf der Registerkarte *Privat* des Menübands auf die Schaltfläche *Senden/Empfangen* und wählen ggf. den gewünschten Menübefehl.

2 Erscheint dieses Dialogfeld, müssen Sie fehlerhafte Zugangsdaten (Benutzername, Kennwort) korrigieren und über *OK* bestätigen.

3 Dieses Statusfenster erscheint bei Fehlern oder durch Anklicken der rechten Ecke der Statusleiste. Die Schaltfläche *Details* erweitert das Dialogfeld, sodass Sie auf den Registerkarten *Aufgaben* bzw. *Fehler* Genaueres erfahren können.

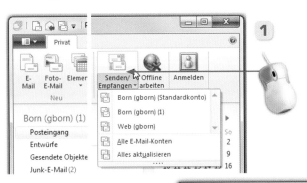

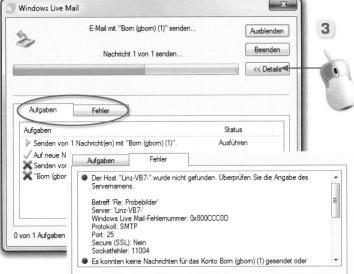

Das sollten Sie wissen...

Bei abgeschaltetem automatischem Nachrichtenversand (Seite 225, Bild 4) können Sie Windows Live Mail gezielt zum Synchronisieren von Postfächern anweisen, um neue E-Mails abzuholen und geschriebene Nachrichten zu versenden.

Noch was...

In Klammern rechts neben den Ordnern angezeigte Nummern (Bild 1) geben die Anzahl ungelesener E-Mails an.

4 Um eine eingetroffene E-Mail zu lesen, klicken Sie in der linken Spalte den Ordner *Posteingang* des Postfachs an und wählen in der Nachrichtenliste die Nachricht.

5 Ein Doppelklick auf einen Eintrag der Nachrichtenliste (Bild 4) öffnet die Mail in einem separaten Nachrichtenfenster.

6 Zum Drucken klicken Sie im Nachrichtenfenster auf die *Windows Live Mail*-Schaltfläche und wählen den Befehl *Drucken*. Wählen Sie die Druckoptionen und betätigen Sie die *Drucken*-Schaltfläche im Dialogfeld.

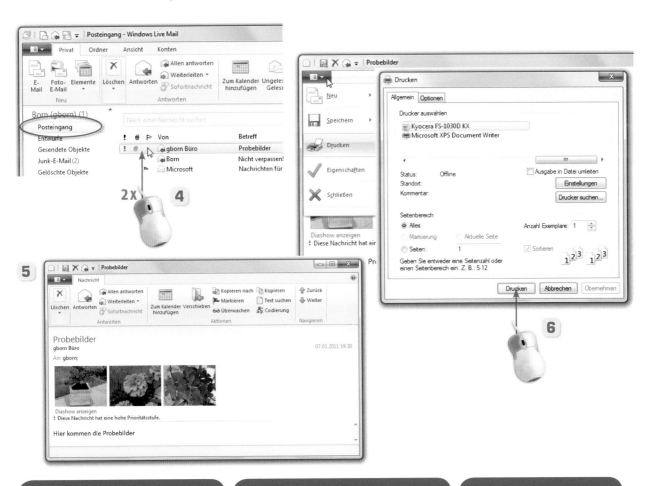

Noch was...

Manche Freemail-Postfächer lassen sich nur alle 15 Minuten abfragen. Dann können bei zu schneller Abfrage die Dialogfelder aus Bild 2 und 3 ebenfalls auftauchen.

Noch was...

Ist das Fenster zu schmal, werden die Gruppen zu einer Gruppenschaltfläche reduziert. Klicken Sie auf die Schaltfläche, um die fehlenden Elemente einzublenden.

Noch was...

Das Öffnen einer Nachricht in einem separaten Fenster ist hilfreich, falls der Lesebereich ausgeblendet oder zu klein ist.

1 Ist die Kategorie *E-Mail* gewählt, erzeugt die Schaltfläche *E-Mail* eine Nachricht.

2 Tragen Sie anschließend die E-Mail-Adresse des Empfängers in das Feld *An:* des Nachrichtenfensters ein. Mehrere Empfänger sind durch ein Semikolon (;) zu trennen.

3 Der Hyperlink *Cc und Bcc anzeigen* (Bild 2) blendet die hier gezeigten Empfängerfelder für weitere Empfänger (z. B. für Kopien) im Nachrichtenkopf ein.

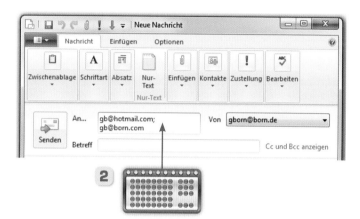

Das sollten Sie wissen...

In das Feld *An:* wird der Empfänger der Nachricht eingetragen. Kopien der Mail werden an die in *Cc* aufgeführten Empfänger versandt. Im Feld *Bcc* eingetragene E-Mail-Adressen werden beim Empfänger nicht angezeigt.

Was ist HTML?

Steht für Hypertext Markup Language, mit deren Anweisungen Webseiten (HTML-Seiten) gestaltet werden.

4 Klicken Sie auf die Schaltfläche des Felds *An:*, können Sie gespeicherte E-Mail-Adressen aus dem Kontaktfenster in die Felder *An:*, *Cc:* und *Bcc:* übertragen.

5 Ergänzen Sie das Feld *Betreff*, erstellen Sie den Nachrichtentext und veranlassen Sie ggf. eine Rechtschreibprüfung über die betreffende Schaltfläche (s. auch Seite 96).

6 Auf der Registerkarte *Nachricht* können Sie bei Bedarf das Format über die Schaltflächen *Nur-Text* und *Rich-Text (HTML)* umstellen.

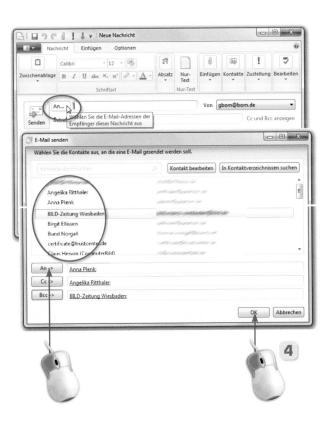

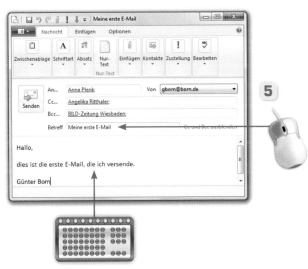

Der Autor rät...

Sind mehrere E-Mail-Konten eingerichtet, können Sie im Feld *Von:* festlegen, über welche E-Mail-Adresse die Nachricht verschickt werden soll (Bild 2).

Noch was...

E-Mail-Adressen etc. lassen sich in Windows Live Kontakte speichern (Seite 240) und in die Felder *An:*, *Cc:* und *Bcc:* übernehmen (Bild 4).

Noch was...

E-Mails lassen sich im sehr kompakten »Nur-Text«- (zu bevorzugen) oder im HTML-Format erstellen (Bild 6).

7 Bei HTML-Mail lässt sich der Text (ähnlich wie bei Word, siehe Seite 100 ff.) über die Elemente der Registerkarte *Nachricht* formatieren, und es können Smileys eingefügt werden.

8 Bei Bedarf können Sie dem Empfänger eine Dringlichkeit über die Schaltflächen *Hohe Priorität* oder *Niedrige Priorität* signalisieren sowie eine Lesebestätigung anfordern.

9 Über die *Senden*-Schaltfläche wird die Nachricht versandt oder in den Postausgang gestellt, um anschließend zum E-Mail-Server geschickt zu werden (siehe Seite 228).

Das sollten Sie wissen...

Beim Beantworten und Weiterleiten wird der ursprüngliche Nachrichtentext in die neue E-Mail übernommen. Mit *Allen antworten* geht die Antwort an alle in *An:* und *Cc:* aufgeführten Empfänger.

Was sind Smileys?

Stilisierte Gesichter (auch als Emoticon bezeichnet), die Emotionen wie Freude, Ärger, Schreck, Trauer etc. ausdrücken sollen.

10 Möchten Sie dem Empfänger auf seine Nachricht antworten, klicken Sie im Windows Live Mail- oder Nachrichtenfenster auf die Schaltfläche *Antworten*.

11 Tragen Sie Ihren Antworttext in das Nachrichtenfenster ein und klicken Sie auf die *Senden*-Schaltfläche.

12 Wählen Sie die Schaltfläche *Weiterleiten* (Bild 10), müssen Sie vor dem Senden die Empfängeradresse ergänzen und ggf. einen kurzen Text für den Empfänger hinzufügen.

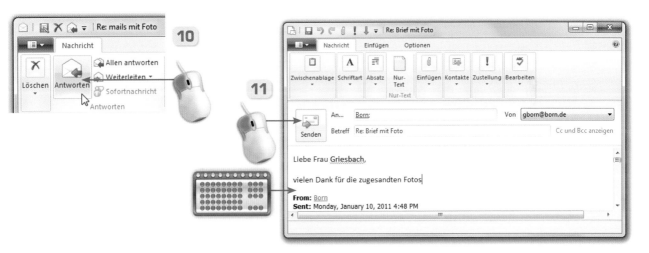

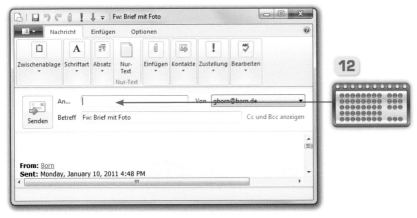

Noch was...

Beim Beantworten können Sie Ihre Anmerkungen (z.B. in anderer Farbe) direkt in den Originaltext einfügen. Kürzen Sie dann unwichtige Textteile heraus.

Nachrichten mit Anlagen

1 Zum Speichern von Anlagen öffnen Sie die betreffende E-Mail im Nachrichtenfenster. Öffnen Sie das Kontextmenü der Anlage und wählen Sie den Befehl *Speichern unter*.

2 Wählen Sie im Dialogfeld *Anlage speichern unter* den Zielordner aus und klicken Sie danach auf die *Speichern*-Schaltfläche, um die Datei dort abzulegen.

3 Klicken Sie im Fenster einer neuen E-Mail auf die Schaltfläche *Anfügen*, lassen sich über die *Öffnen*-Schaltfläche des Dialogfelds beliebige Dateien als Anlagen übernehmen.

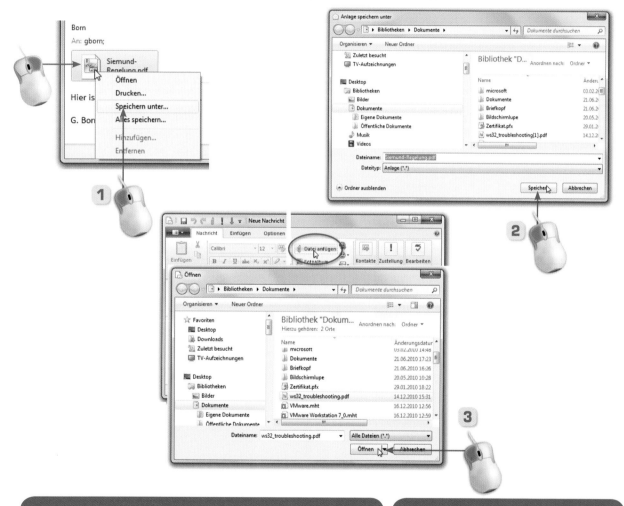

Das sollten Sie wissen...

E-Mails können Dateien (Fotos, Word-Texte, Videos etc.) als Anlagen beigefügt werden. Empfangene Anlagen lassen sich in Ordnern auf der Festplatte speichern.

Der Autor rät...

Stellen Sie sicher, dass auf dem Rechner ein aktuelles Virenschutzprogramm installiert ist, welches Anlagen beim Öffnen auf Viren überprüft.

4 Um eine E-Mail mit Foto(s) zu versenden, wählen Sie auf der Registerkarte *Privat* die Schaltfläche *E-Mail* (bei *Foto-E-Mail* benötigen Sie leider ein Live ID-Konto).

5 Klicken Sie auf der Registerkarte *Einfügen* auf die Schaltfläche *Einzelnes Foto*, wählen Sie eine Fotodatei und schließen Sie das Dialogfeld über die *Öffnen*-Schaltfläche.

6 Danach können Sie die E-Mail mit (Foto-)Anhang, wie auf den vorhergehenden Seiten beschrieben, fertigstellen und versenden.

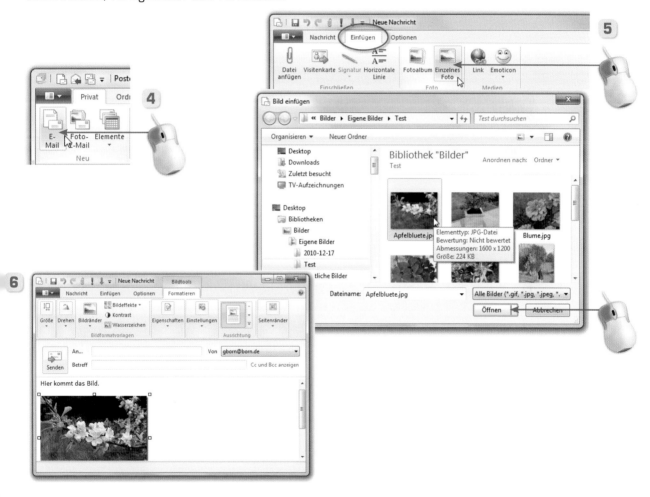

Der Autor rät...

E-Mails mit Anlagen, die von unbekannten Absendern stammen oder einen »merkwürdig« anmutenden Text enthalten, sollten Sie zur Sicherheit sofort löschen.

Noch was...

Ist ein Foto in der E-Mail markiert, lassen sich auf der Registerkarte *Formatieren* diverse Bildfunktionen (Größe, Drehen etc.) abrufen.

Der Autor rät...

Denken Sie daran, dass umfangreiche Anlagen die Übertragungszeit zum E-Mail-Server stark erhöhen. Senden Sie Anlagen nur, wenn der Empfänger dies auch wünscht.

1 Durch Anklicken der Markierungsspalte in der Nachrichtenliste lässt sich ein rotes Fähnchen ein-/ausblenden. So kennzeichnen Sie noch zu bearbeitende Nachrichten.

2 Über das Kontextmenü der Nachrichtenliste können Sie Nachrichten löschen, erneut als ungelesen kennzeichnen, öffnen, weiterleiten, drucken etc.

3 Um in der linken Spalte einen Unterordner zu einem bestehenden Ordner anzulegen, öffnen Sie das Kontextmenü eines Ordners und wählen den Befehl *Neuer Ordner*.

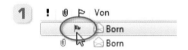

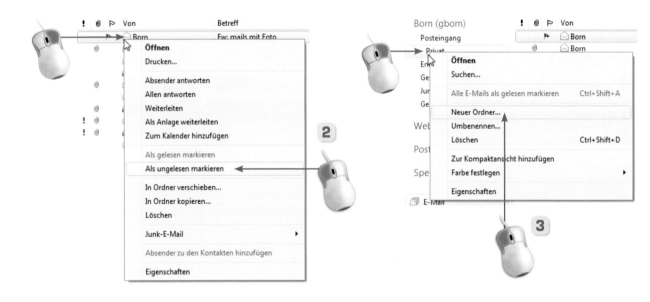

4 Klicken Sie im Dialogfeld *Ordner erstellen* auf den Ordner, in dem ein Unterordner angelegt werden soll. Tragen Sie dann den neuen Ordnernamen in das Textfeld ein und klicken Sie auf die *OK*-Schaltfläche.

5 Zum Verschieben von Nachrichten ziehen Sie diese per Maus aus der Nachrichtenliste zum gewünschten Zielordner in der linken Spalte und lassen die linke Maustaste los.

6 Klicken Sie auf die Ordner *Junk-E-Mail* und *Gelöschte Objekte*, lässt sich deren Inhalt über die eingeblendete Schaltfläche *Ordner leeren* löschen.

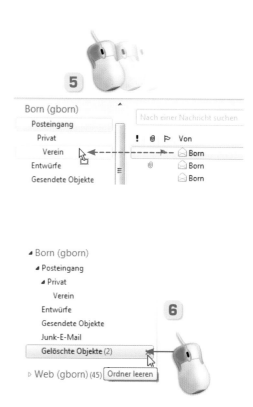

Noch was...

Erst wenn Sie den Ordner *Gelöschte Objekte* leeren, gibt Windows Live Mail den Speicherplatz frei. Vorher lassen sich gelöschte Nachrichten aus dem Ordner in den Posteingang zurückschieben.

Noch was...

In das oberhalb der Nachrichtenliste sichtbare Textfeld *Nachricht suchen* (Seite 238) tippen Sie Namen oder Begriffe ein, um gezielt nach Nachrichten zu suchen.

1 Klicken Sie auf die Ordner *Posteingang* oder *Junk-E-Mail*, um deren Inhalt als Nachrichtenliste in der rechten Spalte einzublenden.

2 Bei fehlerhaft einsortierten Mails öffnen Sie deren Kontextmenü, klicken auf *Junk-E-Mail* und
setzen oder löschen im Untermenü die Junk-E-Mail-Markierung.

3 Weiterhin können Sie über zusätzliche Untermenübefehle den Absender einer E-Mail als
Spamversender blockieren oder Bekannte in die Liste sicherer Absender aufnehmen.

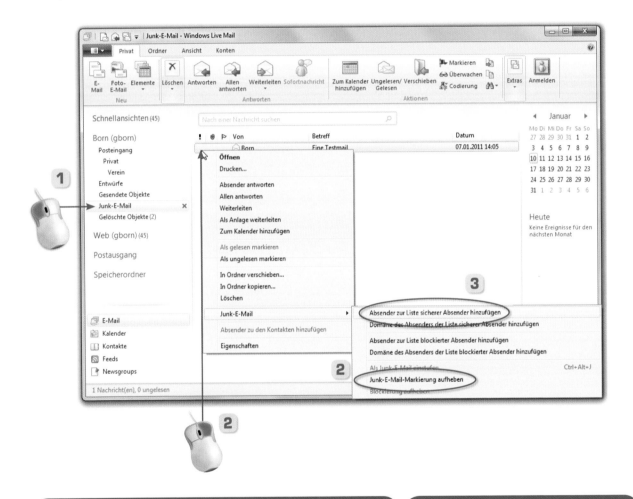

Das sollten Sie wissen...

Windows Live Mail besitzt einen Spamfilter, der unerwünschte
Werbe-E-Mails erkennt und automatisch im Ordner *Junk-E-Mail*
einsortiert. Versagt dieser Filter, können Sie die Mails verschieben (Seite 237, Bild 5) oder den Filter trainieren.

Was sind Junk-E-Mails?

Unerwünschte E-Mails (als Spam
bezeichnet) von unbekannten Absendern mit zwielichtigen Angeboten oder
gar gefährlichen Inhalten.

4 Zum Anpassen der Sicherheitsoptionen und des Junk-E-Mail-Filters klicken Sie auf die Schaltfläche *Windows-Live-Mail* und wählen den Befehl *Optionen/Sicherheitsoptionen*.

5 Auf der Registerkarte *Optionen* lässt sich die Schutzstufe festlegen, die Registerkarte *Sicherheit* ermöglicht z. B. das Öffnen von Anlagen, die Viren enthalten, zu blockieren.

6 Auf den Registerkarten *Sichere Absender* bzw. *Blockierte Absender* können Sie die Filterlisten einsehen und markierte Einträge auch wieder löschen.

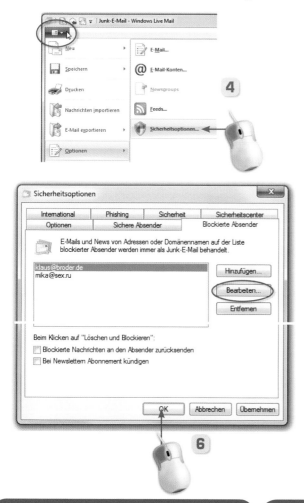

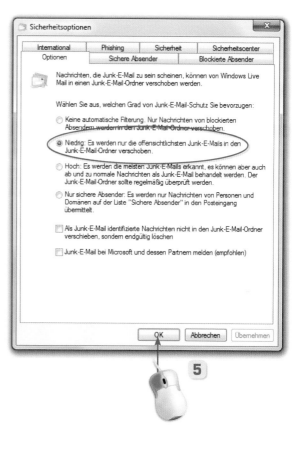

Der Autor rät...

Gefährliche Junk-E-Mails (z. B. Phishing-Mails, Seite 204) werden im Junk-E-Mail-Ordner rot hervorgehoben und sollten ungelesen gelöscht werden.

Der Autor rät...

Löschen Sie Mails unbekannter Absender, antworten Sie nicht auf Spam und seien Sie vorsichtig bei der Preisgabe Ihrer E-Mail-Adresse auf Webseiten. Die Adressen könnten an Spamversender weitergeleitet werden.

Adresslisten mit Kontakten

1 Zum Zugriff auf die Kontakte klicken Sie im Windows Live Mail-Fenster in der linken Spalte auf den Befehl *Kontakte*.

2 Im Kontakte-Fenster wählen Sie links *Alle Kontakte*. Dann können Sie in der mittleren Spalte blättern und Kontakte anklicken, um rechts die Details anzuzeigen.

3 Um einen neuen Kontakt anzulegen, wählen Sie auf der Registerkarte *Startseite* die Schaltfläche *Kontakt*.

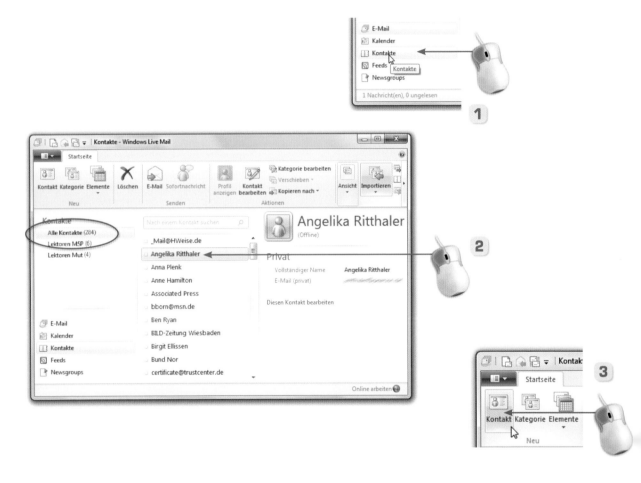

Das sollten Sie wissen…

Windows Live Mail stellt mit Windows Live Kontakte eine Art Adressbuch bereit. Dort können Sie Namen, Telefonnummern, E-Mail-Adressen etc. von Bekannten verwalten.

Noch was…

Über das Textfeld *Nach einem Kontakt suchen* (Bild 2) können Sie (Teil-)Begriffe (Namen, E-Mail-Adressen etc.) eingeben und die Kontaktliste gezielt nach Personen durchsuchen.

4 Wählen Sie in der linken Spalte die Kategorie aus und ergänzen Sie die Kontaktdaten im rechten Teil. Speichern Sie die Daten mit der Schaltfläche *Kontakt hinzufügen*.

5 Ein Rechtsklick auf einen Kontakt öffnet ein Kontextmenü, über dessen Befehle Sie den Eintrag löschen oder bearbeiten können.

6 Im Dialogfeld *Kontakt bearbeiten* sind alle Kontaktdaten einer Person einsehbar, lassen sich bei Bedarf korrigieren und über die *Speichern*-Schaltfläche sichern.

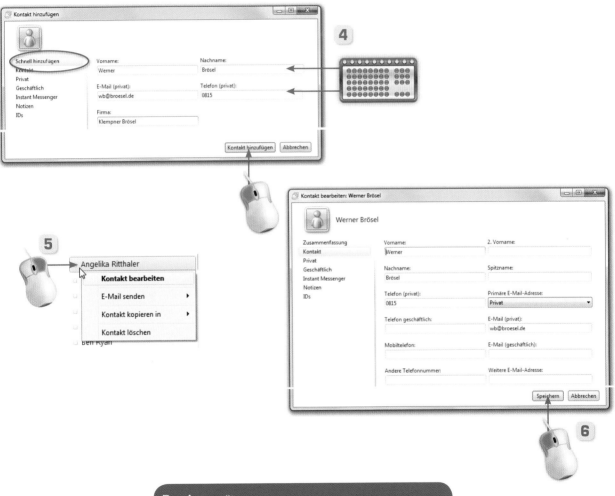

Der Autor rät...

Ein Rechtsklick auf einen Eintrag der Windows Live Mail-Nachrichtenliste ermöglicht Ihnen, den Befehl *Absender zu den Kontakten hinzufügen* anzuwählen.

Der Kalender und Ihre Termine

1 Zum Zugriff auf den Kalender klicken Sie im Windows Live Mail-Fenster in der linken Spalte auf *Kalender*.

2 Dann schaltet das Programm zur hier gezeigten Kalenderdarstellung um. In der linken Spalte finden Sie ein Kalenderblatt sowie die Namen der angelegten Kalender.

3 Im rechten Teil des Fensters können Sie in der Terminspalte die Termine des eingestellten Zeitraums einsehen, eintragen, anpassen und bei Bedarf auch löschen.

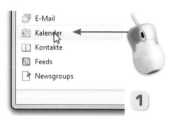

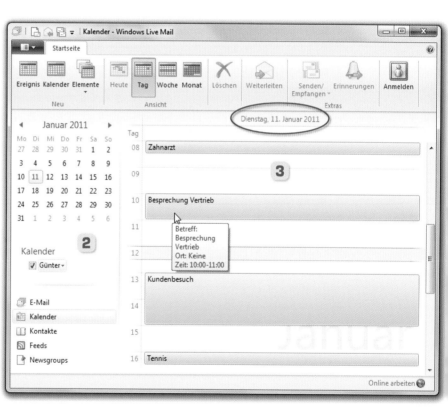

Das sollten Sie wissen...

Windows Live Mail verfügt über eine Kalenderfunktion, mit der Sie Termine für sich selbst oder Dritte verwalten können. Für diesen Zweck lassen sich mehrere Kalender anlegen.

Noch was...

Über die Schaltflächen *Tag*, *Woche*, *Monat* der Registerkarte *Startseite* (Bild 2) lässt sich das angezeigte Zeitintervall der Terminspalte umstellen.

4 Über die Elemente im Kopfbereich des Kalenderblatts wechseln Sie zum vorherigen/nächsten Monat bzw. Jahr sowie zwischen der Monats- und Jahresansicht.

5 Um einen Termin einzutragen, klicken Sie im Kalenderblatt auf den gewünschten Tag und anschließend in der Terminspalte auf die vorgesehene Zeit.

6 Tippen Sie den Text für den Termin ein und drücken Sie die ⏎-Taste. Durch Ziehen der Terminzeile oder deren Ränder lässt sich diese verschieben bzw. die Dauer ändern.

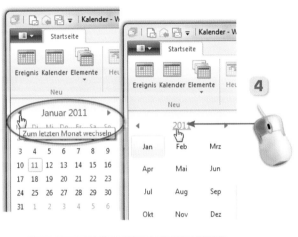

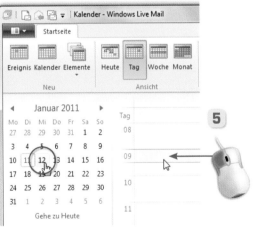

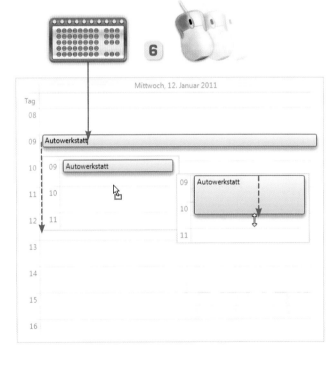

Noch was...

Zeigen Sie auf einen Termineintrag, erscheint eine QuickInfo mit den Details des jeweiligen Termins.

Noch was...

Klicken Sie im Kalenderblatt auf den Monat, erscheint die Jahresübersicht. Ein zweiter Mausklick auf einen Eintrag holt die Monatsübersicht zurück.

Noch was...

Ein dünner Kreis im Kalenderblatt (Bild 5) kennzeichnet das aktuelle und ein Viereck das gerade angewählte Datum.

7 Ein Rechtsklick in die Terminspalte ermöglicht Ihnen, per Kontextmenü Termine zu löschen, auszuschneiden, zu kopieren und an eine neue Stelle wieder einzufügen.

8 Mit den Befehlen *Öffnen* und *Neues Ereignis* (Bild 7) erscheint dieses Fenster, in dem Sie Termindetails eintragen/anpassen. Klicken Sie danach auf *Speichern und schließen*.

9 Über diese Listenfelder des Terminfensters legen Sie wiederkehrende Termine an, setzen den Status (z.B. abwesend), ordnen Termine Kalendern zu etc.

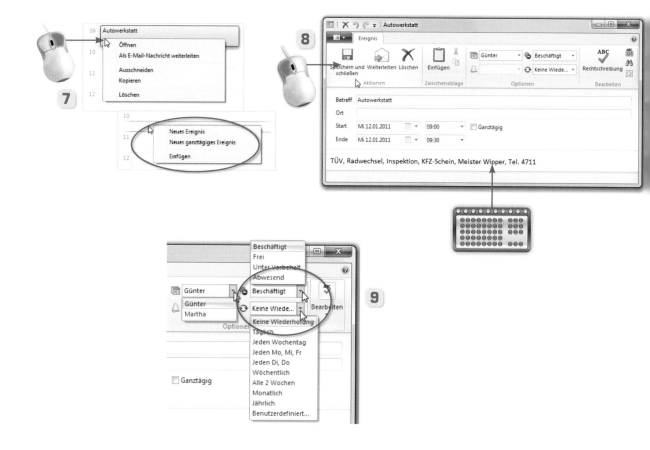

Das sollten Sie wissen...

Es lassen sich ganztägige oder sich wiederholende Termine eintragen. Die Terminerinnerung (per E-Mail) erfordert aber eine (hier nicht besprochene) Registrierung und Anmeldung bei Windows Live.

Noch was...

Der Kontextmenübefehl *Neues ganztägiges Ereignis* oder ein markiertes Kontrollkästchen *Ganztägig* (Bild 8) trägt den Termin für einen ganzen Tag ein.

10 Die Schaltfläche *Weiterleiten* (Bild 8) erzeugt eine neue Nachricht (siehe Seite 230), über die Sie Dritte per E-Mail zum Termin einladen können.

11 Klicken Sie auf die Schaltfläche *Kalender*, lassen sich in einem Dialogfeld ein Name und ein Hinweistext eintragen sowie eine Kalenderfarbe wählen.

12 Die Terminzuordnung zu einem Kalender erfolgt dann über den Befehl *Neues Ereignis* oder im Terminfenster (Bild 9). Termine werden farbig in der Terminspalte angezeigt.

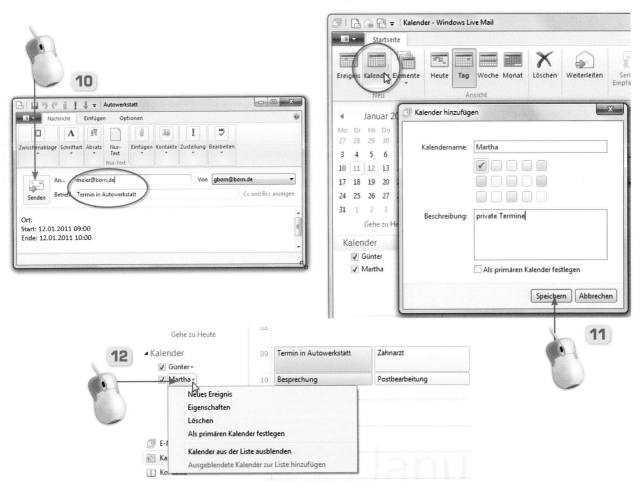

Noch was...

Deaktivieren Sie das Kontrollkästchen eines Kalenders, werden dessen Termine ausgeblendet.

Noch was...

Über den Befehl *Drucken* der *Windows Live Mail*-Schaltfläche des Menübands können Sie den Ausdruck Ihres Terminkalenders auf Papier veranlassen.

12

Fotobearbeitung
am Computer

1 Stecken Sie die Speicherkarte der Kamera oder des Fotohandys in den Schacht des internen oder externen Kartenlesers ein (siehe Seite 61).

2 Manche Kameras und Fotohandys können Sie über USB-Kabel (siehe Seite 24 ff.) an den Computer anschließen. Die Geräte müssen als Wechseldatenträger erkannt werden.

3 Sobald das Dialogfeld *Automatische Wiedergabe* erscheint, klicken Sie auf den Eintrag *Bilder und Videos importieren*.

(Quelle: Canon)

Das sollten Sie wissen...

Kameras und Fotohandys müssen zum Fotoimport in den Wiedergabemodus umgestellt werden. Eventuell benötigt Windows 7 ein passendes Programm (WIA-Treiber) des Geräteherstellers, damit das Gerät als Wechseldatenträger erkannt wird.

Noch was...

Ist die Windows Live Fotogalerie installiert, finden Sie zwei Importbefehle im Dialogfeld *Automatische Wiedergabe* (Bild 3).

4 Wurde der Windows-Importassistent gewählt, tragen Sie in das Dialogfeld einen Beschriftungstext ein und klicken dann auf die *Importieren*-Schaltfläche.

5 Beim Importassistenten der Windows Live Fotogalerie klicken Sie im Startdialogfeld auf *Weiter*, wählen dann die zu importierenden Fotos aus und klicken auf *Importieren*.

6 Nach dem erfolgreichen Import wird das Ordnerfenster mit den Fotos angezeigt.

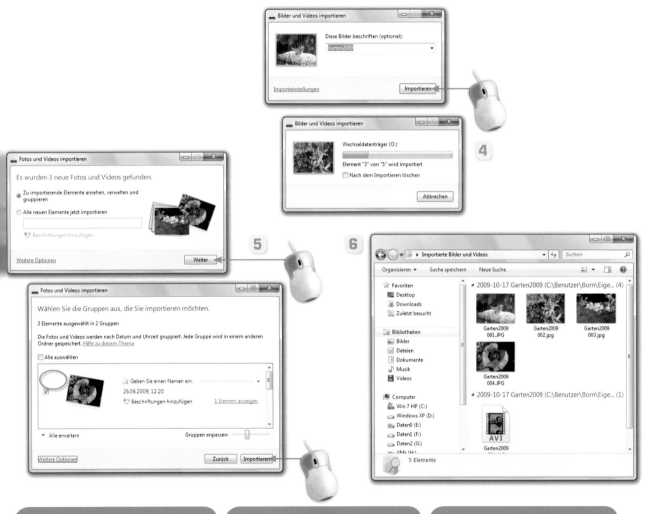

Noch was...

Sie können Fotos auch direkt im Ordnerfenster vom Wechseldatenträger zum Ordner *Eigene Bilder* kopieren (siehe Seite 72).

Noch was...

Der Beschriftungstext (Bild 4) legt den Ordnernamen für die importierten Fotos fest.

Noch was...

Je nach vorhandenen Programmen kann sich der Importvorgang leicht unterscheiden.

Fotos anzeigen und drucken

1 Importierte Fotos können Sie in Ordnerfenstern über den Zweig *Eigene Bilder* als Miniaturen ansehen, kopieren, löschen und verschieben.

2 Klicken Sie im Ordnerfenster (Bild 1) auf die Schaltfläche *Diashow*, werden die Fotos als Diaschau angezeigt. Ein Rechtsklick auf den Anzeigebereich der Diaschau öffnet ein Kontextmenü mit Befehlen zur Wiedergabesteuerung.

3 Benötigen Sie Papierabzüge, markieren Sie die Fotos im Ordnerfenster und klicken in der Symbolleiste auf die *Drucken*-Schaltfläche.

4 Im Dialogfeld *Bilder drucken* legen Sie die Druckereinstellungen und das Fotoformat fest. Die Schaltfläche *Drucken* startet die Ausgabe auf einem Fotodrucker.

5 Fotobücher oder Papierabzüge vom Labor gibt es von diversen Anbietern. Auf deren Webseiten finden Sie Hyperlinks zum Hochladen der Fotos und zum Bestellen.

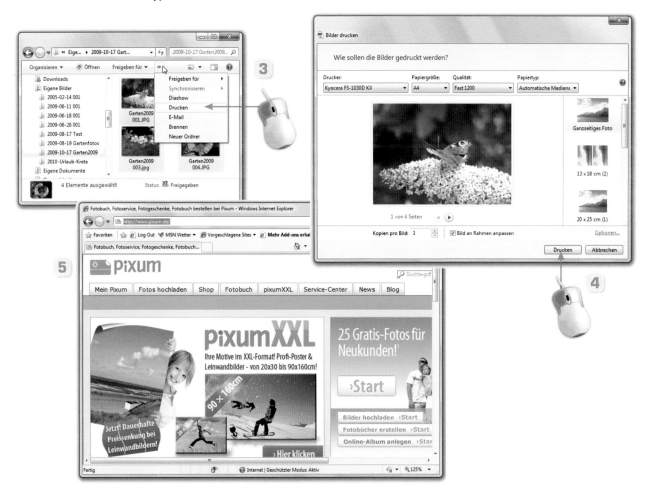

Wiedergabesteuerung...

→ Nächstes Bild
← Vorheriges Bild
Esc Diaschau beenden

Der Autor rät...

Preisgünstiger sind Papierabzüge aus dem Fotolabor. Diese lassen sich per Internet oder über die in vielen Läden vorhandenen Fotostationen ordern. An den Stationen lassen sich Fotos direkt von Speicherkarten einlesen und oft auch Papierabzüge direkt drucken.

Fotos mit Picasa verwalten

1 Picasa starten Sie nach dem Herunterladen und Installieren durch einen Doppelklick auf das Desktopsymbol über das Startmenü.

2 In der linken Spalte des Programmfensters finden Sie Ordner und Alben. Klicken Sie auf einen Eintrag, werden die Miniaturansichten der betreffenden Fotos rechts angezeigt.

3 Ein Rechtsklick auf eine Miniaturansicht ermöglicht Ihnen, das Foto über den Kontextmenübefehl *Zum Album hinzufügen* in das gewählte Album einzufügen.

Das sollten Sie wissen...

Picasa ermöglicht Ihnen, Fotos zu importieren, anzusehen und zu verwalten sowie in gewissem Umfang zu korrigieren.

Noch was...

Picasa lässt sich kostenlos von der Webseite *picasa.google.com* herunterladen und kann dann per Doppelklick installiert werden.

4 Mit dem Kontextmenübefehl *Zum Album hinzufügen/Neues Album* können Sie in einem Dialogfeld den Albumnamen festlegen.

5 Um Fotos aus Ordnern, von Speicherkarten oder Kameras in Picasa zu übernehmen, klicken Sie im Picasa-Fenster auf die Schaltfläche *Importieren*.

6 Wählen Sie auf der Registerkarte *Importieren* das gewünschte Gerät oder den Quellordner aus und geben Sie den Zielordner an.

Der Autor rät...

Im Kontextmenü eines Fotos (Bild 3) finden Sie auch zwei Befehle, um das Foto nach links bzw. rechts zu drehen.

Noch was...

Um mehrere Fotos zu markieren (Bild 6), klicken Sie diese bei gedrückter [Strg]-Taste an.

7 Klicken Sie auf die Schaltfläche *Alle importieren* bzw. *Auswahl importieren*.

8 Zum Bearbeiten eines Fotos doppelklicken Sie auf dessen Miniaturansicht.

9 Picasa schaltet in den Bearbeitungsmodus, in dem rechts das Foto in Großansicht erscheint. Die linke Spalte zeigt Registerreiter mit den Korrekturfunktionen.

Das sollten Sie wissen...

Picasa besitzt einige Korrekturfunktionen, beispielsweise um Fotos zu beschneiden oder rote Augen zu korrigieren. Weiterhin lassen sich Fotos aufhellen oder abdunkeln.

Der Autor rät...

Verwenden Sie die Symbole *Auf gut Glück*, *Kontrast* und *Farbe* (Bild 9), um zu helle, zu dunkle oder farbstichige Fotos zu optimieren.

10 Das Werkzeug *Zuschneiden* auf der Registerkarte *Optimierung* ermöglicht im Modus »Manuell«, den Bildausschnitt durch Ziehen zu markieren.

11 Ist ein Foto schief geraten, klicken Sie auf *Ausrichten*, ziehen den Schieberegler im Bild nach rechts oder links, bis das Bild gerade ist, und klicken auf *Anwenden*. Auf ähnliche Weise lassen sich weitere Funktionen ausführen.

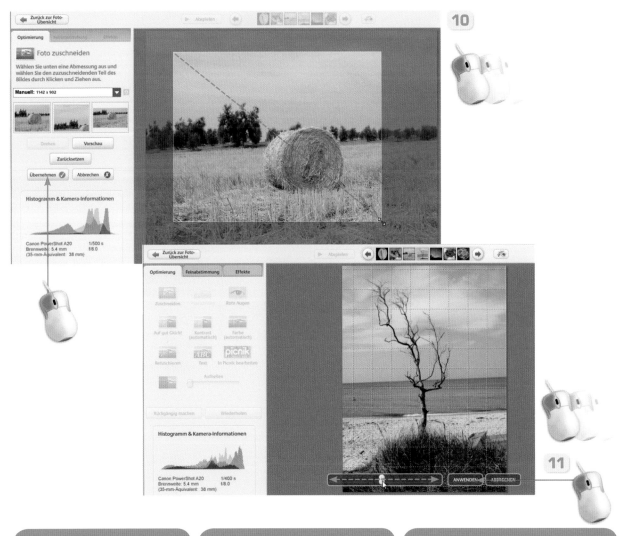

Noch was...

Die Schaltfläche *Zurück zur Foto-Übersicht* (Bild 11) bringt Sie zur Darstellung aus Bild 2, Seite 252, zurück.

Noch was...

Die *Anwenden*-Schaltfläche führt die Optimierung aus. Anschließend finden Sie auf der Registerkarte *Optimierung* eine Schaltfläche *Rückgängig machen*.

Noch was...

Auf der Registerkarte *Effekte* lassen sich Fotos einfärben, weichzeichnen, schärfen etc. Picasa unterstützt zudem Funktionen wie Diashow, Fotodruck etc.

1 Das Programm starten Sie über den Eintrag *Windows Live Fotogalerie* im Startmenü.

2 Klicken Sie im Navigationsbereich des Programmfensters auf ein Ordnersymbol. Der Inhalt wird in der mittleren Spalte als Miniaturansichten-Katalog eingeblendet.

3 Die Spalte mit den Fotoeigenschaften lässt sich über die Schaltfläche *Bereich »Markieren und beschriften«* auf der Registerkarte *Ansicht* ein-/ausblenden.

2 *Navigationsbereich*

Fotogalerie mit Miniaturansichten

3 *Fotoeigenschaften*

4 Zeigen Sie auf die Miniaturansicht eines Fotos, erscheint ein vergrößerter Ausschnitt mit den Fotodetails. Diese Darstellung verschwindet, wenn Sie die Maus wegbewegen.

5 In der Statusleiste der Fotogalerie finden Sie Schaltflächen, um markierte Fotos nach links/rechts zu drehen (Seite 266), zu löschen etc.

6 Über den Schieberegler in der Statusleiste können Sie den Vergrößerungsfaktor der Miniaturansichten anpassen.

◢ August 2010 (3 Elemente, 1 ausgewählt)

Gardasee - Torri

◢ Juli 2010 (126 Elemente)

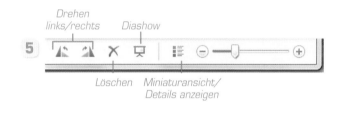

Drehen links/rechts   Diashow

Löschen   Miniaturansicht/ Details anzeigen

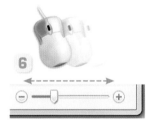

Noch was...

Der Katalog zeigt für jedes Foto zudem den Dateinamen, die Bildgröße, ggf. den Bildtitel und eine Bewertung an. Diese Informationen lassen sich über die Schaltfläche *Miniaturansicht/Details anzeigen* (Bild 5) ein-/ausblenden.

1 Wählen Sie den Befehl *Ordner hinzufügen* im Menü, um Fotos aus Ordnern oder von CDs in die Fotogalerie aufzunehmen. Klicken Sie im Dialogfeld auf *Hinzufügen* und wählen Sie dann den gewünschten Ordner im Dialogfeld aus.

2 Möchten Sie Ordner auf der Festplatte löschen, umbenennen oder anlegen, öffnen Sie deren Kontextmenü im Navigationsbereich und wählen den betreffenden Befehl.

3 Ziehen Sie die Miniaturansicht eines Fotos zu einem anderen Ordner im Navigationsbereich, wird die Fotodatei in diesen Ordnern verschoben.

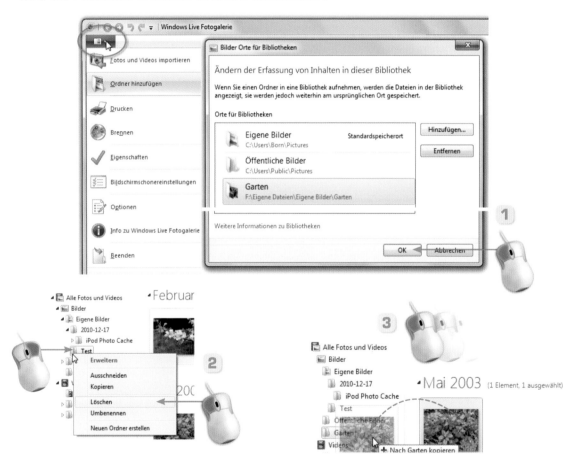

Das sollten Sie wissen...

Die Windows Live Fotogalerie ermöglicht Ihnen, Fotos zu importieren und auch umfangreiche Fotosammlungen komfortabel über den Navigationsbereich und die Suchfunktion zu verwalten.

Was sind Beschriftungen?

Spezielle Kennzeichnungen (z. B. Motiv, Ort der Aufnahme, Namen von Personen etc.), die Fotodateien zugeordnet werden können.

4 Über den Befehl *Optionen* können Sie auf der Registerkarte *Allgemein* Einträge für Aufnahmedatum und Beschriftungen im Navigationsbereich einblenden.

5 Dann lassen sich die jeweiligen Fotos direkt durch Anwahl der betreffenden Datumseinträge oder Beschriftungen (Seite 260) im Navigationsbereich abrufen.

6 Sie können die angezeigten Fotos auf der Registerkarte *Suchen* nach Bewertungssternchen oder Suchbegriffen (z.B. Autor, Beschriftungen etc.) filtern.

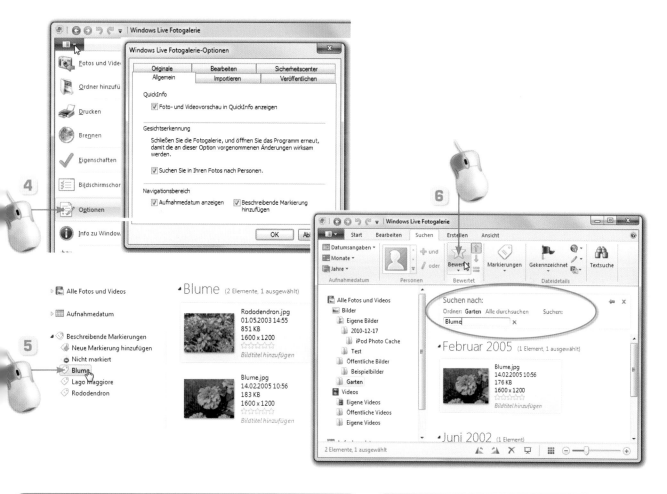

Noch was...

Der Befehl *Importieren* der Registerkarte *Start* öffnet ein Dialogfeld zur Auswahl des Geräts und startet dann den Importassistenten (Seite 248). Erscheint das Dialogfeld *Automatische Wiedergabe*, klicken Sie auf den Eintrag *Bilder und Videos importieren* der Windows Live Fotogalerie.

Der Autor rät...

Über die Dreiecke vor den Elementen des Navigationsbereichs lassen sich die betreffenden Zweige (wie im Ordnerfenster) erweitern oder zusammenklappen.

1 Wählen Sie den Befehl *Ordner hinzufügen* im Menü, um Fotos aus Ordnern oder von CDs in die Fotogalerie aufzunehmen. Klicken Sie im Dialogfeld auf *Hinzufügen* und wählen Sie dann den gewünschten Ordner im Dialogfeld aus.

2 Um eine Markierung hinzuzufügen oder anzupassen, klicken Sie auf der Registerkarte *Start* auf eine der Schaltflächen der Gruppe *Organisieren*.

3 Anschließend tragen Sie den gewünschten Eigenschaftenwert (z.B. *Beschreibende Markierung*) ein und drücken die ⏎-Taste.

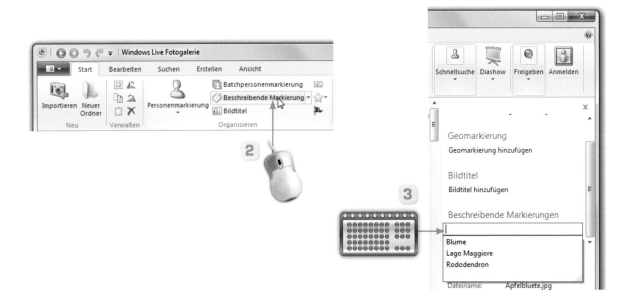

Das sollten Sie wissen...

Sie können Fotos nach der Übernahme in die Fotogalerie als besonders gelungen bewerten und mit dem Aufnahmeort, einem Bildtitel, Motivkategorien, Personen- und Fotografennamen etc. beschriften. Dies ermöglicht Ihnen, bei umfangreichen Fotosammlungen bestimmte Motive schneller wiederzufinden (Seite 259).

Noch was...

Die Spalte mit den Eigenschaften lässt sich über die Schaltfläche *Bereich »Markieren und beschriften«* der Registerkarte *Ansicht* ein-/ausblenden.

4 Zur genauen Beurteilung eines Fotos doppelklicken Sie auf dessen Miniaturansicht. Anschließend können Sie das Foto über die Schaltflächen der Fußleiste drehen, löschen oder über den Schieberegler *Zoom* stufenlos vergrößern. Die Schaltfläche *Diashow* startet die Fotowiedergabe als Diaschau (Seite 250).

5 Über das Menü *Drucken* können Sie Papierabzüge ausdrucken oder online über ein Fotolabor bestellen (siehe auch Seite 250).

4	Zurück	Drehen	Diashow	Zoom
	Weiter	Löschen	Tatsächliche Größe	

Noch was…

Die Schaltfläche *Entfernen* einer Markierung löscht diese.

Noch was…

Über die Schaltfläche *Zurück zur Galerie* (Bild 4) gelangen Sie zur Katalogansicht zurück.

Der Autor rät…

Vergrößern Sie die Fotoanzeige über den *Zoom*-Regler, können Sie den angezeigten Bildausschnitt durch Ziehen mit der Maus verschieben.

Fotokorrekturen, schnell und einfach

1 Wurde das Foto in der Großansicht geöffnet (Seite 261, Bild 4), stehen auf der Register-karte *Bearbeiten* des Menübands verschiedene Schaltflächen bereit.

2 Über die Schaltfläche *Feinabstimmung* der Registerkarte *Bearbeiten* lassen sich die in der rechten Spalte angezeigten Bearbeitungsfunktionen ein-/ausblenden.

3 Verwenden Sie die Schaltfläche *Automatisch anpassen*, um die Korrekturen der Fotogalerie zu überlassen.

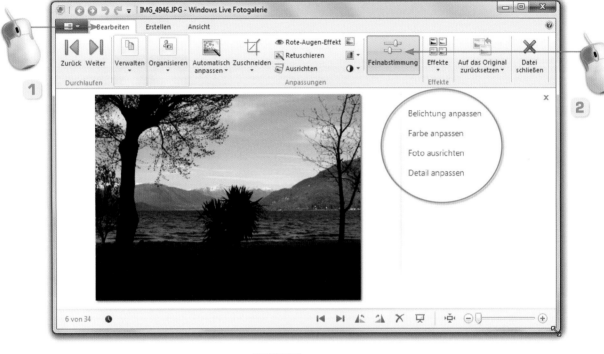

Das sollten Sie wissen...

Ist ein Foto zu dunkel, zu hell oder farbstichig geraten, können Sie dies in der Fotogalerie korrigieren. Zudem lassen sich Fotos zuschneiden, ausrichten etc.

Was zeigt das Histogramm?

Zeigt die Helligkeitsverteilung einzelner Bild-punkte (Tonwertumfang) im Foto. Bei Über-/Unterbelichtung beginnt die Kurve nicht am linken/rechten Diagrammrand.

4 Nach einer Autokorrektur benutzen Sie zum Feinabgleich die Regler (z. B. für Helligkeit oder Kontrast) der eingeblendeten Rubrik *Belichtung anpassen*.

5 Bei zu hellen oder zu dunklen Aufnahmen ziehen Sie den linken bzw. rechten Schieberegler zum Beginn der Kurve (optimiert die Helligkeit aller Bildpunkte).

6 Klicken Sie auf *Belichtung anpassen*, um die Detailansicht der Funktion auszublenden und den Korrekturmodus zu verlassen.

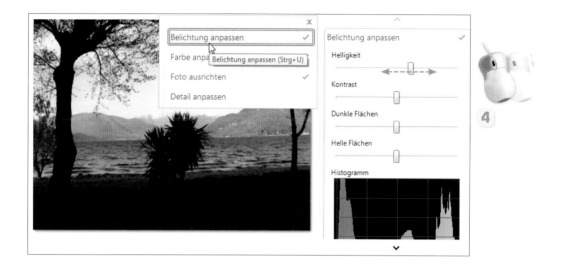

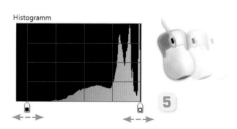

Der Autor rät...

Unerwünschte Korrekturen heben Sie über die Schaltfläche *Rückgängig* 🔄 der Symbolleiste für den Schnellzugriff wieder auf. Über die *Wiederholen*-Schaltfläche lässt sich der zurückgenommene Befehl erneut anwenden.

Noch was...

Sie können schrittweise mehrere Korrekturen vornehmen. Ein kleines Häkchen am rechten Rand einer Funktion signalisiert, dass die betreffende Korrektur bereits durchgeführt wurde.

1 Einen Farbstich korrigieren Sie über die Palette der Schaltfläche *Farbe* oder über die eingeblendeten Regler der Kategorie *Farbe anpassen* der Feinabstimmung.

2 Besitzen Sie Aufnahmen von Personen mit roten Augen, klicken Sie in der Gruppe *Anpassen* der Registerkarte *Start* auf *Rote Augen korrigieren*.

3 Ziehen Sie per Maus einen Markierungsrahmen um das rote Auge. Beim Loslassen der linken Maustaste wird die Korrektur ausgeführt.

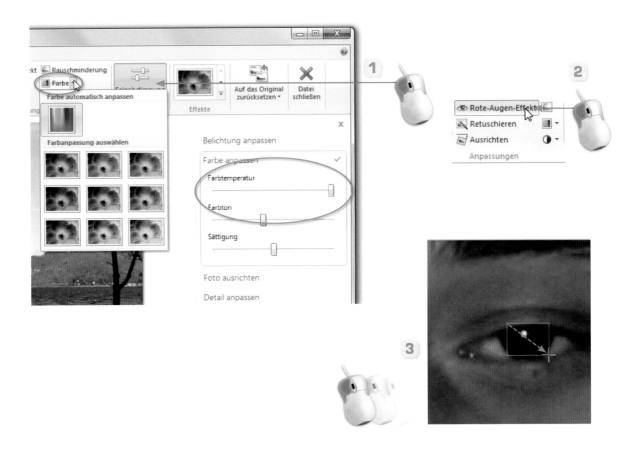

4 Bildfehler entfernen Sie über die Schaltfläche *Retuschieren* (dann den zu korrigierenden Bildbereich durch Ziehen markieren). Die Schaltfläche *Rauschminderung* bewirkt ein Weichzeichnen des Fotos.

5 Klicken Sie auf der Registerkarte *Bearbeiten* in der Gruppe *Effekte* auf das Feld *Schwarzweiß*, wird ein Farbfoto in den Schwarzweißmodus umgewandelt.

6 Das Feld *Sepia* erzeugt den von alten Fotografien bekannten gelblichen Sepiaeffekt.

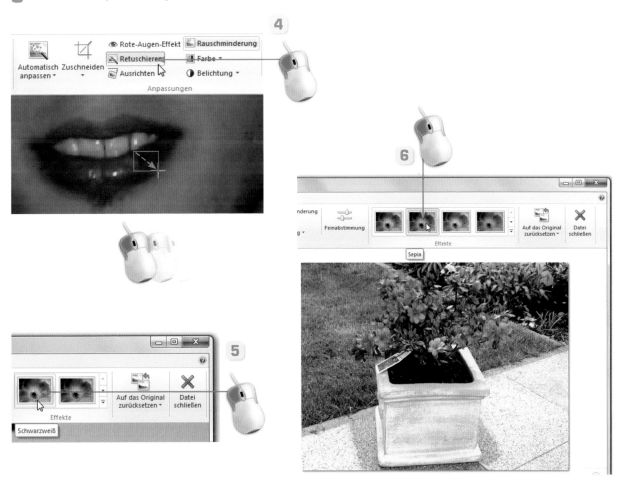

Noch was...

Beim Weichzeichnen werden benachbarte Bildpunkte angeglichen (hilfreich, um Pickel, Rötungen etc. in Porträts abzuschwächen).

Noch was...

Die Funktion *Detail anpassen* in der Spalte *Feinabstimmung* zeigt Regler zum Schärfen/Weichzeichnen.

Fotos zuschneiden und ausrichten

1 Aufnahmen im Hochformat können Sie über die betreffenden Schaltflächen in der Fußzeile der Fotogalerie um 90 Grad nach links oder rechts drehen.

2 Zum Ausrichten klicken Sie auf der Registerkarte auf die Schaltfläche *Ausrichten*. Oder wählen Sie *Feinabstimmung* und dann in der Bearbeitungsspalte *Foto ausrichten*.

3 Verschieben Sie den Regler, bis das Motiv (z. B. Verlauf des Horizonts) parallel zu den eingeblendeten Gitternetzlinien ist, und klicken Sie erneut auf *Foto ausrichten*.

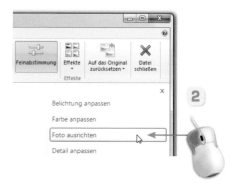

Das sollten Sie wissen...

Über die Funktion *Foto ausrichten* können Sie schief gescannte Vorlagen oder Aufnahmen, bei denen der Horizont schräg verläuft, um einen bestimmten Winkel drehen und so das Motiv »gerade rücken«.

Noch was...

Durch Zuschneiden lässt sich das Foto auf ein Motivdetail reduzieren. Das Zuschneiden wird auch als Freistellen bezeichnet.

4 Wird der Ausschnitt eines Fotos benötigt, öffnen Sie auf der Registerkarte *Bearbeiten* das Menü der Schaltfläche *Zuschneiden* und wählen *Proportion/Original*.

5 Verschieben Sie den Markierungsrahmen mittels der Ziehmarken, um den gewünschten Motivausschnitt festzulegen.

6 Wählen Sie über die Schaltfläche *Zuschneiden* den Befehl *Zuschnitt anwenden*, erhalten Sie den Ausschnitt.

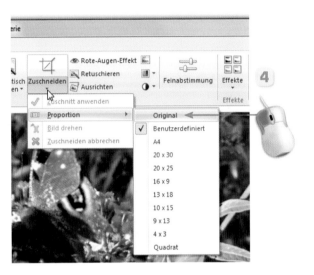

Noch was...

Sonderformate im Menü *Zuschneiden* sind wegen eines Programm-fehlers nicht nutzbar. Mehr Möglichkeiten zur Fotobearbeitung bietet das Programm Adobe Photoshop Elements.

1 Markieren Sie den Fotoordner, öffnen Sie das Menü der Windows Live Fotogalerie und klicken Sie auf den Befehl *Brennen* und dann *DVD brennen*.

2 Im Windows DVD Maker passen Sie den Videotitel an, wählen ggf. den Brenner, verschieben die Fotos in die richtige Reihenfolge und klicken dann auf *Weiter*.

3 Über *Elemente hinzufügen* (Bild 2) öffnen Sie bei Bedarf dieses Dialogfeld, um weitere Fotodateien über die *Hinzufügen*-Schaltfläche in das Projekt aufzunehmen.

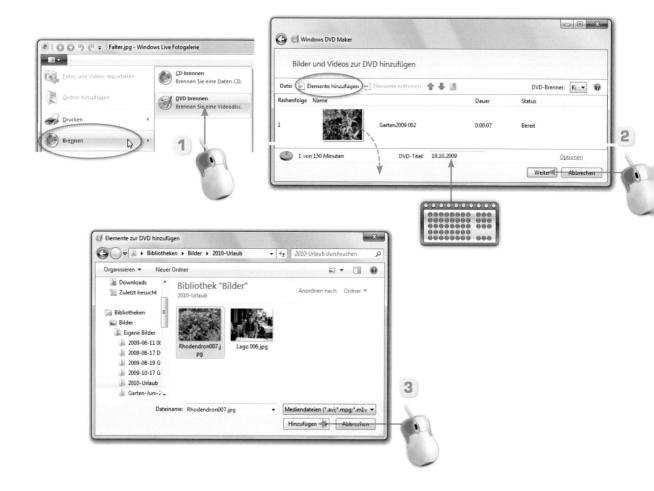

4 Klicken Sie in der rechten Spalte des Dialogfelds auf einen Menüstil, klicken Sie dann auf *Brennen* und führen Sie die Schritte zum Brennen der DVD aus.

5 Bei Bedarf können Sie in Bild 4 auf Schaltflächen wie *Menütext*, *Diashow* etc. klicken und im angezeigten Dialogfeld die Einstellungen anpassen.

Noch was...

Wählen Sie auf der Register-karte *Erstellen* die Schaltfläche *Film*, startet der Windows Live Movie Maker (Kapitel 13) zum Erstellen einer Videodatei.

Noch was...

Beim Beenden des Windows DVD Makers beantworten Sie die Frage zum Speichern der Projektdatei über die *Nein*-Schalt-fläche.

Noch was...

Nach dem erfolgreichen Brennen können Sie die DVD-Video im Windows Media Player zum Test wiedergeben (siehe Kapitel 13).

13
Spiel und Unterhaltung

1 Zum Aufrufen der Windows-Spiele wählen Sie im Startmenü den Befehl *Spiele*.

2 Im Ordner *Spiele* reicht ein Doppelklick auf eines der Symbole, um das betreffende Spiel aufzurufen.

3 Bei Minesweeper räumen Sie mit Mausklicks Minenfelder. Zahlen in aufgedeckten Feldern geben Minen in Nachbarfeldern an, ein Rechtsklick markiert mögliche Minen.

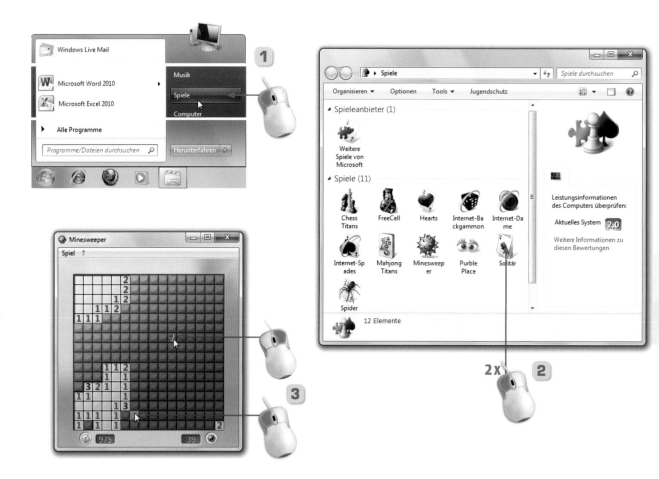

Das sollten Sie wissen...

Zum Zeitvertreib lässt sich am Computer spielen. Windows 7 enthält bereits einige Spiele – weitere lassen sich nachträglich installieren. Quellen für Spiele sind z. B. die Download-Bereiche der Internetseiten von Computer-zeitschriften wie *www.heise.de*, *www.chip.de* etc.

Noch was...

Über das Symbol *Weitere Spiele von Microsoft* gelangen Sie zu einer Webseite, auf der Sie Onlinespiele starten können. Voraussetzung: der Windows Live Messenger aus den Windows Live Essentials ist installiert.

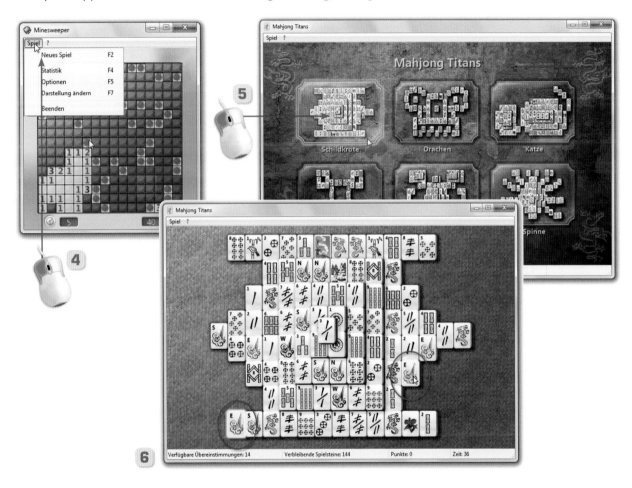

4 Das Spiel ist verloren, sobald ein vermintes Feld angeklickt wurde. Sie können das Spiel über die Funktionstaste F2 neu starten.

5 Beim Brettspiel Mahjong wählen Sie im Startfenster eine Spielvariante. Anschließend gilt es passende Pärchen von freien Spielsteinen durch Anklicken abzuräumen.

6 Spielsteine sind frei, wenn sie nach rechts oder links abziehbar sind. Über das Menü *Spiel/Tipp* lässt sich der nächste mögliche Zug anzeigen.

Noch was…

Über ein Menü (Bild 4) lassen sich die Spiele beenden, neu starten, ggf. Tipps abrufen und Optionen setzen.

Noch was…

Beim Beenden können Spielstände gespeichert und beim Neustart zurückgesetzt werden. Dialogfelder ermöglichen, die betreffende Auswahl über Schaltflächen vorzunehmen.

Noch was…

Details zu den Spielen können Sie über das jeweilige Hilfemenü abrufen.

7 Bei Solitär ziehen Sie aufgedeckte Karten zu den passenden Karten der Zwischen- und Zielstapel und legen diese an bzw. ab.

8 Ein Klick auf den Kartenrücken deckt die jeweils oberste Karte auf.

9 Karten lassen sich zudem abwechselnd in den Farben Rot und Schwarz in absteigender Wertigkeit (König, Dame, Bube, 10 bis 2, Ass) an den Zwischenstapeln anlegen.

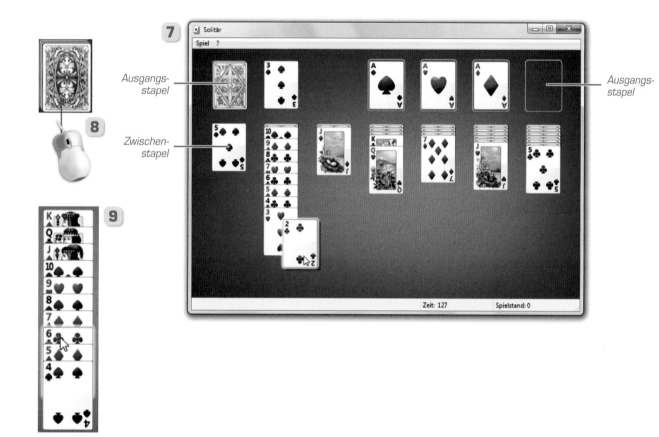

Ausgangs-stapel

Ausgangs-stapel

Zwischen-stapel

Das sollten Sie wissen...

Das Kartenspiel Solitär ist ein Patience-Spiel. Ziel ist es, die Karten des Ausgangsstapels unter Zuhilfenahme der Zwischen-stapel sortiert (z.B. Karo in der Reihenfolge As, 2, 3 bis Bube, Dame, König) auf den vier Zielstapeln abzulegen.

Der Autor rät...

Ein Doppelklick befördert bei Solitär eine aufgedeckte Karte vom Ausgangs- oder Zwischenstapel zum passenden Aus-gangsstapel.

10 Bei Freecell müssen Sie die aufgedeckten Karten ebenfalls in der Reihenfolge As, 2, 3 bis Bube, Dame, König der gleichen Spielfarbe (z. B. Herz) zu den vier Zielstapel ziehen.

11 Karten lassen sich zwischen den Ausgangsstapeln verschieben und abwechselnd in Rot oder Schwarz in absteigender Reihenfolge anlegen.

12 Bei Platzmangel können Sie bis zu vier Einzelkarten in den Zwischenstapeln »parken«.

12 Zwischen-stapel

10 Zielstapel

Ausgangs-stapel

11

Der Autor rät...

Versuchen Sie bei Freecell, immer die Stapel mit den Assen zuerst aufzudecken, um diese auf den Zielstapeln ablegen zu können.

Noch was...

Bei den Internetspielen treten Sie gegen menschliche Gegenspieler an. Daher muss der Rechner beim Spielen online sein.

Der Windows Media Player

1 Der Windows Media Player lässt sich über diese Schaltfläche der Taskleiste (oder wie auf den folgenden Seiten beschrieben) starten.

2 Das Fenster des Media Players weist die hier gezeigten Bedien- und Anzeigeelemente zur Wiedergabesteuerung auf.

Zufällige Wiedergabe | Zurück | Vorwärts | Lautstärke | Vollbild-Modus

Wiederholung | Wiedergabe/Pause | Ton aus

Stopp

Das sollten Sie wissen...

Der Windows Media Player kann sowohl Musik als auch Videos aus Dateien oder von CDs/DVDs wiedergeben und ist in allen Windows-Versionen enthalten. Hier wird die Version für Windows 7 beschrieben.

Noch was...

Beim ersten Start erscheint das Dialogfeld eines Einrichtungsassistenten. Wählen Sie die Option *Empfohlene Einstellungen* und verwenden Sie die *Weiter*- sowie die *Fertig stellen*-Schaltfläche zum Durchlaufen der Einrichtungsschritte.

3 Verwenden Sie diese Schaltflächen, um die Darstellung zwischen »Aktuelle Wiedergabe« (oben) und »Bibliothek« umzuschalten.

4 Das Drücken der [Alt]-Taste oder ein Rechtsklick auf die Symbolleiste öffnet ein Menü (oben) zum Abrufen von Befehlen. Ein Rechtsklick auf das Fenster »Aktuelle Wiedergabe« zeigt ein Kontextmenü (ermöglicht z. B., den Listenbereich einzublenden).

5 In der Miniaturvorschau des Media Players springen Sie über die Schaltflächen zwischen Titeln und halten die Wiedergabe an bzw. setzen diese fort.

Noch was...

Das Programmfenster kann entweder den Darstellungsmodus »Bibliothek« oder »Aktuelle Wiedergabe« aufweisen (Bild 3).

Noch was...

Beim Abspielen von Musik-CDs zeigt der Player standardmäßig die Darstellung »Aktuelle Wiedergabe«.

1 Legen Sie die Musik-CD in das Laufwerk ein (siehe Seite 60).

2 Erscheint das Dialogfeld *Automatische Wiedergabe*, klicken Sie auf *Audio-CD wiedergeben*.

3 Anschließend werden die Titel der CD abgespielt. Über die Bedienelemente des Players können Sie bei Bedarf die Wiedergabe steuern.

Das sollten Sie wissen...

Musikstücke lassen sich mit dem Windows Media Player sowohl von CD als auch aus Dateien auf dem Computer abspielen. Der Computer muss lediglich Lautsprecher besitzen (Seite 23).

Noch was...

Um Albumcover und Musiktitel einer CD anzuzeigen, benötigt der Player kurzzeitig eine Internetverbindung.

4 Zur Wiedergabe von Musikdateien öffnen Sie den Ordner, in dem diese gespeichert sind (z. B. *Eigene Musik*), und doppelklicken auf die gewünschte Audiodatei.

5 Die Schaltfläche *Alle wiedergeben* spielt alle Musikdateien des aktuellen Ordners. Über das Menü der Schaltfläche *Wiedergabe* kann der gewünschte Player gewählt werden.

6 Während der Wiedergabe erscheint das Fenster des Media Players mit dem Navigations- (links), dem Bibliotheks- (Mitte) und ggf. dem Listenbereich (rechts).

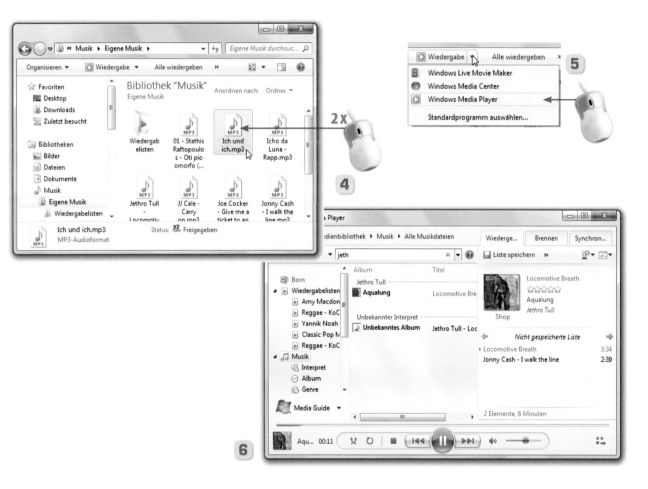

Noch was…

Titel lassen sich direkt durch einen Doppelklick auf den Eintrag im Listenbereich wiedergeben.

Noch was…

Um mehrere Dateien wiederzugeben, klicken Sie diese bei gedrückter ⎇ Strg ⎇-Taste an. Anschließend wählen Sie in der Symbolleiste die Schaltfläche *Auswahl wiedergeben* (Bild 4).

Noch was…

Audiodateien können in verschiedenen Formaten gespeichert sein. Der Windows Media Player kann MP3-, WMA- und WAV-Dateien wiedergeben.

Der Computer als Musikbox

1 Klicken Sie in der Bibliotheksansicht auf die Elemente des Navigationsbereichs (z. B. Musik), um deren Inhalte im Bibliotheksbereich einzublenden.

2 Um in einer umfangreicheren Bibliothek einen Eintrag schnell zu finden, tippen Sie den Begriff (z. B. Interpret, Teiltitel etc.) in das Suchfeld ein.

3 Klicken Sie in der Symbolleiste auf *Wiedergabeliste erstellen*, geben Sie im Navigations-bereich den Listennamen ein und drücken Sie die ⏎-Taste.

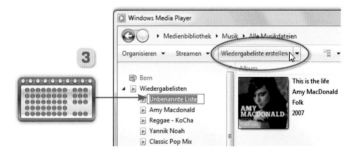

4 Klicken Sie im Navigationsbereich auf Einträge wie *Musik* oder bestehende Wiedergabe-listen, um deren Inhalte im Bibliotheksbereich einzublenden.

5 Ziehen Sie die gewünschten Titel aus dem Bibliotheksbereich zur neuen Wiedergabeliste.

6 Klicken Sie auf die Wiedergabeliste, um deren Inhalt im Bibliotheksbereich anzuzeigen. Ein Doppelklick auf einen Titel spielt diesen ab.

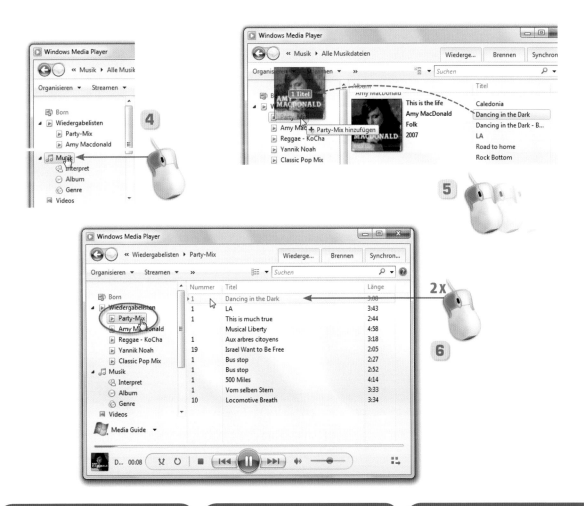

Noch was...

Ein Doppelklick auf einen im Bibliotheksbereich angezeigten Musiktitel (Bild 1, 2) startet dessen Wiedergabe.

Noch was...

Wählen Sie die Wiedergabeliste im Navigationsbereich per Dop-pelklick an, um alle Titel nach-einander abzuspielen.

Noch was...

Per Kontextmenü können Sie Titel aus der Bibliothek oder aus Wiedergabelisten entfernen.

1 Schalten Sie den Media Player bei eingelegter Audio-CD in den Bibliotheksmodus und legen Sie ggf. im Menü der Schaltfläche *Kopiereinstellungen* die Einstellungen fest.

2 Klicken Sie in der Symbolleiste des Windows Media Players auf die Schaltfläche *CD kopieren*.

3 Warten Sie, bis der Kopiervorgang abgeschlossen ist, und entnehmen Sie die CD dem Laufwerk.

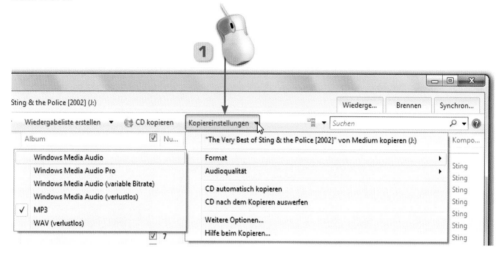

4 Zum Brennen einer Audio-CD schalten Sie ggf. zur Bibliotheksansicht um und klicken dann auf den Registerreiter *Brennen*.

5 Rufen Sie über den Navigationsbereich die gewünschten Titel im Bibliotheksbereich ab. Ziehen Sie dann die zu brennenden Musiktitel zur Brennliste.

6 Legen Sie einen leeren CD-R-Rohling in den Brenner, klicken Sie auf die Schaltfläche *Brennen starten*, warten Sie, bis der Vorgang abgeschlossen ist, und entnehmen Sie die CD.

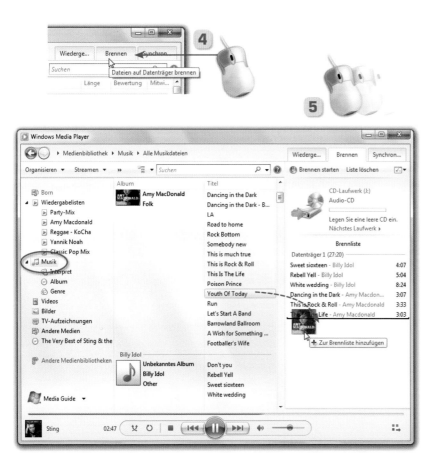

Noch was...	**Noch was...**	**Der Autor rät...**
Der gerade kopierte Titel wird in der Titelliste durch einen Fortschrittsbalken angezeigt (Bild 3).	Das Brennen von CDs oder DVDs mit MP3- oder WMA-Dateien funktioniert wie ab Seite 80 beschrieben.	Beachten Sie beim Kopieren und Brennen von Musik-CDs das jeweils für Ihr Land geltende Urheberrecht.

Musik mit dem MP3-Player synchronisieren

1 Verbinden Sie den MP3-Player über ein USB-Kabel mit dem Computer. Klicken Sie im ggf. angezeigten Dialogfeld *Automatische Wiedergabe* auf die *Schließen*-Schaltfläche.

2 Starten Sie den Windows Media Player, schalten Sie zur Bibliotheksanzeige und rufen Sie im Navigationsbereich den Inhalt von *Musik* oder der Wiedergabelisten ab.

3 Wechseln Sie ggf. über die Symbolleiste zur Registerkarte *Synchronisieren* und ziehen Sie die Musiktitel aus dem Bibliotheks- zum Synchronisationsbereich.

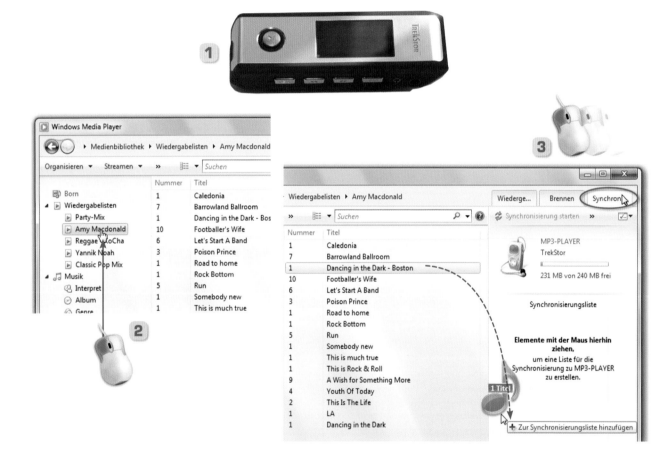

Der Autor rät...

MP3-Player verhalten sich gegenüber Windows wie ein Wechseldatenträger-laufwerk. Befolgen Sie daher die Hinweise auf Seite 63 zum Entfernen.

4 Klicken Sie auf die Schaltfläche *Synchronisierung starten* und warten Sie, bis dieser Vorgang abgeschlossen ist. Anschließend können Sie den MP3-Player entfernen.

5 Zur Überprüfung des Geräteinhalts bzw. zum Entfernen synchronisierter Titel klicken Sie im Navigationsbereich auf den Zweig *Musik* des MP3-Players.

6 Im Bibliotheksbereich angezeigte Titel des MP3-Players können per Rechtsklick angewählt und dann über den Kontextmenübefehl *Löschen* entfernt werden.

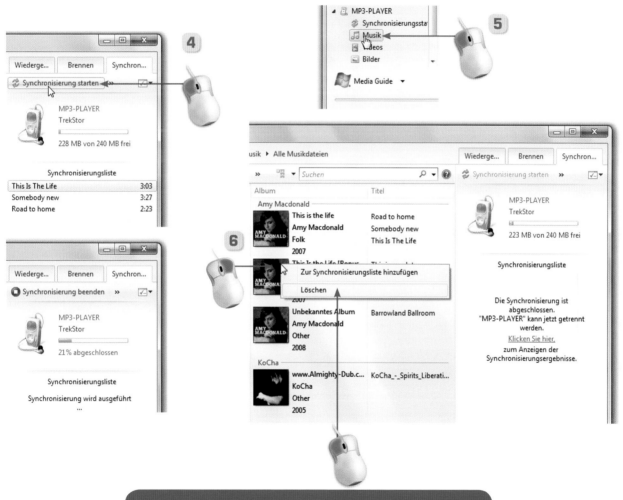

Der Autor rät...

Bei Problemen können Sie den Dateiabgleich auch direkt im Ordnerfenster *Computer* vornehmen, indem Sie das Symbol des Wechseldatenträgers anwählen und dann die Dateien löschen, verschieben oder kopieren (siehe ab Seite 72).

1 Zur Wiedergabe von Videodateien öffnen Sie den Ordner, in dem diese gespeichert sind (z. B. *Eigene Videos*), und doppelklicken Sie auf den gewünschten Eintrag.

2 Anschließend wird das Video im Windows Media Player abgespielt. Die Wiedergabe steuern Sie über die Bedienelemente am unteren Fensterrand (Bild 2, Seite 276).

3 Zur Wiedergabe einer Video-CD/-DVD legen Sie diese in das Laufwerk. Klicken Sie im ggf. angezeigten Dialogfeld auf *Video-CD wiedergeben* bzw. *DVD-Film wiedergeben*.

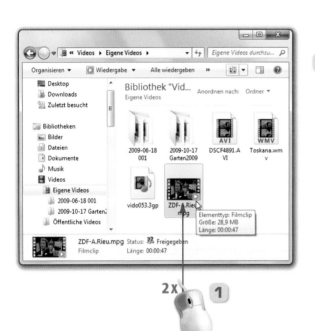

Das sollten Sie wissen...

Filme können auf Video-CDs, DVDs sowie als Videodateien auf Festplatten, USB-Sticks oder Daten-CDs, -DVDs und -BDs (Blu-ray Discs) gespeichert werden. Der Windows Media Player aus Windows 7 kann Filme von diesen Medien abspielen.

Noch was...

Der Media Player unterstützt verschiedene Videoformate wie AVI, WMV, DivX, MPEG-2, MP4, MOV. Ohne Spezialsoftware lassen sich aber keine Super-Video-CDs und auch keine Film-BDs wiedergeben.

4 Bei DVD-Videos ist häufig eine Menüführung vorhanden, sodass Sie beim Filmstart die Kapitel durch Anklicken der Kapitelsymbole abrufen können.

5 Sie können auf die Schaltfläche *DVD* klicken, um über deren Menübefehle zum Vollbildmodus umzuschalten oder das Hauptmenü aufzurufen.

6 Ein Rechtsklick auf den Videobereich ermöglicht Ihnen, über das Kontextmenü den Listen-bereich ein-/auszublenden, die Videogröße festzulegen etc.

Noch was...

Ein Doppelklick auf den Videobereich ermöglicht Ihnen, zwischen Vollbildansicht und Fensterdar-stellung zu wechseln.

Noch was...

Video-DVDs besitzen einen Regionalcode, der zum Player passen muss. Es lassen sich daher in der Regel nur DVDs mit Regionalcode für Europa abspielen.

Das Windows Media Center

1 Das Windows Media Center lässt sich über das Startmenü aufrufen und startet standard-mäßig im Vollbildmodus.

2 Über die Steuerungstasten ←, →, ↑, ↓ der Fernbedienung bzw. der Tastatur sowie über die Navigationsschaltflächen am Bildrand lässt sich ein Bildlauf durchführen, um durch das Funktionsmenü zu blättern.

3 Drücken Sie die ↵-Taste oder betätigen Sie die OK-Taste der Fernbedienung, um die hervorgehobene Funktion aufzurufen.

Zurück Start   Fenstermodus

Navigation   Navigation

4 Auf diese Weise gelangen Sie zur Folgeseite und können die dort angebotenen Funktionen anwählen.

5 Bei Bedarf können Sie die Schaltflächen der Bedienleiste zur Steuerung der Wiedergabe bei Bildern, Musik, CDs/DVDs oder zur Kanalwahl beim TV-Programm verwenden.

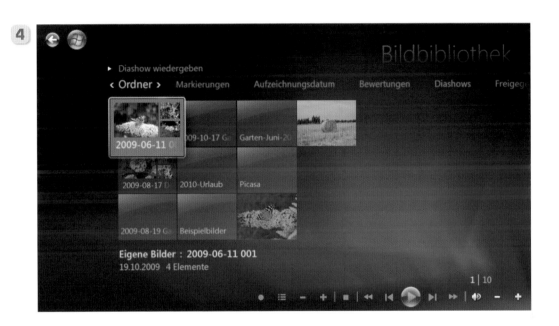

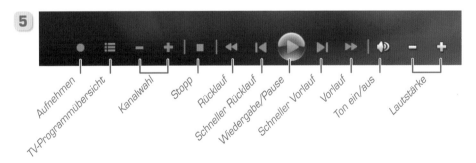

Noch was...

In der linken oberen Fensterecke (Bild 2) finden Sie zwei Schaltflächen vor, um eine Seite zurück oder direkt zur Startseite zu gehen.

Noch was...

Im Media Center können Sie über die *Aufnehmen*-Schaltfläche (Bild 5) auch TV-Sendungen aufzeichnen und später wiedergeben.

1 Sobald Sie den Windows Movie Maker über das Startmenü aufrufen, erscheint das Programmfenster. Im Menüband finden Sie die Bedienelemente.

2 Ziehen Sie Fotos oder Videodateien aus einem Ordnerfenster in den Projektbereich. Die Filmclips lassen sich durch Ziehen per Maus im Projektbereich sortieren.

3 Klicken Sie im Projektbereich auf einen Clip, lässt sich dieser im Vorschaubereich ansehen. Die Wiedergabesteuerung erfolgt über die Suchleiste und die drei Schaltflächen.

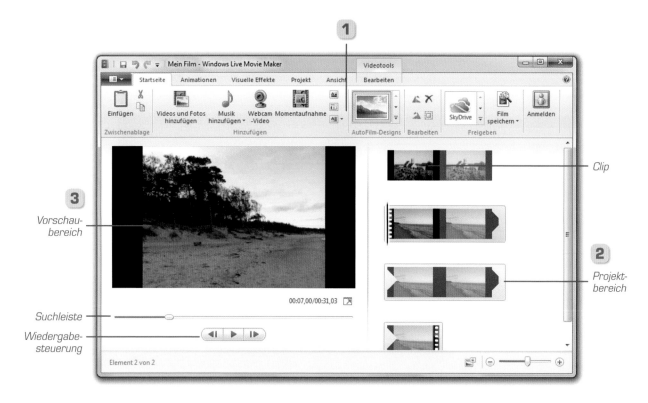

Das sollten Sie wissen...

Mit dem Programm Windows Live Movie Maker der Windows Live Essentials können Sie Videodateien schneiden, zusammenfügen und den fertigen Film als Videodatei speichern.

Noch was...

Das Programm installieren Sie wie auf Seite 222 beschrieben, wählen aber das Symbol *Windows Live Fotogalerie und Movie Maker*.

4 Lassen Sie einen Clip im Vorschaubereich ablaufen, können Sie diesen über die Schaltflächen *Teilen* und *Zuschneidewerkzeug* der Registerkarte *Bearbeiten* zuschneiden.

5 Über die Registerkarten *Animationen* und *Visuelle Effekte* können Sie Clipübergänge überblenden und Filtereffekte zuweisen.

6 Über die Gruppe *AutoFilm-Designs* der Registerkarte *Startseite* lassen sich Übergänge, Filmtitel etc. zuweisen. Klicken Sie danach auf eine Schaltfläche der Gruppe *Freigeben*, um den Film zu veröffentlichen, zu speichern oder auf eine DVD zu brennen.

Noch was…

Beim Schnitt anfallende Clips, die nicht in den Film sollen, markieren Sie im Projektbereich und löschen sie über *Element entfernen*.

Noch was…

Zum Erstellen einer DVD-Video wird der Windows DVD Maker verwendet (siehe Seite 268).

14
Windows-Einstellungen

So ändern Sie den Desktophintergrund und das -design

1 Zum Anpassen des Desktophintergrunds klicken Sie mit der rechten Maustaste auf eine freie Stelle des Desktops und wählen im Kontextmenü den Befehl *Anpassen*.

2 Sobald diese Seite erscheint, können Sie eines der aufgeführten Designs anklicken, um den Desktophintergrund, die Fensterfarben und weitere Elemente umzustellen.

3 Um den Desktophintergrund gezielt anzupassen, klicken Sie in der Seite *Anpassung* auf den Hyperlink *Desktophintergrund*.

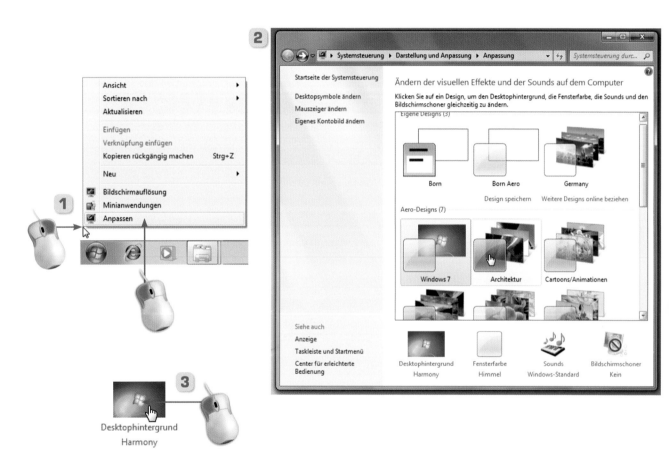

Das sollten Sie wissen...

In Windows 7 können Sie den auf dem Desktop angezeigten Hintergrund ändern. Neben Bildern lassen sich auch einfarbige Hintergründe anzeigen. Zudem können Sie über sogenannte Designs die komplette Darstellung des Desktops umstellen.

Noch was...

Sobald Sie ein Design per Mausklick anwählen (Bild 2), wird dieses sofort in Windows übernommen und aktiviert.

4 Wählen Sie auf der Seite *Desktophintergrund* einen Wert im Listenfeld *Bildpfad* aus. Bei »Einfarbig« erzeugt ein Klick auf ein Farbfeld einen unifarbenen Hintergrund.

5 In den Modi »Windows-Desktophintergründe« oder »Bildbibliotheken« klicken Sie auf eines der angezeigten Bildmotive und passen ggf. die Bildposition an.

6 Bestätigen Sie die Auswahl über die Schaltfläche *Änderungen speichern* und schließen Sie die Seite *Anpassen*.

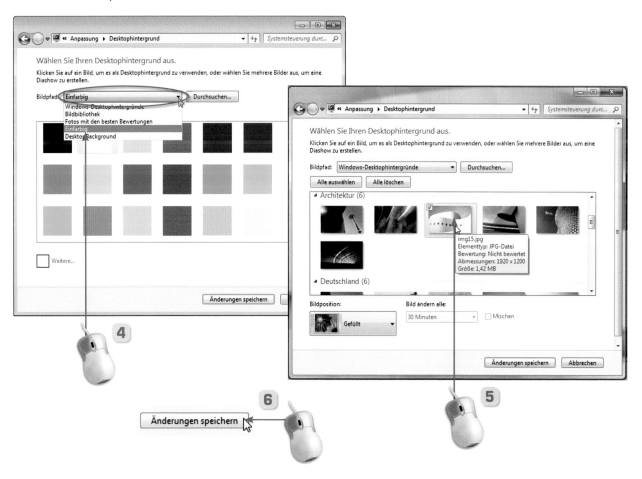

Noch was...

Die Aero-Designs zeigen Fenster transparent mit Schatten an. In den Basisdesigns ist Aero abgeschaltet, was ggf. ein effizienteres Arbeiten ermöglicht.

Der Autor rät...

Bei einem weißen Hintergrund und mit abgeschaltetem Aero sind die Desktopinhalte am besten erkennbar (optimal für längeres Arbeiten).

Noch was...

Klicken Sie in Bild 2 unten auf *Fensterfarbe*, lässt sich auf der Folgeseite die Durchsichtigkeit der Fenster über das Kontrollkästchen *Transparenz aktivieren* ein-/ausschalten.

1 Klicken Sie mit der rechten Maustaste auf eine freie Stelle des Desktops und wählen Sie im Kontextmenü den Befehl *Bildschirmauflösung*.

2 Öffnen Sie das Listenfeld *Auflösung* und ziehen Sie den Schieberegler zur gewünschten Stufe. Klicken Sie danach auf die *OK*-Schaltfläche.

3 Warten Sie, bis die Auflösung geändert wurde, und bestimmen Sie über die Schaltflächen dieses Dialogfelds, ob Sie die Änderung übernehmen oder ablehnen möchten.

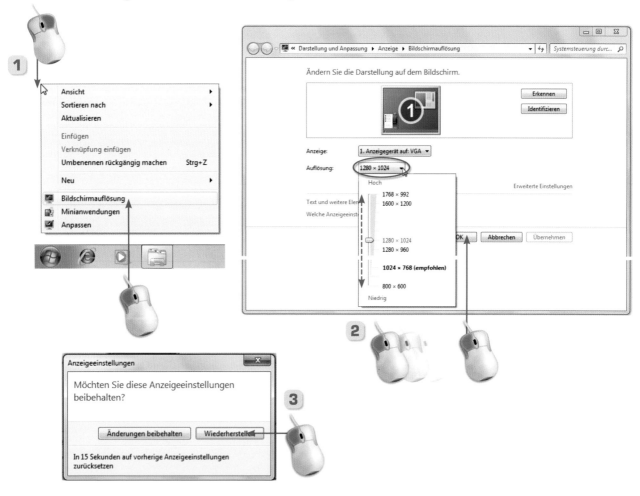

Das sollten Sie wissen...

Werden Ihnen die Inhalte des Desktops oder der Fenster zu klein angezeigt, können Sie die Bildschirmauflösung ändern oder zumindest Texte über eine geänderte DPI-Auflösung vergrößert anzeigen lassen.

Was bedeutet DPI?

Ein Wert, der die Zahl der Bildpunkte pro Zoll (dots per inch) angibt und damit die Größe der Bildschirmdarstellung beeinflusst.

4 Bei verzerrter Monitoranzeige klicken Sie auf den Hyperlink *Erweiterte Einstellungen* (Bild 2). Testen Sie auf der Registerkarte *Monitor* verschiedene Aktualisierungsraten.

5 Klicken Sie auf den Hyperlink *Text und weitere Elemente vergrößern ...* (Bild 2), wählen Sie einen Vergrößerungsfaktor (125 %, 150 %), klicken Sie auf *Übernehmen* und dann auf *Jetzt abmelden*.

6 Der Befehl *Benutzerdefinierte Textgröße (DPI) festlegen* (Bild 5) ermöglicht Ihnen, 200 % als Vergrößerung für Texte einzustellen.

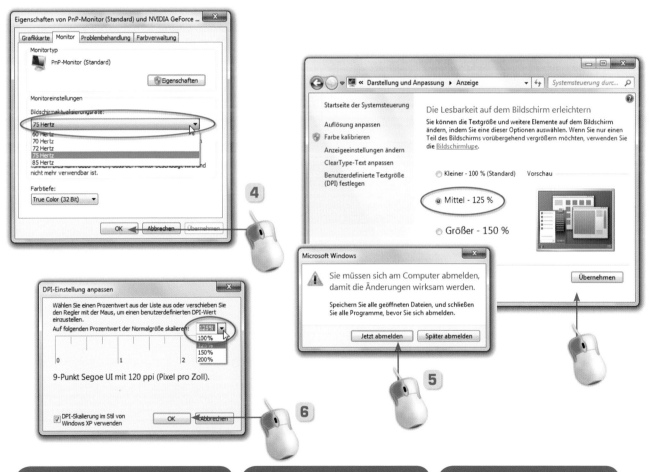

Noch was...	Noch was...	Der Autor rät...
Zeigt der Bildschirm nach dem Umschalten der Auflösung nichts mehr an, warten Sie einfach. Windows wechselt nach ca. 15 Sekunden zur vorherigen Einstellung zurück.	Bei Flachbildschirmen ist die optimale Bildschirmauflösung geräteseitig vorgegeben. Andere Werte können zu einer unscharfen Anzeige führen.	Hilft die Änderung der Bildschirmauflösung nicht, passen Sie den DPI-Wert über die Schritte 5 und 6 an, um Texte vergrößert anzeigen zu lassen.

1 Zum Installieren eines Programms doppelklicken Sie auf dessen Setup-Datei. Diese kann auf einer CD, DVD oder in einem Download-Ordner zu finden sein.

2 Zur Installation benötigen Sie Administratorberechtigungen und müssen auf Anfrage auch das Kennwort des Kontos im Dialogfeld der Benutzerkontensteuerung eingeben.

3 Meist startet ein Installationsassistent, der Sie dann über verschiedene Dialogfelder durch den Installationsvorgang führt. Befolgen Sie seine Anweisungen.

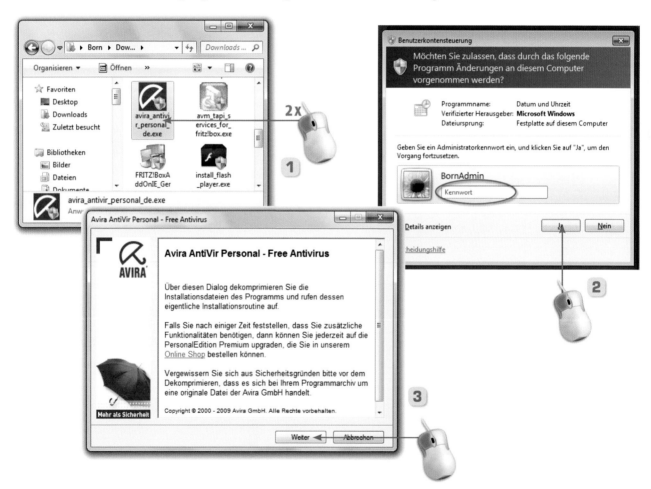

Das sollten Sie wissen...

Programme müssen vor einer Verwendung auf dem Computer eingerichtet (installiert) werden. Nicht mehr benötigte Programme können Sie deinstallieren. Zudem können Sie bestimmte Windows-Funktionen ein- oder ausschalten.

Noch was...

Legen Sie eine Setup-CD für ein Programm in das entsprechende Laufwerk ein, startet der Installationsassistent automatisch oder lässt sich über das Fenster *Automatische Wiedergabe* aufrufen.

4 Zum Entfernen eines Programms öffnen Sie die Systemsteuerung über das Startmenü und klicken auf den Hyperlink *Programm deinstallieren*.

5 Markieren Sie den Programmeintrag und klicken Sie auf *Deinstallieren*. Befolgen Sie die Anweisungen in den angezeigten Dialogfeldern.

6 Klicken Sie auf *Windows-Funktionen aktivieren oder deaktivieren* (Bild 5), können Sie die Kontrollkästchen benötigter Funktionen markieren und über *OK* aktivieren.

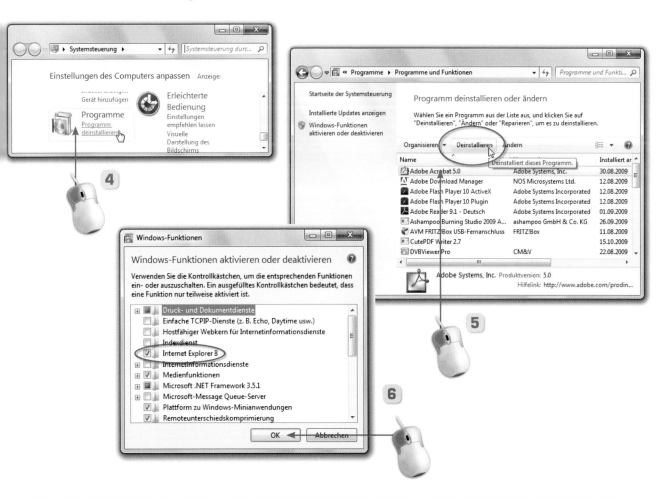

Der Autor rät...

Achten Sie darauf, dass die Installationsprogramme virenfrei sind, für Windows 7 freigegeben wurden und der Computer die Programmanforderungen erfüllt.

Noch was...

Beim Installieren und Deinstallieren müssen Sie eine Sicherheitsabfrage (Bild 2) der Benutzerkontensteuerung bestätigen.

Noch was...

Der genaue Ablauf beim Installieren/Deinstallieren samt den angezeigten Dialogfeldern hängt vom jeweiligen Programm ab.

1 Die Treiberinstallation bei neu angeschlossenen Geräten wird durch eine QuickInfo angezeigt. Klicken Sie auf die QuickInfo, öffnet Windows ein Dialogfeld und meldet eine erfolgreiche Installation.

2 Wählen Sie im Startmenü den Befehl *Geräte und Drucker*, erhalten Sie eine Geräteübersicht angezeigt. Im Kontextmenü der Geräte finden Sie die unterstützten Befehle. Ein gelbes Dreieck im Gerätesymbol deutet auf Probleme hin.

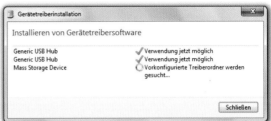

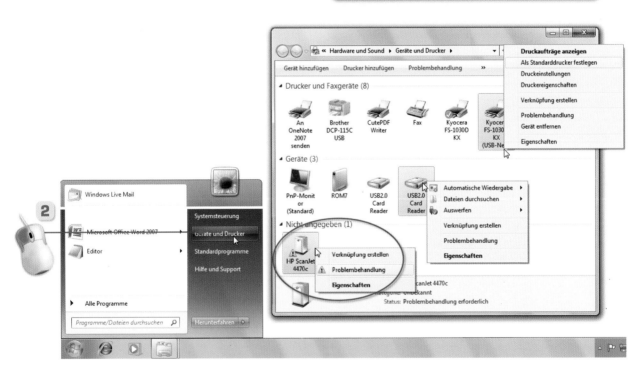

Das sollten Sie wissen...

Um Drucker und andere Geräte verwenden zu können, muss ein als Treiber bezeichnetes Steuerprogramm unter Windows installiert werden. Treiber sind entweder in Windows enthalten oder werden durch den Gerätehersteller auf CD oder über das Internet bereitgestellt.

Noch was...

Schließen Sie einen Drucker oder ein anderes Gerät erstmalig an die USB-Schnittstelle des Computers an, startet die Treiberinstallation automatisch [Bild 1].

3 Über den Kontextmenübefehl *Druckaufträge* (Bild 2) lässt sich dieses Fenster mit den anstehenden Druckaufträgen öffnen. Bei Druckproblemen (z. B. Tintenmangel) können Sie Aufträge über deren Kontextmenü anhalten, abbrechen oder neu starten.

4 Über das Menü *Drucker* können Sie den Druck anhalten, erneut freigeben, alle Druckaufträge abbrechen und auf die Druckereigenschaften zugreifen.

Noch was...

Über den Kontextmenübefehl *Problembehandlung* (Bild 2) starten Sie einen Assistenten, der Ihnen in Dialogfeldern Anweisungen zur Fehlerbehebung gibt.

Noch was...

Ein grüner Kreis mit Häkchen markiert den Standarddrucker für die Ausgabe (s. Seite 106).

Noch was...

Windows legt Druckaufträge an und leitet diese an den Drucker weiter. Dadurch kann mit einem Programm weitergearbeitet werden, während noch gedruckt wird.

1 Das Fenster der Systemsteuerung öffnen Sie über den betreffenden Befehl im Startmenü.

2 Die Systemsteuerung ist zwischen einer Kategorie- und einer Symbolansicht umschaltbar. Oder Sie tippen einen Begriff in das Suchfeld ein, um nach passenden Befehlen zu filtern.

3 Ein Mausklick auf einen Eintrag öffnet das zugehörige Einstellfenster.

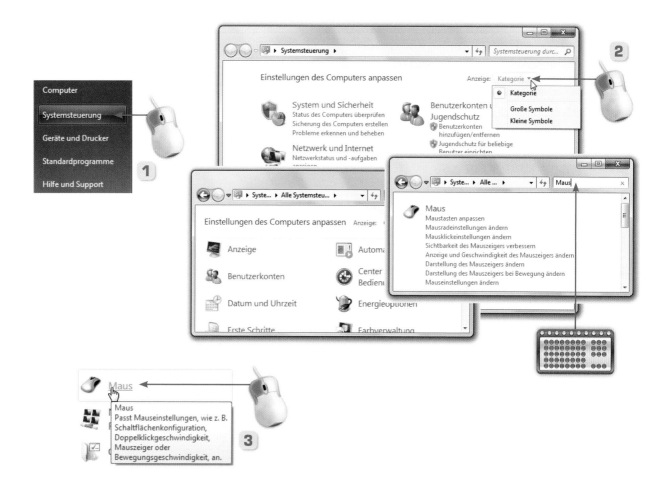

Das sollten Sie wissen...

Viele Windows-Einstellungen (z. B. für Maus, Tastatur, Zeit etc.) lassen sich über die Systemsteuerung verändern.

Noch was...

Verwenden Sie die Kategoriedarstellung (Bild 2, Hintergrund), führt Windows Sie über mehrere Auswahlseiten zum gewünschten Befehl.

4 Auf dieser Registerkarte können Sie die Maus für Linkshänder umstellen oder die Doppel-klickgeschwindigkeit über den Schieberegler einstellen.

5 Über das Symbol *Tastatur* der Systemsteuerung öffnen Sie diese Registerkarte, über deren Schieberegler Sie die Empfindlichkeit der Eingabetasten bestimmen können.

6 Der Befehl *Datum und Uhrzeit* öffnet dieses Eigenschaftenfenster, über dessen Schalt-flächen sich die Zeitzone, das Datum oder die Uhrzeit anpassen lassen.

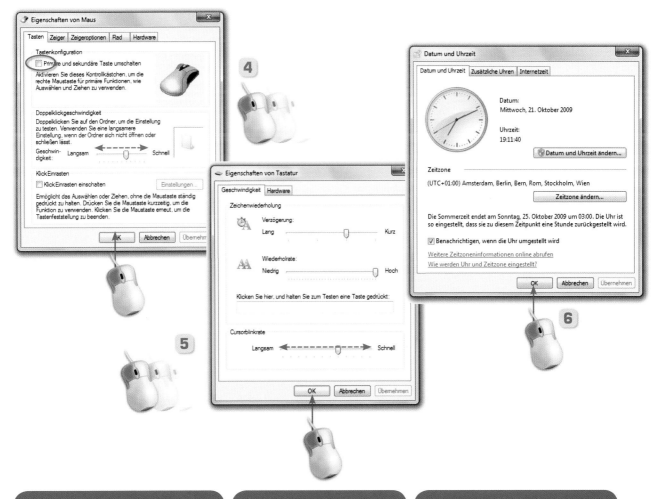

Der Autor rät...

Schneller funktioniert der Zugriff auf Einstellungen, wenn Sie den Begriff (z. B. Tastatur, Maus, Drucker) in das Suchfeld eintippen und dann den passenden Befehl anklicken.

Noch was...

Das Ordnersymbol auf der Registerkarte *Maus* ermög-licht Ihnen, den Doppelklick zu testen.

Noch was...

Die *OK*-Schaltfläche einer Register-karte übernimmt Ihre Änderun-gen. Über *Abbrechen* verwerfen Sie die Änderungen und schließen das Eigenschaftenfenster.

1 Um Einstellungen des eigenen Benutzerkontos einzusehen bzw. zu verändern, klicken Sie im Startmenü auf das Benutzerkontensymbol.

2 Anschließend klicken Sie auf die angezeigten Hyperlinks, um Funktionen (z. B. Kennwort ändern/entfernen, Kontenbild anpassen etc.) aufzurufen.

3 Auf einer separaten Seite ermöglicht Ihnen Windows anschließend, die Werte einzutragen bzw. zu ändern. Die Schaltflächen am unteren Seitenrand übernehmen oder verwerfen die Änderungen.

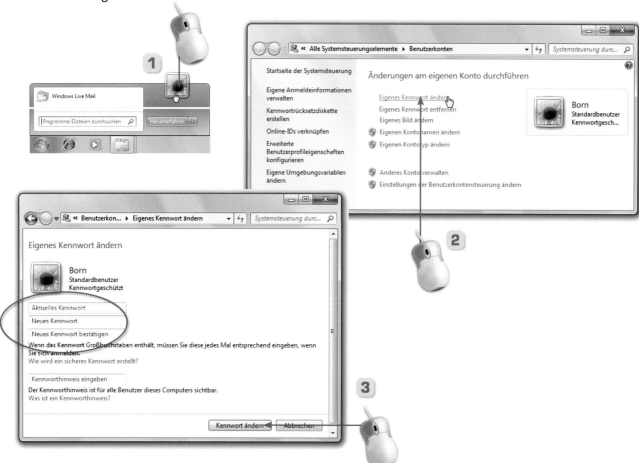

Das sollten Sie wissen...

Es gibt Benutzerkonten für Standardbenutzer und für Administratoren. Administratoren sind für das Einrichten des Computers verantwortlich und dürfen Programme installieren sowie Änderungen an Windows vornehmen.

Der Autor rät...

Es sollte aus Sicherheitsgründen nur ein Administratorkonto geben. Für die eigentliche Arbeit sollten Sie Standardbenutzerkonten verwenden und alle Konten mit einem Kennwort schützen.

4 Administratoren können auf *Anderes Konto verwalten* (Bild 2) klicken und die Abfrage der Benutzerkontensteuerung bestätigen, um diese Seite aufzurufen.

5 Mit dem Befehl *Neues Konto erstellen* (Bild 4) können Sie auf dieser Seite einen Benutzernamen eintippen, den Kontentyp wählen und dann auf *Konto erstellen* klicken.

6 Über die Kontensymbole (Bild 4) geht es zu dieser Seite. Nach Anwahl eines Befehls können die Einstellungen des Kontos auf Folgeseiten geändert werden.

Noch was...

Dieses ⊕ Symbol kennzeichnet Befehle, die bei Anwahl die Sicherheitsabfrage der Benutzerkontensteuerung (Seite 298, Bild 2) öffnen, also nur von Administratoren ausführbar sind.

Noch was...

Hat ein Benutzer sein Kennwort vergessen, kann der Administrator dieses über die Befehle aus Bild 6 neu für das Konto vergeben.

Der Autor rät...

Tragen Sie beim Festlegen eines Kennworts einen Kennworthinweis in der Seite ein, um bei einem vergessenen Kennwort von Windows Hilfe zu erhalten.

1 Das Center für erleichterte Bedienung lässt sich u.a. über das Startmenü aufrufen (z.B. »Center« eintippen oder *Alle Programme/Zubehör/Erleichterte Bedienung* öffnen).

2 Klicken Sie auf dieser Seite auf den gewünschten Befehl und lassen Sie sich ggf. durch einen Assistenten durch die Schritte zur Anpassung der Einstellungen führen.

3 Bei der Bildschirmtastatur klicken Sie die »Tasten« per Maus an, um Text einzugeben oder Windows zu bedienen.

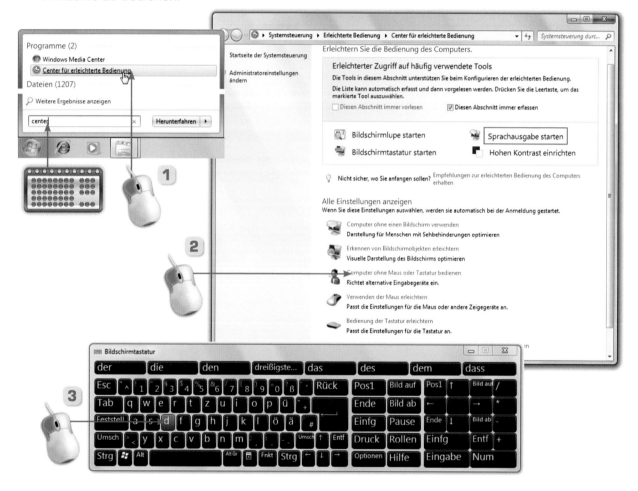

Das sollten Sie wissen...

Haben Sie Sehschwierigkeiten oder können Sie keine Maus verwenden? Für Menschen mit solchen Einschränkungen bietet das Center für erleichterte Bedienung Unterstützung.

Der Autor rät...

Der Hyperlink *Empfehlungen zur ...* im gelb unterlegten Bereich startet einen Assistenten. Dieser fragt in Dialogfeldern die Beeinträchtigungen des Benutzers ab und nimmt die erforderlichen Anpassungen an Windows vor.

4 Die Bildschirmlupe ermöglicht Ihnen, Bildschirmausschnitte unter dem Mauszeiger stark vergrößert darzustellen. Ein Klick auf das Lupensymbol blendet die Symbolleiste mit Einstellelementen und der *Schließen*-Schaltfläche ein.

5 Wählen Sie einen Befehl (z. B. *Erkennen von Bildschirmobjekten erleichtern*, Bild 2), können Sie auf der Folgeseite die gewünschten Optionen über die Bedienelemente einstellen und mittels der *OK*-Schaltfläche übernehmen.

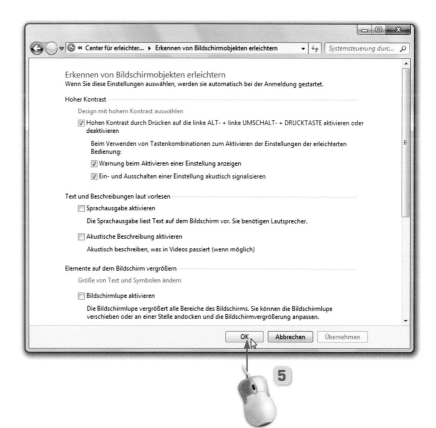

15

Mein iPad –
ganz einfach

1 Ein kurzer Druck auf die Standby-Taste versetzt das iPad in den Ruhezustand, 5 Sekunden langes Drücken bewirkt das Abschalten. Nochmaliges Drücken, bis das Apple-Logo erscheint, schaltet das iPad wieder ein.

2 Bei unbenutztem Gerät schaltet der Bildschirm ab. Drücken Sie die Home-Taste und bewegen Sie den Schieber mit dem Finger nach rechts, um das iPad zu entsperren.

3 Das iPad wird über ein Dock-Connector-USB-Kabel mit der Stromversorgung oder dem Computer verbunden.

4 Tippen Sie ein App-Symbol auf dem Desktop oder im Dock-Bereich zum Starten des Programms an. Antippen eines Bedienelements im App-Fenster ruft die Funktion ab.

5 Streichen Sie mit dem Finger über den Bildschirm, um die Anzeige oder den Desktop horizontal/vertikal zu rollen. Bewegen Sie zwei Finger auf dem Bildschirm auseinander oder zusammen, vergrößert bzw. verkleinert dies die Darstellung im App-Fenster.

6 Drücken Sie die Home-Taste, um das App-Fenster zu verlassen und zum Desktop zurückzugelangen.

7 Drücken Sie zweimal kurz die Home-Taste, wird der Dock-Bereich mit den zuletzt gestarteten Programmen gezeigt. Am linken Dockrand finden Sie Elemente zur Bildschirmarretierung, zur Wiedergabesteuerung sowie zum Anpassen von Bildschirmhelligkeit und Lautstärke.

Das sollten Sie wissen...

Das iPad ist ein sogenannter Tablet-PC, welcher zur Erstinbetriebnahme mit einem Computer verbunden und über das Programm iTunes (Seite 314) eingerichtet werden muss. Befolgen Sie die iTunes-Programmanweisungen zum Einrichten.

Noch was...

Ein iPad mit 3G-Funktion besitzt ein Fach für eine MicroSIM-Karte, um per Mobilfunknetz ins Internet zu gehen.

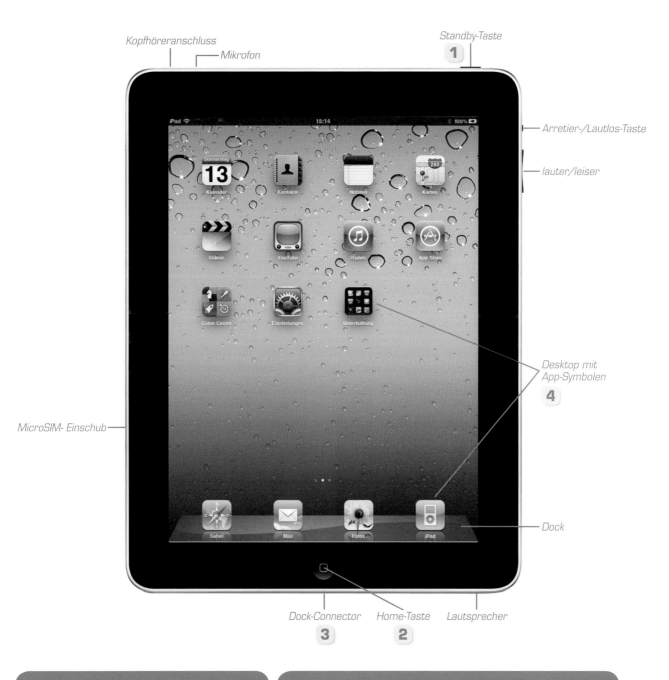

Kopfhöreranschluss

Mikrofon

Standby-Taste

1

Arretier-/Lautlos-Taste

lauter/leiser

Desktop mit App-Symbolen

4

MicroSIM- Einschub

Dock

Dock-Connector

3

Home-Taste

2

Lautsprecher

Noch was...

Eine Kopfhörerbuchse sowie eingebaute Mikrofone und Lautsprecher ermöglichen Sprachaufzeichnung und Musikwiedergabe.

Noch was...

Im Apple-Shop (*store.apple.com/de/*) oder bei Anbietern wie Pearl (*www.pearl.de*) gibt es Zubehör wie Schutztaschen, Bluetooth-Tastaturen, Displayschutzfolien etc.

1 Tippen Sie im Dock (Seite 310) auf das Symbol *iPod*, um die zugehörige App zur Musikwiedergabe zu starten.

2 Erscheint dieses App-Fenster, finden Sie die Elemente zur Wiedergabesteuerung im Kopfbereich. Die Schaltfläche *Titelliste* schaltet zum Fenster aus Bild 3 um.

3 Über die Schaltfläche *Mediathek* gelangen Sie zur Darstellung aus Bild 4.

Das sollten Sie wissen...

Die iPod-App dient zur Verwaltung und Wiedergabe von Medien (Musik, Hörbücher, Podcasts, Filme etc.). Die Medieninhalte werden über iTunes vom PC oder aus dem Internet auf das iPad geladen (Seite 314 ff.).

Der Autor rät...

Fehlen die Bedienelemente im App-Fenster? Antippen des Coverbereichs schaltet zur Darstellung aus Bild 2 um.

4 Zur Wiedergabe tippen Sie einen Titel in der Mediathek an. Über die linke Spalte schalten Sie zwischen Medienkategorien und Wiedergabelisten um. Antippen des Coverfelds wechselt zur Darstellung des Einzeltitels (ähnlich Bild 2).

5 Tippen Sie auf dieses Symbol, um Videodateien abzuspielen.

6 Danach reicht es, eines der vorhandenen Videos anzutippen, um dieses im Player abzuspielen. Bedienelemente ermöglichen es, die Wiedergabe zu steuern.

Lautstärke

Wiedergabe-steuerung

Suchen in Bibliothek

Medienkategorien und Wiedergabelisten

Titel in Bibliothek

Zur Coverdarstellung

Anzeigekategorien

Noch was...

Tippen Sie im iPad-Fenster auf *Neue Wiedergabeliste* und geben Sie den Listennamen ein. Danach tippen Sie in der Anzeigeliste die gewünschten Titel an. Über die Schaltfläche *Fertig* am oberen Fensterrand wird die Wiedergabeliste mit den Titeln angelegt.

Was sind Apps?

Kurzform von »Applications«, also Programme für das iPad.

7 Um YouTube-Videos anzusehen, tippen Sie auf dieses App-Symbol.

8 Tippen Sie auf das Suchfeld, geben Sie den Suchbegriff ein und drücken Sie die Eingabetaste an der Bildschirmtastatur. Tippen Sie auf ein Suchergebnis, um das Video abzuspielen.

9 Tippen Sie auf dieses App-Symbol, um Onlineinhalte auf das iPad zu übertragen.

Das sollten Sie wissen...

iTunes (*http://www.apple.com/de/itunes/download/*) ist ein Programm von Apple zum Kaufen, Verwalten, Abspielen und Synchronisieren von Mediendateien (Musik, Filme, Bücher etc.) mit dem iPad.

Noch was...

Die *iTunes*-App des iPad kann über eine Internetverbindung Onlineinhalte übertragen. Auf dem PC dient iTunes zum Synchronisieren des angeschlossenen iPad.

10 Wählen Sie am unteren Rand des iTunes-App-Fensters eine Kategorie, geben Sie ggf. einen Suchbegriff ein, tippen Sie auf einen angezeigten Titel und befolgen Sie die Schritte zum Erwerb.

11 Zum Synchronisieren verbinden Sie das iPad per USB-Kabel mit dem PC und doppelklicken auf das iTunes-Symbol des Windows-Desktops.

12 Klicken Sie in der linken Spalte auf den iPad-Eintrag, wählen Sie am oberen Rand eine Medienkategorie (z.B. Musik), setzen Sie die Optionen und klicken Sie auf *Synchronisieren*.

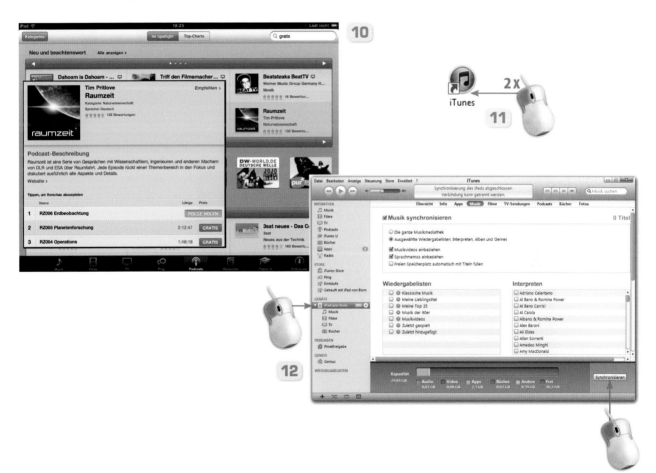

Tipp

Verwenden Sie Befehle des iTunes-Menüs *Datei*, um Ordner und Dateien (Musik, Bücher, Videos, Fotos) des PC in die lokale Mediathek aufzunehmen.

Was ist Synchronisieren?

Der Abgleich der Daten (Mediathek, Apps etc.) zwischen PC und iPad.

1 Tippen Sie im Dock auf das Symbol der App *Fotos*.

2 In der Fotoübersicht schalten Sie über die Titelzeile zwischen Fotos und Alben um. Antippen eines Fotos zeigt dessen Großbildansicht (Bild 3).

3 Durch Wischen mit dem Finger lässt sich in der Einzelbildanzeige zwischen den Fotos blättern. Spreizen Sie zwei Finger, um das Foto zu zoomen.

Das sollten Sie wissen...

Die Foto-App ermöglicht es, Fotos auf dem iPad anzuzeigen oder als Diashow abzurufen. Die Fotos können per Browser aus dem Web gespeichert, per iTunes vom PC oder mit dem optional erhältlichen Camera-Connection-Kit von Speicherkarten eingelesen werden.

Der Autor rät...

Halten Sie die Home-Taste gedrückt und drücken Sie kurz die Standby-Taste, wird ein Foto des Bildschirminhalts erstellt.

4 Tippen Sie in der Einzelbildanzeige auf *Diashow*, können Sie Optionen wählen und die Präsentation starten. Tippen Sie in die Diashow, um die Bedienelemente anzuzeigen.

5 Dieses Symbol der Titelzeile öffnet in der Einzelbildansicht ein Menü, während in der Fotoübersicht die Schaltfläche zum Löschen eingeblendet wird.

6 Ist das iPad mit dem PC verbunden und iTunes gestartet, können Sie per Fotoimport-Assistent (siehe Seite 248) oder über ein Ordnerfenster auf die Fotos zugreifen.

Noch was...

In der App *Fotos* lassen sich nur Fotos löschen, die auf dem iPad erzeugt wurden. Mit iTunes synchronisierte Fotos sind auf dem PC zu löschen.

1 Über diese beiden Symbole des Docks lassen sich der Safari-Browser sowie das E-Mail-Programm starten.

2 Tippen Sie auf das Adressfeld des Safari-Browsers, lässt sich eine Webadresse per Tastatur eingeben und über die Taste *Öffnen* abrufen.

3 Die Schaltfläche *Seitenübersicht* der Titelleiste zeigt die Miniaturen der geöffneten Seiten. Tippen Sie auf ein Symbol, um die Seite zu öffnen.

Das sollten Sie wissen...

Das iPad enthält einen Browser (Safari) sowie ein E-Mail-Programm als App. Besteht eine Internetverbindung per WLAN oder über Mobilfunk, können Sie im Web surfen und E-Mails abrufen.

Noch was...

Die Bedienung des Safari erfolgt ähnlich wie ab Seite 172 beschrieben. Ähnliches gilt für das E-Mail-Programm (siehe Seite 218 ff.).

4 Die Schaltflächen *Menü* und *Lesezeichen* in der Titelzeile des Browsers ermöglichen es, Verlauf und Lesezeichen abzurufen.

5 Beim E-Mail-Programm wird die am linken Rand angewählte Nachricht im Vorschaubereich angezeigt und lässt sich über die *Löschen*-Schaltfläche entfernen.

6 Über die Schaltflächen *Menü* und *Neue Nachricht* lassen sich Mails erstellen sowie markierte Mails beantworten und weiterleiten.

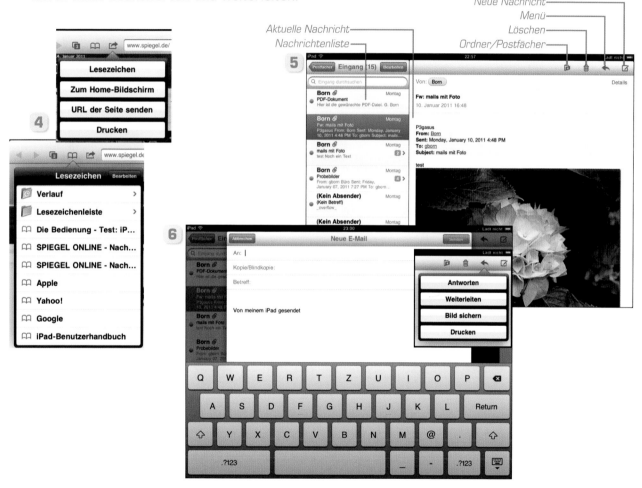

Noch was...

Optionen für Browser und E-Mail-Programm (z.B. E-Mail-Konto) werden über die Zweige *Safari* und *Mail* ... der Einstellungen gesetzt (siehe Seite 323).

1 Über diese Symbole lassen sich Kalender, Kontakte, Notizen und Karten aufrufen.

2 Tippen Sie auf das Pluszeichen, um eine neue Notiz anzulegen. Tippen Sie auf eine Zeile, lässt sich der Text über die eingeblendete Tastatur eintippen.

3 Das Tastaturlayout lässt sich über zwei Tasten zwischen Buchstaben und Ziffern umschalten. Tippen Sie die Tasten a, o etc. länger an, lassen sich Umlaute abrufen.

Notizen

Neue Notiz

Vorherige Notiz — Nächste Notiz — Notiz löschen

Numerische Tastatur — Tastatur ausblenden

Das sollten Sie wissen...

Über weitere Apps können Sie Kontakte und Termine verwalten, Notizen verfassen oder Karten einsehen bzw. Routen planen lassen.

Noch was...

Halten Sie den Finger länger auf einer Textstelle, erscheint eine Lupe (Bild 3). Durch Streichen mit dem Finger lässt sich die Textmarke im Text positionieren.

4 Beim Kalender lässt sich über die Zeitleiste im Fußbereich zwischen den Tagen blättern. Mit der Plus-Schaltfläche öffnen Sie ein Formular zur Eingabe eines neuen Termins.

5 Über das Pluszeichen legen Sie in der App *Kontakte* einen neuen Eintrag an. Bestehende Kontakte lassen sich in der linken Spalte suchen und auf der rechten Seite einsehen.

6 In der *Karten*-App können Sie per Suchfeld nach einem Ort suchen und über *Route* eine Routenplanung durchführen.

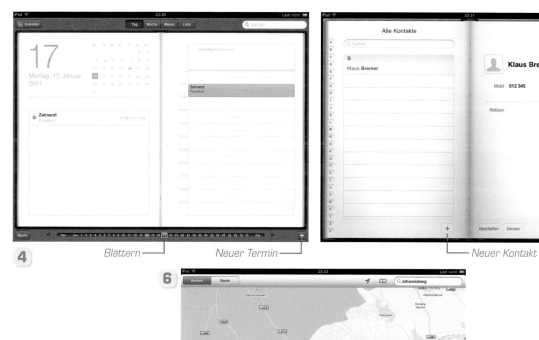

4   Blättern ⎯⎯⎯   Neuer Termin ⎯⎯⎯   Neuer Kontakt   **5**

Noch was…

Heben Sie den Finger von der Lupe ab, erscheint eine Befehlsleiste (Bild 3) mit Elementen zum Markieren, Ausschneiden, Kopieren und Einfügen.

1 Um neue Apps zu installieren, tippen Sie auf dem iPad-Desktop auf dieses Symbol.

2 Im App-Store können Sie nach iPad-Apps suchen. Tippen Sie auf das Symbol einer App, um deren Detailseite abzurufen.

3 Zum Installieren einer App tippen Sie auf das Feld mit dem Preis. Sobald das Feld grün wird, tippen Sie es erneut an.

Blättern zurück — *Blättern vorwärts* — *Suchen* — *Anzeigekriterien*

Das sollten Sie wissen...

Das iPad lässt sich durch Programme (Apps) um zusätzliche Funktionen (z.B. eBook-Reader, iBooks) erweitern. Die Apps werden über den Apple App-Store bezogen.

Noch was...

Legen Sie den Finger länger auf ein App-Symbol, beginnt dieses zu wackeln. Dann können Sie die App über die *Löschen*-Schaltfläche des Symbols deinstallieren.

4 Geben Sie das Kennwort für den iTunes Store in das Kennwortfeld ein und tippen Sie auf *OK*. Der Appstore verschwindet, und auf dem Desktop taucht das App-Symbol auf.

5 Einstellungen werden zentral an einer Stelle vorgenommen. Tippen Sie auf dieses App-Symbol, um Einstellungen des iPad oder einer App anzupassen.

6 Wählen Sie in der linken Spalte die Kategorie und setzen Sie anschließend die gewünschten Einstellungen im rechten Fensterteil.

Noch was...

Kostenpflichtige Angebote bezahlen Sie über das iStore-Benutzerkonto mit Kreditkarte oder Prepaid-Guthabenkarten.

Noch was...

Detaillierte Informationen zu den iPad-Funktionen finden Sie im Benutzerhandbuch unter *http://support.apple.com/de_DE/manuals/#ipad*.

Lexikon

Absatz

Dient in Textdokumenten zur optischen Absetzung zusammenhängender Texte und wird in Microsoft Word durch das Drücken der ⏎-Taste eingeleitet.

Aero

Anzeigeschema in Windows 7 mit transparenten Fenstern und speziellen Effekten.

Arbeitsgruppe

Mehrere Computer in einem Netzwerk lassen sich zu einer Arbeitsgruppe zusammenfassen, um Drucker oder Festplatten gemeinsam zu nutzen.

Arbeitsspeicher

Bereich, in dem Windows 7 Programme und Daten ablegt. Der Inhalt des Arbeitsspeichers geht beim Ausschalten des Computers verloren.

Benutzerkonto

Wird für jeden Benutzer unter Windows eingerichtet. Unter dem Benutzerkonto kann der Benutzer eigene Einstellungen und eigene Dokumente speichern.

Betriebssystem

Das Programm, welches sich nach dem Starten des Computers meldet (z. B. Windows 7).

Bitmap

Format, um Bilder oder Grafiken zu speichern. Das Bild wird wie auf dem Bildschirm in einzelne Punkte aufgeteilt, die zeilenweise gespeichert werden.

Booten

Starten des Computers mit Laden des Betriebssystems.

Browser

Programm, wie der Internet Explorer, zum Anzeigen von Internetseiten.

Chip

Allgemeine Bezeichnung für einen elektronischen Baustein.

ClipArt

Stilisierte Zeichnung oder Piktogramm, welches innerhalb eines Dokuments eingefügt werden kann. ClipArts werden in Form von Sammlungen zu verschiedenen Themen (z. B. Personen, Feiern, Technik, Flaggen etc.) angeboten.

Cursor

Symbol des Mauszeigers, welches innerhalb eines Dokumentfensters angezeigt wird. Bei Word ist dies der Textcursor, bei Excel erscheint ein stilisiertes Kreuz etc.

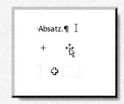

Cookies

Kleine Informationsdateien, die ein Webseitenanbieter über den Browser auf dem Rechner ablegt, um Informationen über den Besucher festzuhalten.

Datei

Einheit auf der Festplatte, in der Daten (Briefe, Bilder, Programme etc.) unter einem Dateinamen gespeichert werden.

Datenträger

Medium (CD, DVD, Festplatte, Speicherkarte), welches Dateien speichern kann.

Datenträgerbereinigung

Programm zum Aufräumen von Speichermedien wie Festplatten. Löscht Papierkorb und temporäre Dateien.

Defragmentierung

Vorgang, bei dem die Dateien auf Festplatten so reorganisiert werden, dass die Daten in benachbarten Abschnitten abgelegt werden. Beschleunigt die Dateizugriffe.

Desktop

Die Bedienoberfläche von Windows mit dem Startmenü, der Taskleiste und den Desktopsymbolen.

Dialogfeld

In Windows angezeigtes Fenster mit Informationen oder zur Eingabe von Daten. Besitzt keine Schaltflächen zum Verkleinern oder Minimieren.

Download

Herunterladen von Dateien von Webseiten auf die Festplatte des Computers.

DSL

Abkürzung für Digital Subscriber Line, den schnellen Zugang (Breitband) zum Internet.

Editor

Programm zum Erstellen und Bearbeiten einfacher Textdateien.

Eingabeaufforderung

Fenster (manchmal auch als Konsole bezeichnet) in Windows 7 zur direkten Eingabe von Befehlen.

E-Mail

Englischer Name für die elektronische Post, also Nachrichten, die mit einem E-Mail-Programm per Computer verschickt werden.

Energiesparoptionen

Einstellungen (erreichbar über die Systemsteuerung) unter Windows, um den Computer möglichst energiesparend zu betreiben (z. B. unbenutzte Anzeige wird abgeschaltet).

Explorer

Windows-Programm zur Anzeige von Ordnern und Dateien. Der Internet Explorer ist dagegen ein Programm zur Anzeige von Webseiten.

Feld

Platzhalter für eine Funktion, die in Microsoft Word Werte (z. B. das aktuelle Datum, die Seitenzahl etc.) im Text einblenden kann. Wird mit dem Feldnamen in geschweiften Klammern { } eingefügt und normalerweise versteckt – es ist nur der Feldwert sichtbar.

Font

Englischer Name für Schriftart. Fonts stellen Buchstaben in verschiedenen Stilen dar.

Hardware

Als Hardware werden alle Teile eines Computers bezeichnet, die sich anfassen lassen (Gegenteil ist Software).

Hotspot

Zugangspunkt für ein Funknetzwerk für einen öffentlichen Internetzugang (meist an Bahnhöfen, Flughäfen etc.).

Netzwerk

Mehrere Computer, die über Kabel oder Funk
miteinander verbunden sind, um Internet, Drucker
oder Festplatten gemeinsam zu nutzen.

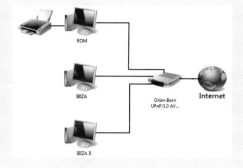

USB

Abkürzung für Universal Serial Bus, eine Technik, um Geräte wie Mäuse, Tastaturen,
Festplatten etc. über ein Datenkabel mit dem Computer zu verbinden.

WLAN

Abkürzung für Wide Local Area Network, also ein lokales Funknetzwerk, mit dem verschiedene Rechner über einen sogenannten
WLAN-Router miteinander verbunden werden.

Zwischenablage

Besonderer Speicherbereich (auch als Clipboard bezeichnet) in
Windows, über den Daten zwischen Programmen ausgetauscht
werden können. Der Inhalt der Zwischenablage geht beim Ausschalten des Computers verloren.